★ 建设更高水平的"齐鲁粮仓"县域样板书系 ★

全方位夯实中国粮食安全根基的政策体系研究

刘　岳◎著

人 民 出 版 社

目　　录

绪　论 ……………………………………………………………… 1

    第一节　研究背景 …………………………………………… 1

    第二节　研究意义 …………………………………………… 13

    第三节　研究目的和研究方法 …………………………… 16

    第四节　相关概念界定 …………………………………… 19

第一章　我国粮食制度的形成与发展 ……………………… 25

    第一节　古代的粮食制度演变（1949 年以前） ………… 26

    第二节　改革开放前的粮食政策（1949—1978 年） …… 33

    第三节　改革开放后的粮食政策（1979—2012 年） …… 38

    第四节　新时代的粮食安全政策（2013 年至今） ……… 46

第二章　"藏粮于地"，保障粮食安全基础的路径与策略 ……… 64

    第一节　耕地资源的时空分布变化特征与问题 ………… 65

    第二节　"藏粮于地"战略的制度背景与基本内涵 ……… 72

    第三节　严守国家粮食安全根基 ………………………… 78

第四节　加强农田建设改造 …………………………………… 84

第五节　持续增加良田好土面积 ……………………………… 91

第三章　"藏粮于技"，破解资源约束的路径和策略 ………… 98

第一节　我国粮食科技发展现状 ……………………………… 99

第二节　推动种业高质量发展 ………………………………… 103

第三节　提升粮食装备水平 …………………………………… 115

第四节　推动绿色粮食科技创新 ……………………………… 123

第五节　加快农业技术推广 …………………………………… 131

第四章　保障粮食长期稳定生产的路径和策略研究 ………… 136

第一节　改革和完善农业补贴政策 …………………………… 137

第二节　完善粮食价格形成机制 ……………………………… 147

第三节　完善粮食大灾保险制度 ……………………………… 155

第四节　完善农村金融制度 …………………………………… 162

第五节　构建新型农业经营体系 ……………………………… 178

第五章　做好储备调节，确保粮食稳定供应的路径和策略 … 193

第一节　减少粮食损失和浪费 ………………………………… 194

第二节　完善粮食储备制度 …………………………………… 202

第三节　稳妥扩大利用国际粮食市场和资源 ………………… 210

第四节　农业对外投资与粮食稳定供应 ……………………… 228

第六章　保障我国粮食安全的难点与对策建议 ……………… 247

第一节　藏粮于地：保障耕地红线 …………………………… 249

第二节　藏粮于技：加强粮食科技及相关产业支撑 ………… 251

第三节　藏粮于民：加快构建新型农业经营体系和服务体系 ……… 259

第四节　藏粮于改：推进农业农村机制改革 ·················· 266

第五节　藏粮于备：加强储备和应急管理 ·················· 270

第六节　藏粮于贸：优化粮食进出口贸易 ·················· 272

参考文献 ·················· 280

后　记 ·················· 291

绪　　论

第一节　研究背景

一、世界粮食安全现状与问题

人类发展史实际上是人与饥饿作斗争的历史,粮食危机、粮食战争从未间断,中外历史上粮食匮乏所导致的朝代更迭也是层出不穷。即便是今天,人类在粮食生产、加工、储备、流通等领域取得了巨大成就,使地球能够养活 77 亿人口,工业文明、信息文明高度发展,但是人类仍然没有彻底摆脱饥饿的困扰,粮食危机始终困扰着人类的生存与发展。甚至一些国家或地区把粮食作为武器,威胁、干涉别的国家或地区,导致粮食危机反复出现。例如 2007 年至 2008 年发生的粮食危机是较为典型的一次,此次危机导致了全球 30 多个国家发生了粮食危机,数百万人的生命受到了威胁,有的国家甚至发生了政治危机。除了粮食危机以外,目前粮食安全形势仍十分严峻。2010 年 10 月,世界主要粮食价格指数同比上涨 25%,逼近 2008 年 6 月粮食危机时创下的历史最高纪录;2011

年2月,联合国粮农组织食品价格指数达236点,为1990年1月开始采用该项指数以来的最高水平;2012年,全球自然灾害不断发生,特别是作为世界最大农产品出口国美国,也经历了50年以来最严重的大旱灾,导致接近2/3的农作物种植地区干旱;2022年春季,乌克兰危机已成为改变世界经济格局的重大事件,严重影响了粮食、化肥等产品的产业链、供应链和价值链,导致国际粮食贸易严重萎缩,动摇了全球粮食价值链的基础。总体而言,当前乃至未来,全球粮食危机仍然存在爆发的可能性,其原因如下:

首先,自然因素是诱发世界粮食危机的直接原因。在科学技术日新月异的今天,农业生产仍无法摆脱靠天吃饭的局面,这决定了农业一直是一个弱质产业,而随着全球气候逐渐变暖,近几年频繁出现的极端天气的趋势加大,影响了农业生产。自然因素导致的粮食减产对世界粮食安全是个不小的打击。

其次,随着农业现代化的发展,粮食和能源的联动关系越来越密切。粮食价格更容易受到能源价格的冲击,国际能源价格的提高导致粮食生产成本的上升。成本的大幅度增长对一些中小规模农业生产者来说是致命打击,财力不够强大的广大小农户无法承受高额的成本,生产积极性遭到极大挫败,有的甚至选择退出农业生产,因而导致了粮食产量的下降,造成国际粮食贸易数量的减少。同时,世界石油价格的居高不下,一些科技发达的大国加强了对石油替代品的开发和生产,这导致供给生物燃料生产的农产品数量不断增加,越来越多的玉米被制成生物乙醇,供给汽车消费,出现"人与汽车争粮"的现象,因此生物能源的发展也加剧了粮食短缺的局面。

再次,粮食进口国与粮食出口国双方粮食政策的矛盾,加剧了粮食危机的程度。粮食进口国与粮食出口国采取相互矛盾的政策,不仅无法解决双方国内粮食安全问题,还加剧了国际粮食市场供给紧缺情况。粮食进口国家与粮食出口国家间缺乏完善的信息沟通机制与合作机制,带有利己主义的盲目性决策,对双方来说都具有严重的损害性。与此同时,投资资本在大宗商品期货市场的大量投资,对已有的国际农产品市场影响很大,导致农产品价格持续保持高位。根据亚洲开发银行数据显示,仅 2022 年,世界小麦、大米的出口价格就分别上涨了 130% 和 98%。受利益驱使,国际基金炒家对世界粮食市场进行干预和操纵,一些实力弱小的国家、地区无法承受持续偏高的粮价,导致本国粮食安全受到威胁。

最后,从长期的原因来看,发达国家粮食生产对发展中国家农业生产的挤压是导致世界粮食危机的重要因素。随着时代的发展和科技的进步,农产品的生产方式有了较大的变化。西方国家拥有强大的科技实力,其粮食生产成本大大降低,发达国家利用本国优势对中小发展中国家的农业生产造成不利影响,导致中小发展中国家粮食生产能力被剥削,粮食产量下降,需要依赖从发达国家进口粮食,这样加剧了世界粮食危机爆发的程度和破坏力。

二、中国粮食安全现状与问题

中国作为人口大国,保障粮食安全至关重要。在中国历史上,因为饥饿而导致的农民起义和王朝更迭比比皆是。可以说,中国 5000 年的文明史也是不断与饥饿抗争的历史。新中国成立后,中国共产党带领中国人民逐步解决了温饱问题,用占世界少量的土地和水资源养活了 14 多亿人口,这是中国共产党人为世界和平与稳定作出的巨大贡献。党的十八大以来,以习近平同志为核心的党中央将保障粮食安全提升到了一个前所未有的战略高度。习近平总书记在不同的场合不断强调粮食安全的重要性,他指出,"保障国家粮食安全是一个永恒课题""我国是个人口众多的大国,解决好吃饭问题始终是治国理政的头等大事""中国人的饭碗任何时候都要牢牢端在自己手上"。[①] 当前,中国人民正在为追求更加美好的生活质量而努力,不仅关注吃饱的问题,而且关注吃好的问题;不仅关注粮食的数量,而且注重粮食的品质;不仅重视粮食安全,而且强调食品安全。这些对中国政府解决粮食安全问题,满足中国人民对美好生活的期待提出了更高的要求。但是也应该看到,我国粮食生产基础仍不稳固,面临的水土资源、生态环境压力越来越大,保障粮食安全的任务十分艰巨。

(一)自然灾害影响较大

粮食生产是一个与自然环境密切相关的过程。由于其对气候、土壤、水源等自然因素的依赖性,自然灾害(如干旱、洪涝、病虫害等)对粮食生产产生的影响尤为显著。在我国,由于地域广大,气候复杂多样,每年都会发生各种自然灾害,如洪涝、干旱、病虫害、霜冻等,这些自然灾害会破坏农业设施,降低作物产量,降低土壤肥力和影响农业产业链的发展,对我国的农业生产构成了重大威胁。第一,自然灾害频发。在我国,由于地理环境的多样性,气候灾害的种类和程度也各不相同。在华南、华中和东北等地,每年夏季,都会出现大范围的洪涝灾害。洪涝灾害不仅会直接淹死粮食作物,还会冲走土壤中的肥料和有机物,降低土壤的肥力。此

---

① 《习近平著作选读》第一卷,人民出版社 2023 年版,第 197、198 页。

外,洪涝还会导致农田和农业设施的大面积损毁,使农民的生产生活受到严重影响。在华北、西北和西南等地,由于降水量少,常常发生干旱灾害。干旱会使农田缺水,影响作物的正常生长,甚至造成作物的大面积死亡。干旱还会导致水源短缺,影响农业生产和农民的生活。在东北和西北等地,由于气候寒冷,常常出现霜冻灾害。霜冻会直接冻伤作物,影响作物的生长和产量。此外,霜冻还会导致农田土壤冻硬,影响春季的耕作。第二,病虫害频发。在我国,主要的病虫害有稻飞虱、棉铃虫、小麦赤霉病、玉米螟等。这些病虫害的发生,往往会造成粮食作物的大面积死亡,严重影响农业生产的稳定性和持续性。第三,地质灾害频发。地质灾害,如地震、滑坡、泥石流等会对农业生产造成严重影响。地震会直接破坏农田和农业设施,影响农业生产。滑坡和泥石流会改变地形地貌,破坏农田,使农田失去耕作的能力。

(二)各类资源约束偏紧

随着工业化和城市化的进程,土地等各类资源越发紧张,影响了粮食扩大再生产。第一,现代工业污染使部分耕地丧失耕种能力。还有部分农民过度耕种、滥用农药和化肥等农业生产方式的问题和土壤侵蚀、盐碱化等土地退化的问题,导致土壤肥力下降和耕地质量下降。第二,水资源的约束偏紧。受到气候变化等因素影响,全球部分地区降水减少、河流流量减小,使农业用水的供应量减少。同时,人口增长和工业用水的增加,也使水资源的需求量增加,加剧了水资源的供需矛盾。在水质方面,工业污染和农业污染使水质恶化,影响了农业用水的质量。特别是农药和化肥的滥用,导致水体中营养物质过剩,引发死水现象,严重影响农业生产。

第三，生物资源的约束偏紧。生物多样性的减少、种质资源的流失等问题，使生物资源的约束正在加剧。过度开发和环境破坏导致生物多样性减少，使农业生产失去了重要的生物资源。现代农业生产中对高产优质品种的偏爱，导致许多传统品种被淘汰，种质资源流失问题较为严重。第四，环境约束偏紧。环境污染和气候变化等问题，使环境的约束正在加剧。环境污染方面，工业污染和农业污染使农业生产环境恶化。污染物进入农田，影响作物的生长，降低农产品的质量。气候变化方面，气候变化影响农业生产的规律和节奏，带来很大的不确定性。特别是全球气候变暖可能引发极端气候事件频发，对农业生产造成了极大威胁。

（三）粮食自给率较低

截至 2023 年，我国粮食生产实现了十九连丰，总产量连续 8 年保持在 1.3 万亿斤以上；口粮自给率为 100%，谷物自给率为 95% 以上，人均粮食占有量约 480 公斤，高于国际公认的 400 公斤粮食安全线，做到了谷物基本自给、口粮绝对安全。[①] 但是近 20 年来，中国粮食、谷物和口粮自给率均呈现下降趋势，导致粮食自给率由 1998 年的 100.4% 下降到 2021 年的 96.0%，粮食安全存在较为严重深层次问题，亟待进行重新认识和引起足够重视。另外，在我国全面建成小康社会之后，粮食安全问题已经转化为饲料粮安全问题以及肉类产品与价格问题。从进口结构来看，口粮进口比例较低，大豆是我国粮食进口的主要品种，2015—2022 年我国大豆进口总量从 832.3 亿公斤增加到 911.8 亿公斤，大豆进口总

---

① 杜海涛：《做到谷物基本自给、口粮绝对安全》，《人民日报》2023 年 5 月 12 日。

量占全国粮食进口总量的比例均保持在60%以上,最高甚至达到83%。进口大豆主要用于压榨食用油和生产动物饲料,在我国食用植物油消费中,大豆油所占比重为46.4%,按照1公斤大豆榨油量0.18公斤换算,完全满足我国大豆油需求就需耗费近1000亿公斤大豆;按照2022年我国大豆进口量911.8亿公斤计算,若以国内单产每亩132公斤换算,需要增加耕地近7亿亩才能达到大豆进口量911.8亿公斤。但我国耕地资源有限,2022年我国大豆种植面积仅为1.8亿亩,若要大豆自给率达到100%,则需要8.7亿亩耕地,占全国耕地总量的近48%。并且,除大豆外,其他粮食也存在对外依存度较高的问题。据统计,2022年牛奶、植物油(以油菜油和花生油为主)对外依存度分别为37.69%和50%,而棕榈油对外依存度甚至高达100%。另外,豆粕和饲草、食糖、牛肉的对外依存度也都在25%左右甚至更高。①

(四)保护耕地压力加大

随着我国经济的快速发展,城市化进程正在加速推进。据统计,1949年我国耕地面积为14.69亿亩,1957年达到历史最高值,为16.77亿亩,1995年下降到14.24亿亩。2022年年末全国常住人口城镇化率为65.2%②,城市常住人口正在迅速增加。这种趋势对耕地保护带来了巨大压力,一方面,在城市化进程中,相当面积的耕地转为建设用地,如建设住宅区、工业区、交通设施等。城市化导致耕地数量大幅减少,对我国的粮食生产和粮食安全造成

---

① 何雄伟、杨志诚:《农户特征、地域差异与农户的土地退出意愿》,《经济经纬》2022年第6期。
② 国家统计局:《中华人民共和国2022年国民经济和社会发展统计公报》,《中国统计》2023年2月28日。

重大影响。另一方面,我国耕地质量建设法律体系存在缺陷、耕地保护制度建设较为滞后,不但没有遏制全国耕地数量下降的趋势,而且耕地质量也出现下降的情形。其影响因素较多,第一,耕地质量建设投入不足。近年来,尽管政府在农田基础设施建设方面进行了大量投入,但一直存在"重工程轻培肥、重田外轻田间、重数量轻质量"的问题,致使实际用于地力培肥的投入不足,耕地质量不仅没有显著提升,反而在局部地区出现退化情况。第二,耕地占补平衡政策落实不力。在耕地占补平衡过程中,部分地方政府把工作重点放在平衡耕地数量上,对耕地质量问题重视不足。很多城市、村镇及交通沿线附近大量优质耕地被用于非农建设,而补充的耕地质量远低于被占用耕地,造成耕地总体质量下降。第三,"重用轻养"较为普遍。由于农业种植比较效益低下,农民在提高耕地质量方面的意愿和能力不足,大部分农户只用不养,使用掠夺式经营方式。政府也缺乏有效的激励措施,因而广大农民在保护耕地、培肥地力、改良土壤方面的积极性普遍较低。第四,耕地管理体制不健全。尽管我国先后颁布《中华人民共和国农业法》《中华人民共和国土地管理法》《基本农田保护条例》,对耕地质量建设都提出了明确要求,但规定比较原则,操作性不强,政策的执行力度往往不够,难以适应当前耕地质量管理工作的需要。在一些地方,耕地保护政策往往只停留在纸面上,没有真正落实到实际行动中。[①] 第五,耕地保护政策执行困难。对地方政府而言,经济发展和耕地保护之间经常存在冲突。地方政府为了保证经济的持续发展,需要大量土地用于建设。但是为了保护环境和确保粮食安

---

① 江宜航、刘瑾:《耕地现状调查:耕地质量缘何逐年下降》,《中国经济时报》2014 年 9 月 26 日。

全,需要保护好耕地。这种冲突使耕地保护政策的执行变得困难。在实践中,经常会出现一些地方政府为了追求经济发展,尽管中央多次强调和下达相关禁令,但仍存在部分地方或个体以各种变相手段违法审批、违规占地。这些行为往往以地寻租和以地生财为目的,导致了大面积的毁林开荒、围湖造田、填海造陆等一系列违背自然生态规律的行为,对土地资源和生态环境构成了严重威胁。①

(五)种粮规模小、效益低

根据第三次农业普查数据显示,我国小农户数量占农业经营主体的98%以上,占农业从业人员的90%,小农户经营耕地面积占总耕地面积的70%;在2.3亿农户之中,2.1亿农户经营耕地在10亩以下。2018年流转的承包地面积仅占家庭承包面积的37%,户均经营规模仅为7.8亩。中国土地流转率不高、社会化服务组织不健全、规模化经营低、标准化专业化水平低的现实,导致种粮比较效益低,较大程度地影响了农民种粮的积极性。受此影响,我国粮食生产净利润和成本利润率分别由2004年的196.5元/亩和49.7%下降到2020年的47.1元/亩和4.2%。② 而种粮比较效益低导致农村出现大量耕地撂荒,粮食的复种指数下降。近年来,种粮比较效益持续降低,农民种粮与打工收入比由2005年的1:5下降到2018年的1:10。农民不愿意种地,耕地弃耕撂荒现象比较普遍,特别是在耕作难度较大的山区、

---

① 徐振伟:《国际视野下的粮食安全与中国》,天津人民出版社2022年版,第7页。
② 魏后凯、王贵荣:《农村绿皮书:中国农村经济形势分析与预测(2022—2023)》,社会科学文献出版社2023年版,第234页。

丘陵地区,弃耕情况尤为严重。据专家测算,2017 年全国累计撂荒面积高达 1.37 亿亩,撂荒面积达到 6.7%,且呈现出逐年增加的趋势。这使我国 15 年以来复种指数不断下降,复种指数从最高年份 2006 年的 128.9%,下降到 2018 年的 123.0%,下降了 5.9 个百分点。

（六）种粮经营主体后继者不足

由于农业劳动强度大、工资低,缺少城市"五险一金"保障,加之农村教育、卫生、饮水、文化、体育、娱乐等生活设施严重滞后,年轻人纷纷涌向城镇就业,50 岁以下粮农已很少见,目前主要以老人为主,并且数量也在减少,未来谁种粮已成为一个亟待认真解决的问题。中国农业劳动力正在加速老化。从第三次全国农业普查数据来看,2016 年年末全国超过 55 岁的农业劳动力占比 33.6%,比 1996 年第一次全国农业普查中占比增长 21.3%;而 35 岁以下农业劳动力规模却从 1996 年年末的 53.4%缩小到 19.2%。有学者预测,到 2020 年,中国农业劳动力的平均年龄为 55—56 岁。①

（七）科技创新潜力减弱

随着育种技术的不断更新,粮食作物的良种化率不断提升,加之不同发展阶段水利、化肥、机械化的不断应用,我国粮食总产量和单产都显著上升。但农业技术进步难度越来越大,增长潜力空间越来越小。其原因,第一,科研投入不足。我国的农业科研投入

---

① 黄季焜、靳少泽:《未来谁来种地:基于我国农户劳动力就业代际差异视角》,《农业技术经济》2015 年第 1 期。

相对于 GDP 比例而言,迄今为止仍显得偏低,远低于发达国家的水平。这种投入的不足,在很大程度上影响了农业科研项目的数量和质量,从而对农业科技的创新和发展产生了严重的制约效应。此外,农业科研投入的结构也存在问题。目前,我国的农业科研投入主要偏重基础研究,而对于应用研究和试验示范的投入相对不足。这导致许多科研成果难以在农业生产中得到有效应用,不能够直接转化为农业生产力。第二,科研成果转化效率低。目前,我国只有约 30% 的农业科研成果得以实际应用,与发达国家相比,这一比例明显偏低。科研成果的低转化率,已成为阻碍我国农业科技发展的重要因素。[①] 一方面,许多农业科研成果不符合市场需求,使科研人员缺乏将成果转化为生产力的积极性。另一方面,农业科研成果转化支持不足。由于农业生产的特殊性,许多科研成果需要在农田中进行长期的试验和改良,才能够被广大农民接受和应用。而在此过程中,由于缺乏必要的支持和保障,而且知识产权制度还不能有力保障科研人员获得实际收益,使长期投入难以保障科研成果受益,更难以使其得到有效地推广。第三,农业科技人才短缺。我国农业科技人才的整体数量不足,尤其是高层次的农业科技人才严重缺乏。并且,农业科技人才的结构失衡,理论研究型人才较多,而实践操作型和技术服务型人才较少,使我国的农业科技创新无法得到有效地推进。第四,农业技术推广体系不健全。我国农业技术推广体系的行政化程度过高,缺乏市场化的运作机制,特别是在基层"网破、线断、人散"问题始终未能得到有效解决。然而行政化的推广方式,经常导致粮食技术的推广与农

---

① 秦涵淳、李继锋、楚小强等:《农业科研成果转化效率问题的探讨》,《农业科技管理》2017 年第 1 期。

民的实际需求脱节,影响了粮食技术推广的效果。此外,现有的农业科技推广人员有相当一部分人年龄偏大、知识陈旧,而基层工作由于环境差、待遇低难以吸引高素质青年人才。

(八)粮食储备应急能力不足

历史上,我国农民通常具有储备一年到一年半粮食的习惯,但随着粮食合同定购制度的取消和粮食收购政策的放开,特别是随着市场粮油食品品种的不断丰富,农民已经基本不再储备粮食,粮食储备任务几乎都由国家来承担。全国粮食储备仓容持续增长,粮食储备压力增大,且存在一定的潜在市场风险。第一,储备粮质量缺乏市场竞争力。我国粮食品种结构中,稻谷的比例过大,尽管国内供应充足,但其轮换经营困难。相比之下,存储性强的小麦和国内产量不足的大豆的比例偏小。在品质结构方面,普通品种较多,专用优质品种较少,无法满足市场多元化的需求。此外,存储周期过长,即使粮食没有出现陈化,也影响其在市场中的竞争力。第二,储备补贴分配不合理。物价水平的提高使各种管理成本费用增加,这对粮食储备工作产生了直接影响。气候因素也对粮食储备产生影响。南方的气候温湿,北方的气候干冷,由此导致南方粮食承储企业的保管成本高于北方。经济发展程度也影响粮食储备。经济发展较为发达的地区物价水平较高,相应的储备费用也比经济欠发达的地区高。此外,粮食产销区的特性也影响粮食储备。粮食销区的价格波动性大于产区,因此销区的粮食承储企业面临的风险也大于产区。然而,当前的粮食储备费用补贴没有考虑这些储备环境和物价水平对成本的影响,造成部分粮库不愿意储粮,加剧了地方储备粮不足时供求紧缺的情况。① 第三,粮食应急保障能力不强。在粮食应急方面,存在预案制订及实施不够完善、应急响应机制和协调机制不健全的问题。粮食应急物资储备和运输能力不足,无法在短时间内迅速应对粮食危机的问题以及粮食应急信息系统和预警机制不完善,可能无法及时发现和应对粮食安全风险等问题。第四,粮食储备和应急能力的法治环境不健全。例如粮食储备和应急法律法规编制及实施存在不足。粮食储备和应急监管机制、执法力度不足以及粮食储备和应急法律法规对市场和社会的引导不足等。

第二节　研究意义

粮食宏观调控政策既是国家用于调控粮食供求平衡,提高粮食安全综合保障能力最有力、最灵敏的杠杆,又是合理调节粮食市场生产者、经销者与消费者等主体之间利益最直接、最有效的工具,更是关系国家稳定、经济平稳发展的重要手段。国家的历届领导人一直高度关注粮食安全,从毛泽东同志"手里有粮,心里不慌"②,到邓小平同志"二〇〇〇年要做到粮食基本过关,这是一项重要的战略部署"③;从江泽民同志"我国这么多人口的吃饭问题

---

① 李孟刚、郑新立:《国家粮食安全保障体系研究》,社会科学文献出版社 2014 年版,第21 页。
② 《毛泽东文集》第八卷,人民出版社 1999 年版,第 84 页。
③ 《邓小平文选》第三卷,人民出版社 1993 年版,第 22—23 页。

只能靠自己来解决"①,到胡锦涛同志"中国一贯高度重视农业特别是粮食问题"②,再到习近平总书记"必须实施以我为主、立足国内、确保产能、适度进口、科技支撑的国家粮食安全战略"③,无不显示出国家历届领导人对粮食安全的关注。自我国加入世界贸易组织后,国内外形势发生了巨大变化,农业政策也随之发生相应调整。特别是当前我国正在经历工业反哺农业的历史阶段,客观上也要求及时调整粮食安全政策。但是,目前学术界对粮食安全的研究和探讨大多是基于供给侧条件变化来进行的,对于新时代背景下如何通过宏观政策调控来建立工业反哺农业的长效机制研究还不够深入。本书以我国所处的国际环境和国内现实情况为基础,以及大食物观为背景,对提高我国粮食安全综合保障能力的宏观政策调控框架、具体政策措施和绩效进行了系统分析。本书尽力弥补以往研究的不足,力争从理论深度、政策集成上有所突破,具有一定的理论价值和实践价值。

一、理论价值

粮食安全理论随着人类社会经济的发展而不断演进发展。在我国,历史上就形成了比较完善的粮食安全理论,而在西方国家,在进入现代化社会后也逐渐基于其文化传统、社会理论、自然禀赋等形成了具有自身特征的粮食安全理论。进入新时代,我国保障粮食安全的内涵已经从"吃得饱"转变为"吃得好",只有将历史传

---

① 中共中央文献研究室编:《十四大以来重要文献选编(下)》,人民出版社 1999 年版,第1944 页。

② 中共中央文献研究室编:《十七大以来重要文献选编(上)》,中央文献出版社 2009 年版,第 510 页。

③ 习近平:《论"三农"工作》,中央文献出版社 2022 年版,第 54 页。

统的粮食安全理论、其他国家粮食安全理论、社会主义粮食安全理论与习近平新时代中国特色社会主义思想充分结合,才能形成适应现阶段及未来我国发展需求的粮食安全理论,让中国特色社会主义粮食安全理论保持旺盛的生命力。本书以马克思主义粮食安全理论为基础,基于新时代大食物观,并将其纳入总体国家安全观之中开展深入研究,坚持以战略思维、创新思维和系统思维来看待粮食安全这一困扰了世界几千年的命题,探索粮食安全相关产业的高质量发展之路,可以进一步提升粮食安全研究的理论高度。从分析角度上,本书认为,粮食安全涉及国家安全,是政治问题;粮价是百价之基,粮食产业是经济发展的基础产业,是经济问题;粮食安全是民生的基础,是社会稳定的压舱石,是社会问题;此外粮食消费和粮食生产还涉及文化问题和生态问题。从政治、经济、社会、文化、生态"五位一体"来分析和研究保障粮食安全问题,可以进一步提升粮食安全研究的理论宽度。

二、实践价值

近年来,全球粮食产量和消费量持续增长,但是总体来看供给略大于消费,粮食市场仅出现结构性的供给不足、供需整体较为宽松的局面。2020 年全球暴发新冠疫情,部分产区停工停产、全球物流受阻,导致粮食产区和销区销售不畅,加剧了部分地区特别是低收入、贫粮地区的粮食安全。据联合国粮农组织计算,2020 年年初全球饥饿人口大约在 1.35 亿人,但是到了年底,该数字增至 2.65 亿人。保障我国粮食安全更是面临资源短缺特别是耕地数量减少和质量下降的制约(资源约束)、种粮比较收益降低的制约(效益约束)、补贴政策空间有限的制约(政策约束)、农业科技创新缓慢的制约（技术约束），以及国际粮食贸易潜力和稳定性的制约（国际贸易约束）等新约束。同时，中美之间的关系由战略伙伴关系走向竞争与对抗，美欧等资本主义国家正在挑战全球经济一体化进程，重启冷战思维，我国粮食安全面临严峻挑战，依赖全球市场和粮食贸易来解决粮食安全问题的风险越来越大。新冠疫情期间，越南、泰国部分国家都对粮食采取了禁止出口的限制政策。另外，2022 年春季乌克兰危机的爆发，更是加快了这一趋势，全球第二大小麦出口国印度在同年 5 月关闭了小麦的出口市场。2024 年 9 月日本出现较为严重的"米荒"，引发抢购潮。在这种严峻的现实环境下，从理论研究出发，认真梳理中国粮食安全面临的风险与挑战，厘清未来我国保障粮食安全的思路，探索保障我国粮食生产能力、供应能力和支撑能力的路径，并向政府提出切实可行的政策建议，对保障国家安全、助力民族复兴具有重要的现实意义。

第三节　研究目的和研究方法

本书始终贯彻"新形势、新问题、新对策"的研究思路，从我国粮食安全面临的新的研究背景出发，总结历史经验，发现新的问题，针对新时代背景下我国粮食安全面临的新问题进行有针对性的回答，全面系统地提出大食物观视角下粮食安全概念的演变、层次划分和研究目标，在已有的"长期与短期、宏观与微观、生产与流通、数量与质量安全相结合"的研究基础上，立足新形势，提出"粮食安全综合保障"的研究观点，建立"数量安全""质量安全"

"生产安全""供给安全"相结合的四位一体的粮食安全观。

本书内容包括我国粮食安全思想变迁,粮食生产的农地要素、技术要素的分析,比较效益分析与相关惠农政策体系、粮食供给的协调机制等,详细分析了我国粮食安全观念变化规律,从资源禀赋、技术条件、农民增收和粮食供给四个方面研究我国粮食安全,总结历史经验教训,重点对新时代背景下我国粮食安全新问题展开尽可能全面的还原和再现,对未来可能面临的粮食安全趋势进行大胆假设,给出解决我国新形势下粮食安全问题的对策建议,既维持必要的粮食生产基础,稳定粮食供给,还要通过国际市场实现粮食贸易正常化,提升我国粮食产品国际竞争力,将粮食饭碗牢牢地端在自己手中,最终实现"四位一体"的粮食安全观。

一、规范分析方法

本书应用规范分析方法,提出全面系统的粮食安全概念,将粮食安全问题放到整个国民经济的可持续发展进程中来研究。这样做的理论依据是从已有的现象和事实出发,以一些基本假设作为研究的起点,推导出一些结论,再将假设条件放宽,以期获得更加接近现象和事实的有效结论和措施。此外,仍需对假设进行进一步的验证,只有通过验证的假设得到的结论才是有价值的、有意义的。

本书从我国粮食安全面临的背景出发,针对时代背景下我国粮食安全问题进行有针对性的回答,在此基础上,全面系统地提出粮食安全的思想、粮食安全的性质及特征,从制约粮食生产的农地、技术、生产成本和粮食贸易等维度对粮食安全问题进行全面的研究和探讨,在已有的"长期与短期粮食安全相结合、宏观与微观粮食安全相结合、粮食生产与流通安全相结合、粮食数量与质量安全相结合"观点的基础上,规范分析,建立"数量安全""质量安全""生产安全""供给安全"相结合的"四位一体"的粮食安全观,促进粮食产业的可持续发展。

二、比较研究方法

比较分析是将两个及两个以上的数据进行比较,分析它们的差异,从而揭示这些数据所代表的事物发展变化情况和规律性。结合保障我国粮食安全的目的和问题,具体采取以下方法:

纵向比较。以时间为准讨论不同时间段特定事物的发展变化过程或者人们意识思维的认识过程。这种方式既有利于从长期维度来考量粮食安全问题,也有助于将特定时期的粮食问题放到不同时间节点进行深入比较。例如,历史上不同时期粮食安全概念的演变、不同阶段粮食供求状况的比较等。

横向比较。以空间为界,探讨不同领域、不同地区的特定事物发展变化规律,并假定该事物发展将会遵循一定的规律重复发生。拟将粮食安全保障分为土地、技术、补贴、调价等领域,分析党的十八大之后为实现粮食安全目标所采用的政策措施和政策绩效,并着眼不同地区的发展经验深入挖掘突出问题。

交叉比较。以时间、空间等多个维度作为基准,对特定事物的演化路径进行比较研究。因该方法能够以其多维度视角,更加全面地反映事物的演进规律,因此能够深入挖掘不同地区不同阶段对不同粮食安全制度内涵的认识规律。

第四节　相关概念界定

一、"粮食"的概念

联合国粮食及农业组织(FAO)对粮食的概念是指谷物,主要有小麦、粗粮和稻谷。联合国粮食及农业组织出版的生产年鉴每年所列粮食产品目录有 8 大类 106 种,其中粗粮包括玉米、大麦、高粱、燕麦、黑麦、荞麦和其他杂粮等品种。我国对粮食的定义有广义和狭义之分。狭义的"粮食"是指谷物类,也就是联合国粮食及农业组织所指的粮食,主要包括小麦、稻谷、玉米、大麦和高粱等;广义的粮食是指谷物类、豆类与薯类的集合。从 1953 年起,国家按照广义的粮食概念口径公布粮食产量,从 20 世纪 90 年代起,国家统计局的统计年鉴和统计摘要,均在粮食总产的栏目中另列谷物总产量指标。

关于粮食的属性以及特征是研究粮食安全问题的前提和基础。随着全球化及自由贸易程度的加深,对粮食属性的研究不断深化。目前对粮食属性的研究大致分为单一属性、双重属性和多重属性三个层面。其中粮食具有商品属性,即单一属性已无异议。在私人物品和公共物品的双重属性中,学者之间存在一定的争议,部分学者指出粮食本质属性是公共物品属性。在多重属性方面,主要包括公共物品属性、商品属性、金融属性、能源属性、政治属性和外交属性[1],只不过在多重属性中本质属性仍然是公共物品属

---

① 苑基荣、裴广、韦冬泽:《非洲为粮食安全找出路》,《人民日报》2011 年 4 月 11 日。

性,而金融属性、能源属性、政治属性和外交属性则属于衍生属性。[1]

二、"粮食安全"的概念

"粮食安全"的概念最早由联合国粮食及农业组织于 1974 年 11 月在第一次世界粮食首脑会议上提出,后经 1983 年 4 月和 1990 年 11 月两次修改,最后表述为:"只有当所有人在任何时候都能够在物质上和经济上获得足够、安全和富有营养的粮食,在满足其积极和健康生活的膳食需要及食物喜好时,才实现了粮食安全。"尽管"粮食安全"的概念几经修订,但其基本内涵并没有改变,主要包括以下几个层面的内容:一是在生产层面上,确保能生产出数量充足、符合需求的食物;二是在供给层面上,最大限度地稳定粮食供应,防止政治、经济、流通等任何理由阻碍粮食的稳定、及时供应;三是在需求层面上,确保所有人满足其积极和健康生活的膳食需要及食物喜好。国内学者大多认为,我国所面临的粮食安全问题无论就其背景还是性质而言都不同于发达国家,也不同于一般的发展中国家,因而不能简单照搬联合国粮食及农业组织的概念。虽然我国政府在 1992 年就明确了粮食安全概念,是指"能够有效地提供全体居民数量充足、结构合理、质量达标的包括粮食在内的各种食物"。但朱泽(1998)[2]认为,"粮食安全是指国家在其工业化进程中满足人民日益增长的对粮食的需求和粮食经

---

[1] 肖国安、王文涛:《粮食供求波动的轨迹、走势及其平抑措施》,《湖南科技大学学报(社会科学版)》2005 年第 3 期。

[2] 朱泽:《国际农产品贸易自由化与我国农业政策的应对》,《战略与管理》1998 年第 1 期。

济承受各种不可预测事件的能力"；丁声俊(2001)①认为，粮食安全的概念相当丰富，至少应包括"任何需求者、任何需求时间、各个产地来源、各种所需粮食和食物、粮食和食物数量与质量以及购买力六个方面的内容"。吴志华(2003)②在肯定联合国粮食及农业组织关于粮食安全定义的同时，认为我国的粮食安全就是"通过粮食的生产、流通以及消费实现粮食的动态、有效平衡"。具体地说，粮食安全的本质要求在目标上要使每个人任何时候都能得到保证生存与健康所需要的粮食；从操作上要实现粮食生产、流通与消费的有效平衡；在经济上要谋求合理成本达到一国政治经济生活的需要。娄源功(2003)③认为，粮食安全是"满足人们以合理的价格对粮食的直接消费与间接消费，以及抵御各种粮食风险的能力"。上述表述强调宏观层面的粮食安全要具备以下几个条件：一是粮食及其加工食品的合理价格，粮食与居民其他生活必需品的合理比价；二是满足居民对粮食的直接需求和间接需求；三是具备抵御各种风险的能力。国家粮食局调控司(2004)④也提出了自己的定义，即"粮食安全是指一个国家满足粮食需求以及抵御可能出现的各种不可预测事件的能力，与国家经济发展水平及外贸状况之间有着密切的联系"。该概念首次将外贸因素考虑在粮食安全的范畴之内。另外，高帆(2006)⑤认为，"粮食安全的实现需要通过生产、流通和购买等因素在内的多链条互动才能实现"，

---

①　丁声俊：《国家粮食安全及安全体系建设》，《国家行政学院学报》2001 年第 4 期。

②　吴志华：《粮食安全收益、成本与均衡探析》，《农业技术经济》2003 年第 2 期。

③　娄源功：《中国粮食安全的宏观分析与比较研究》，《农场经济管理》2003 年第 3 期。

④　国家粮食局调控司：《关于我国粮食安全问题的思考》，《宏观经济研究》2004 年第 9 期。

⑤　高帆：《粮食的产品特征及其对粮食安全实现的启示》，《调研世界》2006 年第 11 期。

其含义包括：一是供得多，一国首先要有充分的粮食供给，才能应对所有人的粮食需求；二是送得到，即保证市场上的粮食可以有效及时地到达居民手中；三是买得起，即保证居民在任何时间、任何地点都能以合理价格购买到保障自己生存和健康所需要的粮食。

由此可见，虽然国内学者对粮食安全概念的理解基本遵从了联合国粮食及农业组织的"生产、流通、消费"的思维框架，但对粮食安全的概念有所拓展，这主要表现在以下几个方面：一是从静态描述到动态考察，明确粮食安全考察的时间范畴不仅包含过去和现在，而且包含未来；二是从已发生的确定性事件到不可预测事件的风险防御，极端地说，只要发生了一个居民未获得生存或健康生活所需要的食物，就是粮食非安全，而几种非安全状态只能通过已发生的确定性事件才能体现出来，但粮食安全强调的却是在未来不可预测性事件冲击下，造成粮食非安全事件出现的零概率；三是从状态描述到能力建设。

三、"粮食安全保障能力"的内涵

"粮食安全保障能力"这一概念内含了几个子概念，即"粮食安全""保障""能力"。"能力"按现代汉语词典的解释就是主体顺利完成某一活动所必需的主客观条件。主观条件一般指主体完成活动的意识和意志，从属于主体的精神范畴，客观条件指主体完成活动的自然条件，从属于物质的范畴。主体的能力是主客观条件的有机结合，如果主体只具备完成活动的主观条件而不具备客观条件，则"巧妇难为无米之炊"，能力不能得到现实的体现；如果主体只具备客观条件而不具备主观条件，则物质的条件得不到充分地利用，能力也无法充分地表现出来。可见，能力直接影响活动效率,是主体活动顺利完成的个性心理特征和潜力。

　　"保障"是"确保,保证做到"之意,其内涵是指把保障的各种手段、工具和措施合成一个统一的整体。因此,保障绝不是保障某一方面、某一层次、某一维度、某一时间、某一环节、某一因素,而是诸多手段、工具和措施的有机结合,并且在这种结合中形成有序的系统结构,以保证最低的投入耗费来达到最佳的保障效果。将"粮食安全""保障""能力"合成一个概念,与传统的"粮食安全"概念相比,已经更深入、涵盖的内涵更宽泛。概念内含的基本属性是主体通过各种手段、工具和措施的有机结合使自身具有实现粮食安全目的的主客观条件和潜力。从这一概念的基本属性出发,要科学定义"粮食安全保障能力",必须明晰以下几方面的关系:

　　一是主体与客体的关系。从区域的角度来说,粮食安全的主体是一国或地区,客体是该国或地区之内的所有人,包括居民和非居民。二是目的与手段的关系。即粮食安全是目的,综合保障是手段。三是主观条件与客观条件的关系。即与粮食产业链相关的自然条件是客观条件,政府意识与法律制度是主观条件。四是实际条件与潜能的关系,虽然现实的主客观条件决定能力的大小,但一国或地区政府可以通过主客观条件的改变来提升潜能,这就是能力建设。在明确了概念的本质属性和逻辑关系后,可对"粮食安全保障能力"定义为:"一个国家或地区通过统筹利用国内外粮食生产要素,综合运用宏观调控、市场调节和政府救助等集成式对策,确保所有人在任何时候都能够获得足够安全和富有营养的食物的能力。"这一概念与传统的"粮食安全"概念相比,具有以下几方面的突破:

　　一是强调了粮食安全的动态性。由于能力由一定的主客观条件所决定,而一定的主客观条件是随时间、环境等变化而变化的,因此一个国家不同的经济发展时期具有不同的粮食安全综合保障能力。当一个国家的粮食生产稳步提高、粮食储备充足、粮食进口适度、供求基本平衡、粮价相对稳定、政策合理有效时,粮食安全的综合保障能力就较高,但当这些条件改变时,粮食安全的综合保障能力就会降低。

二是强调了综合手段的集成性。影响一国或地区粮食安全综合保障能力的因素众多,政府可利用和采取的综合手段也多种多样,该定义不仅强调了利用国内国外两种资源、国内国外两个市场,而且强调了粮食生产的全要素和经济、法律、行政等多种政策工具与手段,形成集成式的、有序的、系统的综合政策组合,以实现粮食安全目标。

三是强调了能力建设的功能性。这首先在于能力的可塑性功能,即能力的大小是可通过主体的建设增加的;其次是能力的防御性功能,即主体具备某种能力之后,可以防御未来不可预测性随机事件的冲击,并增强主体的动态适应性;最后是能力的实现性功能,即主体具备该能力之后,可以保障主体目标(粮食安全目标)的实现。

第一章　我国粮食制度的形成与发展

粮食问题乃国之大计,保障粮食安全是经济社会稳定发展的重要且必要基础。不同历史时期,由于发展目标、条件及侧重点不同,粮食安全战略和制度亦在不断调整和优化。我国从先秦起就有了重农抑商的思想,后历经朝代变迁,逐渐形成了以充足为主要目标和以国家发展基础为主体定位的粮食安全观。新中国成立以后,我国始终重视粮食生产问题。改革开放后,我国出台了一系列措施旨在提升粮食综合生产能力、搞活粮食流通市场并增强国家粮食储备和宏观调控能力。自党的十八大始,我国更是将构建更高效、高质、高层次且适应新时代发展要求的粮食安全保障体系提升到了国家战略层面,形成了具有中国特色的粮食安全制度体系。

民以食为天,粮食问题始终是关系国计民生的全局性重大战略问题。保障粮食安全对于任何一个国家、任何一个时代而言都至关重要,可谓是维系国民经济持续增长和社会稳定发展的"压舱石"。然而,粮食生产具有靠天吃饭的特性,还不可避免地受到来自资源禀赋、经济、社会、政治及生态环境等因素的影响,从而保障粮食安全不仅要解决粮食自然生产过程中所面临的脆弱性问题,还要统筹协调好粮食安全与经济社会其他层面的关系,是一项长期、艰巨且复杂的任务。[①]

粮食生产是农业社会发展的基础产业,中国自古重视粮食问题,历朝历代出台了不少政策鼓励粮食生产以保障社会稳定。新中国成立以后,更是始终坚持国内粮食基本自给的方针,针对不同发展阶段出台了多项保障粮食安全的政策,这些政策连同历史上的粮食政策共同筑就了中国粮食制度的演进之路,谱写了我国粮食制度的变迁和发展。鉴于每个时期经济社会发展条件以及粮食生产所面临的具体问题不同,粮食制度亦有所差别。[②] 综合考虑政策目标、政策对象、政策重点以及政策实施方式等要件,宜将中国粮食制度的演变历程划分为古代(1949 年以前)、改革开放前(1949—1978 年)、改革开放后(1979—2012 年)和新时代(2013 年至今)4 个阶段。

第一节　古代的粮食制度演变(1949 年以前)

粮食安全问题贯穿了整个中华民族经济社会的发展历史,也是历代王朝及统治者密切关注和高度重视的问题,中华民族 5000 年的历史也可以认为是反饥饿的斗争史。在农业文明时代,粮食危机不断,多个朝代被粮荒引发的农民起义推翻,多个皇帝以"均贫富"作为新政的开篇。从远古时期的粗放式农耕,到现代化农

[①]　翟虎渠:《关于中国粮食安全战略的思考》,《农业经济问题》2011 年第 9 期。

[②]　杜政、亢霞:《我国粮食宏观调控政策变迁回顾与经验启示》,《粮食问题研究》2012 年第 3 期。

业的崛起,中国主粮的生产方式、种植作物以及农业技术都经历了深刻的变化。[①] 以下将详细总结中国主粮的演变历史。

远古农耕时期,耕种技术很原始,主要以手工耕作为主,小麦、稻谷、大麦、粟及黍等构成了当时主要的粮食来源。根据考古发现,距今 7000—8000 年前,黄河流域的原始农业已经发展到了一定水平,但时有大规模灾荒和饥饿发生,且比较频繁。

夏商时期,土地制度是以氏族为单位的土地公有制,农业生产往往采取集体劳作方式进行。武王克商以后,分封各地,分封地的主权和产权属于周王。土地与人民归周王所有,王室制定了井田制来管理土地。各诸侯国不愿意将土地都归周王,逐渐把农地私有化,并且采取拓荒的方式不断扩大私田面积,逐渐威胁到了周王朝的统治权。到了春秋时期诸侯混战,社会动荡,据统计,春秋时期动乱的时间长达 551 年,导致田地荒芜、民不聊生,广阔的平原上到处都是逃荒的饥民。这个时期,已经形成了较为完整的粮食安全思想,属于中国古代粮食思想的萌芽阶段。墨子将粮食短缺列为可以引致国家灭亡的七种祸患之一;孔子认为粮食充足才能得民心;商鞅变法的重要内容之一即是重农抑商,提出不发展农业无以抗衡诸侯的观点。以"不生粟之国亡"及"富国之必生于粟"为代表的论断体现了先秦粮食事关一国长治久安和民心向背的战略思想。春秋战国时期是中国历史上具有代表性的诸侯混战阶段,所以这个时期的粮食安全思想除了出自当权者控制全国粮食生产和转运以求稳定政局的需要外,更是出于战争的考量。有史料表明,秦惠王时期的伐楚战争单从成都仓就调用了六百

---

① 吴宾、朱宏斌、党晓虹:《试论中国古代的粮食安全观》,《兰州学刊》2006 年第 6 期。

万斛米,这些仓储粮成为先秦伐楚成功的关键,为这次军事行动提供了重要的物质支持。可见,在古代,保障粮食安全不仅关乎民生安泰,更事关一国命运和生死,即粮食安全问题从来都是大事。

秦一统六国后,灾荒、饥饿和战乱频繁,据《中国灾荒史》记载,仅秦汉时期,发生的自然灾害多达 375 次。《汉书·王莽传》记载:"连年久旱……人相食……饥民死者十(之)七八。"这个时期,主要实行均田制,将重农作为基本国策。在制度上,则专门设立农官以督促和管理农业生产。这个时期,稻米是主要的粮食作物,种植水稻的技术相较于先秦有了一定的提升。汉朝延续了秦朝的重农思想,认为农业乃天下之本,通过兴修水利、轻徭薄赋和休养生息等策略,积极鼓励农户种粮,使粮食生产得以从战乱阶段逐渐恢复,使安全得以保障。从中国古代粮食安全制度的演变来看,秦汉时期是我国粮食储备思想发展的重要阶段,当权者、思想家、政治家广泛探索粮食贮备方法,建设仓储设施大力发展粮食仓储业,形成了数处具有代表性的粮仓,如秦朝的咸阳仓和栎阳仓以及汉朝的京师仓和太仓等。秦汉时期的粮仓多设置在交通便利、漕运发达的河流交汇之处,以方便转运漕粮。从粮仓设置目的来看,秦汉时期的粮仓除了用于贮备和转运粮食以保障全国粮食安全和实行经济控制并在饥荒之年用于赈灾救济外,更是服务于军事和政治。例如楚汉战争阶段,成都仓的粮食就被刘邦用作军事战略物资经漕运源源不断运往关中地区,从而为其在楚汉争雄过程中最终成为战胜方提供了重要基础。汉朝的粮仓很多是在秦朝的粮仓基础上发展起来的,采取了中央仓和地方仓两种建制,管理制度以职责明晰作为主要特征。① 从粮仓布局范围、规模大小以及分布密度来看,汉朝的仓储制度较秦朝有更为明显的发展,在保障粮食安全、实行经济控制以及达到军事战略储备等目的方面发挥了重要作用。

魏晋南北朝时期,发生自然灾害 304 次,动乱时间长达 389 年,以黄巾起义为代表的农民起义对生产力发展造成了毁灭性的破坏。《魏书·食货志》记载:"晋末……或毙于饥馑,其幸而自存者,盖十五焉。"《魏书·宣武帝本纪》记载:"四州大饥,民死二十万余口。"三国时期,曹操率先实行屯田制来管理国家。魏末晋初,统治阶级对屯田的分租比例高达八二开或者七三开。晋武帝时期两次下令罢免屯田官员,并且废除了民屯制,颁布了占田制,明确规定允许农民自行占有土地并限制占田数额,按规定的课田亩数缴纳田租。这一时期,逐渐形成了北小麦、南稻谷的农业体系。

隋唐时期,天下大治,唐朝人口达到 0.53 亿人,人均粮食占有量达到 628 公斤的历史最高值。但是天灾人祸仍然带来了饥饿,仅记录在案的自然灾害有 515 次,动乱时间有 53 年,很多人过着朝不保夕的生活。唐朝诗人杜甫的诗句"朱门酒肉臭,路有冻死骨",是对历朝历代社会贫富不均,官僚锦衣饱食、贫民饥寒交迫的真实写照。《新唐书》记载:"永淳元年冬,大疫,两京死者相枕于路。"这个时期,一方面鼓励粮食生产,广推均田制,限制地主豪绅兼并土地;另一方面基于正规化的仓储管理经验,设置官仓和义仓贮备粮食以备饥荒之年不时之需,同时达到控制全国粮食转运

---

① 申艳辉:《秦汉时期仓储发展探析》,《天水师范学院学报》2016 年第 5 期。

和实现粮食安全的目的。有研究表明,隋文帝末年朝廷粮食储备量达到了历史最高。唐初开创盛世,农业生产迎来了前所未有的有利局面。唐朝的农业制度可以简要概括为以下四个方面:一是实行均田制,分发和调剂土地资源,鼓励农业生产;二是在人口多、公地少的狭乡限田,以减少土地兼并;三是通过屯田、营田或民间开垦方式增加耕地;四是建立常平仓和义仓制度以储藏粮食,既可用于调节粮食价格实现朝廷管控目的,又可应对灾年饥荒,保障百姓口粮安全。但是,到了唐中后期,战乱连年,政局不稳,土地兼并之风盛行,很多农业制度遭到破坏或无法施行,农业生产不复初唐盛况。

宋代辽金时期是自然灾害最为频繁的时期,发生次数达到874次,与辽、金、西夏的频繁用兵,使战乱时间长达241年,饥荒成为常态。这个时期属于农业发展的重要时期,农业制度表现出以下三个亮点:一是实行秧田法和田块制,推广稻麦两熟制,不仅提高了土地利用效率,还增加了粮食产量;二是放开粮食价格,并允许粮食在不同地区间流通,从而依托强大的漕运形成了数个规模较大的粮食输出地;三是减免粮税。上述制度均有效地鼓励了种粮农户,达到了促进粮食增产的目的。宋代保障粮食安全的挑战主要来自气候和环境,随着均田制瓦解带来地主和佃农关系的改变,粮食生产受到影响。皇室南迁后,南宋朝廷一方面在长江流域地区大力发展稻麦两熟制,促进精耕细作,从而提高了粮食单产;另一方面采取定额租制以应对北宋均田制名存实亡对粮食生产造成的冲击,极大地激励了佃农生产的积极性,保障了粮食安全。宋代时期,粮食仓储和漕运形成了相辅相成共同发展的局面。漕运的优点主要在于成本低廉、交通便利、运输体量大,宋代依托发达的漕运发展粮食仓储业,从而为控制全国粮食转运和保障粮食安全提供了有利条件。元代在继承宋代漕运优势的基础上,致力于发展粮食海运渠道,促进国内经济交流。有研究表明,元代依托京津地区设置仓储集散地,标志着中国古代的粮食经济格局被改变。

明清时期人口激增,特别是乾隆十四年到 1948 年之间,由于人口快速增加,而粮食单产增长乏力,人均粮食占有量下降到了 350 公斤以下,粮食供给问题成为朝廷最为关注的政治问题。据文献记载,仅光绪年间,饥饿人数达到 1 亿人,饿死人数高达 2000 万人。这个时期,是我国古代粮食安全思想的定型时期,很多农业制度和措施延续了之前朝代的思路并趋于成熟。例如,兴修水利,改善农业生产环境;推动农耕技术改进,提高农业生产效率;重视粮食市场贸易,加强朝廷对地方粮政的调控能力;推广高产、高抗作物品种种植,提高粮食单产;通过提供生产资料和生活资料资助、放宽起科①年限等方式,鼓励农民开垦荒地,并对垦荒所得土地给予朝廷认定的凭证,最大限度地保障农民开垦荒地的利益,扩大耕地面积;薄赋税轻徭役,减轻农民负担;崇尚节俭取向。这一时期的粮食观不仅对粮食国之根本的基础地位有了更为深刻的认识,而且还形成了几个思想亮点:一是认为朝廷与其过度干扰农业生产,不如采取休养生息的政策,如此才能充分调动农民种粮的积极性;二是繁荣粮食市场贸易,促进缺粮地区和余粮地区进行粮食余缺调剂;三是重视兴修水利和开垦荒地对发展农业生产的基础作用。清朝"摊丁入亩"制度的实施被认为是租佃制度的一大发

---

① "起科",即朝廷正式向土地使用者收取赋税。放宽起科年限意味着给百姓留有了将荒地变为良田的缓冲期。

展,不仅减轻了无地、少地农民的经济负担,增加了农民中有恒产者的占比,而且赋予其自由迁徙的可能,并通过一系列制度保护佃农的生产权益①,从而极大地激励了佃农生产的积极性,起到了保护粮食生产和安全、稳定经济社会发展的作用。

民国时期中国饱经战乱,社会动荡不安,农民挣扎在死亡线上,根本无暇也无心顾及生产,农业发展面临重重困境和诸多不稳定的外部因素,从而耕地面积急剧减少,粮食单产和产量明显下降,粮食价格波动剧烈,缺粮、饥荒成为社会常态。1920—1921 年华北四省大饥荒,饿死约 1000 万人;1928—1930 年北方八省大饥荒,又饿死了 1300 万人。1947 年我国人口为 4.63 亿人,比乾隆四十九年多了 1.77 亿人,人均粮食占有量只有 232 公斤,不足唐朝的一半,粮食单产只有 90.04 公斤/亩,甚至低于 2000 多年前的战国时期。

可见,中国历史是对抗饥饿的历史,自先秦起各个时代极其重视农业尤其是粮食生产问题,重农抑商的思想几乎贯穿了整个封建时代。只是历朝历代重视程度和发展条件不同,从而粮食制度及其侧重点也有所不同。不过,土地制度始终是历朝历代最为重视的农业制度,毕竟在那些粗放耕作、农业技术落后、社会发展程度不高的时代,土地在很大程度上决定了农业的最终产量。而粮食安全从来都是封建王朝绝不敢忽视的生死攸关问题,是关系所有人生存利益以及经济、社会、政权稳固的民生大计。在绝大多数封建当权者心目中,粮食安全事关国本,至关重要,不容有一丝忽视和动摇。即便是在战乱年代,粮食问题也同样被重视,被认为是

---

① 陈苏:《土地租佃制度演变的历史考察——基于风险规避和博弈能力视角》,《江南大学学报(人文社会科学版)》2002 年第 4 期。

奠定军事战略成功的必要物质基础。可见,从先秦至新中国成立以前,虽无粮食安全的提法,但确实形成了具有一定框架的粮食安全思想,以粮食充足作为主要制度目标,并且肯定农业是国家长治久安及决定民心向背的重要基础和关键因素。只是受时代的局限,这些粮食思想归根结底是为维护封建统治者的政权服务的。

第二节　改革开放前的粮食政策(1949—1978 年)

一、新中国成立初期:致力解决温饱,粮食自由购销

新中国成立,百废待兴。有资料显示,1949 年我国粮食供应量仅为 1.1 亿吨,绝大部分人面临着温饱问题,解决人民群众吃饭问题则成为这个阶段我国粮食制度的首要且迫切任务。为解决温饱问题,这个时期粮食制度的主要导向是提高粮食产量,政策的着力点放在了以下三个方面:一是开展土地改革。1950 年颁布的《中华人民共和国土地改革法》确定了农民的土地所有权,封建土地所有制至此被废除,通过把土地分给没有地或耕地少的农民,从根本上解放了生产力,有效地调动了农民种粮的积极性。二是为克服许多农民在分散经营中所面临的问题,也为迅速增加生产商品粮食及其他工业原料,提倡农民按照自愿和互利的原则组织起来,发展农业生产互助合作运动。三是兴修农田水利,注意防洪抗旱,促进农林牧渔业发展。在这些政策的共同作用下,1949—1953 年我国粮食产量上升,迎来了新中国成立后的第一个增长期。

在粮食流通方面,这个阶段我国采取的是自由购销制度。基

于当时粮食市场多种经济成分并存,时有商人投机倒把,所以政府将粮食流通政策的侧重点放在了打击投机行为方面,以求加强政府对粮食市场的调控能力。并且为了进一步加强对粮食这一国之大计的管控,1950年我国成立了粮食管理总局,建立了国营粮食经营和管理系统,并于1952年改组为粮食部,统一负责全国的粮食征购、供应、分配以及调拨,从而促成了以政府为主导、统筹管理的粮食制度。

二、"一五"时期:以农支工,粮食统购统销

1953年,我国迈入"第一个五年计划",有序开始对工商业、手工业和农业所有制进行改造,即所谓的"三大改造",以推进社会主义工业化目标尽早实现。1956年,我国顺利完成"三大改造"①,在此基础上,"八大"明确了这个阶段的目标任务即是要集中力量发展生产力以推动国家工业化,这也意味着我国正式进入了以农支工的发展阶段。一方面,随着新中国成立初期一系列解放生产力、刺激经济发展的举措有序推进,人民生活水平得以提高且城镇人口急剧增加,相应的国内粮食需求量明显增加;另一方面,农业合作化运动迅猛发展剥夺了农民对生产资料的所有权和分配权,生产成果和所得报酬脱节,从而导致"大锅饭"现象,造成农业生产效率下降。在供不应求的情况下,私营粮商大量囤货居奇、哄抬粮价,而农户出于储备应急以及惜售心理而选择观望惜卖,这一系列行为使国营粮食公司收购的粮食已无法满足国家的

---

① 中华人民共和国成立后由中国共产党领导的对农业、手工业和资本主义工商业三个行业的社会主义改造。

粮食收购需求。[1] 加上 1953 年寒霜,致使皖北、河南以及苏北产粮区 3 万多亩农田蒙受严重霜灾,粮食总产大幅下降,从而进一步加剧了国内粮食供求紧缺矛盾。

基于上述情况,为增加粮食产量,稳定粮食价格和市场以及保障国内粮食供给稳定,我国取消了之前一直实行的以自由市场和计划市场并存为特征的粮食自由购销制度,转而实行粮食统购统销制度。1953 年中央作出《关于实行粮食的计划收购与计划供应的决议》,加强对粮食流通领域的干预,明确了解决粮食供销不平衡的根本办法是在全国范围内实行严格的、互相关联的统购统销政策,包括计划收购、计划供应、市场管理和中央统一管理四个部分。具体而言,一是给予城市居民和农村缺粮户适度粮食定量配售,此计划供应政策即为统销政策;二是针对农村的余粮户实施粮食计划收购政策,即统购政策;三是基于中央统一管理原则,实行中央和地方分工的粮食管控政策;四是严格管控私营粮食工商业,明令禁止私营商业经营粮食,实行由国家严格控制的粮食市场。该决议将粮食统购统销制度定位为"对农业进行社会主义改造的重要步骤","是党在过渡时期的总路线的一个不可缺少的组成部分"。紧接着,1953 年 11 月通过了《政务院关于实行粮食的计划收购和计划供应的命令》和《粮食市场管理暂行办法》两个文件,意味着粮食统购统销制度在我国正式确立并实施。

粮食统购统销制度是适应特定时期农业生产方式和粮食供求关系的产物,粮食分配制度密切影响农业生产,实施统购统销是应

---

[1] 姜长云、王一杰:《新中国成立 70 年来我国推进粮食安全的成就、经验与思考》,《农业经济问题》2019 年第 10 期。

对新中国成立初期国内粮食供求关系趋紧、稳定粮食生产大局的最优选择。粮食统购统销制度虽然拥有明显的计划经济特征，却帮助分散的小农经济成功并入国家计划经济的大轨道，对缓解当时的粮食产销困境、保障社会各方的基本粮食需求以及引导农民走向互助合作的社会主义道路发挥了重要作用。此外，这个阶段政府在大力推进粮食统购统销制度在全国实施的同时，还致力于积极宣传和引导全国各地开展节粮运动。1957年的全国粮食会议定位粮食是政治，提出粮食生产同每个人的利益息息相关，保障粮食供求和价格稳定是维稳市场和顺利推进社会主义建设的重要物质基础。同年，中央发布了《全国农业发展纲要》，作为之后一个时期恢复和发展农业生产以及保障国家粮食安全的指导方针。在该纲要指引下，全国兴修农田水利，有目的地治理水土，并加强病虫害防治；同时，不断改善农业生产技术条件，优选地方良种和推广新式农具，循序推进"一单改双""早改水""间作改连作"等耕作制度改革。由此，粮食产量得以明显提高。

三、三年困难时期前后：应对粮荒，致力提升单产

1958—1960年，我国开展"大跃进"运动，直接导致了对粮食产量的高估、瞒报、高征以及粮食播种面积下降。1959—1961年，我国经历了三年困难时期，粮食生产连续3年下降，国内陷入了大饥荒。政府随之出台了一系列政策应对粮荒，维稳农村经济。这些政策主要包括：全面提高粮食收购价格，对统购粮食实行加价奖励；开放农村集市贸易，将保留自留地权利交还给了广大农民；减少城镇人口，压低城市和农村口粮标准，人为地抑制粮食消费。

1960年，中央出台《关于全党动手，大办农业，大办粮食的指

示》，针对这次严重的粮食短缺危机提出了多项举措：第一，从各方面尽力挤出一切可能挤出的劳动力用于充实农业生产，首要是粮食生产。第二，明确保证粮食生产是全党、全国人民以及包括农业部在内的各个部门的共同责任。第三，致力搞好秋田管理，力争秋季粮食丰收。第四，大力推进粮食增产，同时重视油料和棉花等经济作物的生产。第五，坚决压缩水利等农村基本建设。第六，搞好粮食生产并管好、用好粮食，以求安排好人民的生活。第七，努力做好粮食调运相关工作，并坚决肃清粮食生产过程中的官僚主义。这个阶段，我国推进农业高级合作化，大搞人民公社运动。人民公社基于集体所有制设置一乡一社，生产和核算以生产队为基本单位，主要特点可概括为"一大二公"和"一平二调"。"一大二公"指人民公社相较于原高级农业社规模更大且公有化程度高；而"一平二调"则指人民公社为平抑贫富差距可抽调各级集体经济组织的资金、土地、产品以及农具等，进行平均分配，并可无偿调用生产队的劳动力。可见，人民公社实质上是平均主义，违背了市场等价交换原则，与按劳分配背道而驰，从而严重阻碍了农民的生产积极性，无助于实现国家粮食安全。

三年困难时期后，我国更加重视粮食生产和粮食安全问题，由《国务院关于做好当前粮食工作的通知》《1956—1967年科学技术发展远景规划纲要》《1956年到1967年全国农业发展纲要》等政策文件所构成的这个阶段的粮食制度，突出体现了以解决温饱作为根本出发点，以不断解放生产力作为主要立足点，以千方百计增加粮食总产作为重要途径，以高度集中的计划经济作为鲜明性质，以推进农业机械化和技术进步作为关键抓手，以提高粮食单产作为主要导向的特征。"文化大革命"初，我国粮食产量徘徊不增，由此中央再次强调"六十条"和各项基本政策,确定北方 8 省(自治区、直辖市)为全国农业战略主攻方向,并成立农业小组;同时,在全国范围内积极推广农业技术和农机工业,提高复种指数,并继续推进农田水利基本建设,引进国外大化肥成套设备,从而有效保障了这个时期的粮食生产和安全问题。[①]

第三节　改革开放后的粮食政策(1979—2012 年)

一、改革开放初期:计划经济体制松动,粮食管理体制逐步放活

伴随着改革开放,高度集中的计划经济体制逐渐开始松动,我国粮食管理体制趋于逐步放活。自 1978 年农村陆续推行家庭联产承包责任制后,农民的生产积极性被极大调动,粮食稳定增产。政府坚决不放松粮食生产,恢复了集市贸易,在坚持统购统销的原则下允许议购议销,有效地保障了国家粮食安全。1983 年 1 月 2 日中共中央印发的《当前农村经济政策的若干问题》便体现了这一思路,强调粮食生产要抓紧,自力更生是解决粮食问题的根本途径,为实现粮食总产量稳步增长需确保所有适宜种粮的土地要种粮。除此以外,要因地制宜建立粮食生产基地,利用完成调出任务后剩余的粮食发展食品工业和饲料工业,以"发挥一物多用的经济效益"。这个阶段的粮食政策强调,有必要对事关国民经济社会稳定的粮食等重要农副产品进行统购派购,可在统购派购任务

[①]　郑重:《对建国以来粮食生产的回顾》,《农业经济问题》1988 年第 2 期。

完成以后应该允许农民利用多渠道营销粮食等相关产品。1984年发布的《中共中央关于1984年农村工作的通知》政策亮点在于：允许土地使用权依法有偿转让，提出了鼓励土地逐步向种田能手集中，允许无力耕种或转营他业的农民将土地交与集体统一安排或者经过集体同意自行寻找转包对象。同时，鼓励有条件的地方对粮食专业户和从事开发性生产的专业户实行经济鼓励。

　　在一系列政策激励下，我国粮食总产稳定增长，供给逐渐变得充裕，而相应地，卖粮难和统购统销制度所引致的财政负担严重问题则越来越凸显[1]，1985年，我国实行粮食合同定购制度取代粮食统购制度，按照中央确定粮食定购价格以及市场决定其粮食价格的原则，形成市场价加上定购价的双轨粮食价格制度，这标志着自1953年以来我国实行了32年的粮食统购统销制度终结。1985年发布的《中共中央　国务院关于进一步活跃农村经济的十项政策》，对粮食方面提出的举措是以合同定购制度取代粮食和棉花的统购制度，粮食定购价按原统购价占三成且原超购价占七成的比例计（即所谓"倒三七"），定购以外的粮食是可以自由上市的。这个阶段粮食制度的重要导向即是通过在粮棉集中产区扶持发展农产品加工业以实现农业产业结构调整，"并拿出一批粮食按原统购价销售以支持发展畜牧业、水产养殖业和林业等产业"。而为进一步激励农民的种粮积极性，国家改革粮食合同定购的方法，包括为增加市场议价收购所占比重，减少粮食合同定购数量；为鼓励农民签订定购合同，给予农民适量的优先贷款权或者化肥等实物，从而提高农民种粮和交粮的积极性。同时，进一步稳定农用生产资料

---

　　① 周杨、邵喜武：《改革开放40年中国粮食价格支持政策的演变及优化分析》，《华中农业大学学报（社会科学版）》2019年第4期。

价格,适度实施补贴、免税等优惠政策。1986 年中央"一号文件"体现了两个政策亮点:一是肯定了粮食制度改革的方向,强调统购改为合同定购制度是我国粮食收购制度的重大改革,需要逐步完善,不能因为粮食年度性的产量波动就动摇改革方向。二是对粮食生产与多种经营的关系形成了科学认识,强调在产业结构调整过程中,需正确处理好种粮和多种经营的关系,一方面,强调粮食问题是关系国计民生的重要问题,要切实保障国家粮食生产;另一方面,强调单抓粮食生产无法实现粮食更快增产的目的,反而易导致农村经济陷入停滞。只有开展多种经营,才能实现粮食快速增产和农村经济全面提升。

在粮食流通方面,这个阶段的政策要点在于抓紧解决当下的粮食运销问题,积极发展集体和个体运输业,破解商品滞留难题。同时,对粮食调入省和调出省的经济利益作出合理调节,"对各省、自治区、直辖市实行粮食调拨包干,并对调拨价格和财政补贴办法作适当调整"。在粮食储备方面,则主张大幅提高粮食统购价及超购加价,不断充实国家粮食储备。

二、20 世纪 90 年代:推动粮食流通体制改革,放活粮食销售市场

1982—1986 年,为充分激发农业生产的积极性,党中央、国务院连续出台政策推进以家庭联产承包责任制为特征的统分结合双层经营体制,不仅有效解放了生产力,而且显著改善了当前阶段的生产关系。在此基础上,我国坚持市场导向推进农村改革,逐步构建起了适应社会主义市场经济要求的农村经济新体制。20 世纪 90 年代中后期,我国粮食产量不断提升,粮食短缺问题得到根本性解决,粮食供需紧张关系缓解,正式进入从温饱迈向小康的新阶段。这个阶段,党中央、国务院出台了一系列政策措施推进粮食流通体制改革,以稳定粮食价格、搞活粮食流通和保障粮食市场有序平稳运行。当时,我国粮食流通体制存在的主要问题是国有粮企管理陷于"大锅饭"模式,无法适应社会主义市场经济要求,政企不分和人员膨胀导致管理成本上升严重挤占了国家粮食收购资金,造成财政负担沉重。而随后出台的一系列制度则旨在划清中央和地方的权责关系,扭转国有粮食企业落后亏损局面,减轻财政负担,确保粮食流通稳定和粮食生产持续增长。1998年,《国务院关于进一步深化粮食流通体制改革的决定》提出,基于政府宏观调控,借由粮食市场供求关系作为依据,从而完善当前的粮食市场价格形成机制;同时,加强推进契合社会主义市场经济深层要求的粮食流通体制建设,按照"四分开一完善"(即实行中央与地方责任分开、政企分开、新老财务账目分开以及储备与经营分开,完善粮食价格形成机制)原则完成粮食流通体制的改革。如此,粮食企业按照市场价格经营粮食,履行粮食收购主渠道的功能。政府方面的责任,一是按照储备与经营分开的原则,尽快建立中央和地方两级并行的储备粮管理制度;二是全面落实粮食省长负责制,制定主要粮食品种的收购保护价以保护农民的适当收益,并制定主要粮食品种的销售限价以保障粮食销售价格相对稳定和消费者的利益;三是充分运用储备粮和进出口等经济手段,在粮价过度波动时调节好粮食市场供求关系,以达到稳定市场粮价的目的。为进一步放开搞活粮食销售市场,《国务院关于进一步深化粮食流通体制改革的决定》还提出要加快建立和完善区域性和全国中心粮食交易市场,支持和引导多渠道经营,这对于之后的粮食市场体制改革以及建立和完善社会主义市场经济体制都具有重要意义。

三、21世纪初期：强化农业扶持政策，促进增产增收

进入21世纪，农业基础设施薄弱短板频现，制约农业发展的体制机制，粮食生产成本逐年攀升导致种粮比较收益低，农民人均纯收入连年增长缓慢，粮食主产区农民的收入增幅更是低于全国平均水平。[①] 粮食增产、农民增收的有效机制并没有建立，从而影响了粮食生产安全。为此，2004年中央"一号文件"强调要统筹人财物，以在粮食主产区扶持粮食产业发展，相关政策要点主要包括：首先，以精深加工作为重点，积极扶持粮食主产区发展粮食转化和加工业。其次，为增强粮食主产区的粮食生产能力，在加强农田基本水利建设的基础上，大力推进病虫害防治、大宗粮食作物良种繁育等优质粮食产业工程建设。三是继续增加对粮食主产区的投入。在产业结构调整方面，这个阶段的粮食制度强调的是基于保障粮食综合生产能力的重要前提，以高产、高效、安全、生态、优质作为目标要求，努力开拓精细化、产业化和集约化农业发展道路。

之后出台的多项农村政策基本原则是促使工业反哺农业，强调坚持"多予少取放活"的方针，以推进农业基础设施建设作为基础，以深化农村改革作为重要抓手，千方百计促进粮食稳定增产以及农业综合生产能力提升。这个阶段的粮食制度除了延续之前的政策方向，即主张加强对粮食主产区的支持和农田水利建设外，重

---

① 杨海钦：《从十个"一号文件"看未来"三农"政策走向》，《农村经济》2008年第11期。

点提出要加大"两减免、三补贴"(即减免农业税,取消除烟叶外的农业特产税,实施种粮农民直补、农机具购置补贴和良种补贴)政策实施力度,稳定、完善和强化农业扶持政策,从而最大限度地调动了农户的种粮积极性。2005 年发布的《中共中央　国务院关于进一步加强农村工作　提高农业综合生产能力若干政策的意见》认为,我国粮食生产出现了重要转机,提出农业结构调整需立足国内实现粮食基本自给的方针,以市场需求引导品种结构调整,优化区域布局,从而保障粮食供求总量平衡,抓好粮食生产,保障粮食市场平稳运行。2007 年《中共中央　国务院关于积极发展现代农业　扎实推进社会主义新农村建设的若干意见》重申了保障国内粮食基本自给的方针,提出要"逐步构建供给稳定、调控有力、运转高效的粮食安全保障体系"。这个阶段的粮食制度核心要义在于稳定粮食生产,重点是提高单产、优化品种、改善品质以及稳定播种面积;同时,强调通过构建粮食安全预警系统以加强对我国粮食市场的监测和宏观调控。随着农村税费改革取得重大成果,我国粮食连续两年大幅增产。《中共中央　国务院关于推进社会主义新农村建设的若干意见》强调的依然是完善强化支农政策,加强基础设施建设,推进农业结构向纵深调整,从而稳定发展粮食生产,为社会主义新农村建设打下良好开局。在稳定粮食生产方面,该文件突出强调的是:一、落实最严格的耕地保护制度,深化征地制度改革,完善征地农民的补偿机制;二、依据农业生产和市场变化需要,构建和完善对种粮农民的支持保护制度;三、为稳定粮食生产,继续实施优质粮食产业工程和粮食丰产科技工程;四、完善重点粮食品种最低收购价政策,加强对农业生产资料价格的调控,保障粮价水平稳定和种粮农民收益;五、稳定和完善以家庭承包经营为基础、统分结合的双层经营体制,健全以依法、自愿、有偿为特征的土地承包经营权流转机制。

在粮食流通方面,这个阶段的粮食制度主张深化体制改革,将施策重点放在以下三个方面:第一,全面放开粮食收购和销售市场,实行购销多渠道经营;第二,加快国有粮食购销企业改革,转变企业经营机制,建立产销区稳定购销关系,加强国家对粮食市场管理和宏观调控能力;第三,抓紧清理和修改不利于粮食自由流通的政策法规。

四、多样化需求阶段:加速农业生产方式转变,千方百计保生产

随着农业资源环境约束增强、全球农产品贸易竞争加剧以及居民粮食消费需求由"吃得饱"向"吃得好"转变,对粮食战略和制度提出了多样化需求,我国保障粮食供求平衡难度加大,加速农业生产方式转变就变得更为迫切。这个阶段,我国粮食制度的主要方向在于千方百计保障粮食生产和供给。如2008年出台的《中共中央 国务院关于切实加强农业基础建设 进一步促进农业发展农民增收的若干意见》(以下简称《意见》)即提出"粮食安全的警钟要始终长鸣",需切实保障主要农产品的基本供给。在政策措施上,该意见除了继续强调加快推进农业机械化和不断强化对农业的支持保护外,特别指出通过战略性调整农业结构,以确保农产品在总量和结构上达成双平衡,同时保障农产品质量安全。在粮食流通方面,施策重点在于加强粮食现代物流体系建设,建立健全适应现代农业发展要求的粮食大流通格局。面对农产品贸易竞争加剧,提出要尽快建立健全农产品监测预警机制,完善大宗农产品

进口管理和贸易救济预警制度。国家发展改革委 2008 年 11 月出台了《国家粮食安全中长期规划纲要(2008—2020 年)》(以下简称《纲要》),以此作为党的十七大后中国粮食宏观调控的重要依据。《纲要》指出,我国粮食安全面临七大挑战,包括水资源短缺矛盾凸显、耕地数量逐年减少、供需区域性矛盾突出、消费需求刚性增长、品种结构性矛盾加剧、种粮比较效益偏低以及全球粮食供求偏紧。此《纲要》对于今后一个时期中国保障粮食安全的主要目标、任务、政策和措施作出了明确指示,提出了以下具有风向标意义的举措:一是强化生产能力建设。一方面,通过加强农田基础设施建设,辅以不断提高的科技创新和支撑能力,大力提高粮食单产水平;另一方面,严格保护耕地特别是基本农田,并合理利用非耕地资源以增加食物供给来源。二是进一步完善粮食市场机制,通过充分发挥市场在资源配置方面的基础性作用,加强粮食市场体系建设,促进粮食市场形成有序、良性竞争局面。三是进一步完善粮食补贴、价格支持等宏观调控,并健全粮食储备制度。四是落实粮食安全责任,强调坚持粮食省长负责制。五是倡导科学节约用粮。一方面倡导对粮食收割、储藏、运输及加工等环节进行改进,以降低粮食产后损耗;另一方面提倡科学饮食方式,以减少人为粮食浪费。

　　2009 年,在国际金融危机持续蔓延、国内外农产品市场波动频繁的情况下,我国的粮食制度强调的是千方百计保证国家粮食安全和主要农产品有效供给,施策重点主要可概括为以下四个方面:一是加大农业补贴力度;二是构建并完善粮食主产区利益补偿机制;三是适时加强政府调控,继续提高粮食最低收购价,保障国内农产品价格合理;四是进一步强化"米袋子"省长负责制,逐级建立有效的粮食安全监督考核机制。在粮食流通方面,强调加大力度支持重点产区和集散地农产品批发市场、集贸市场流通设施建设,促进农产品产销对接,积极建设农产品直采基地。在粮食储备方面,主张扩大对粮食等农产品的国家储备,在条件具备时实施主要农产品临时收储。

面对粮食供求关系紧张、多重挑战叠加的国内外环境,2010年中央"一号文件"将保障粮食安全的重点放在了努力确保粮食生产不滑坡上,提出稳定粮食播种面积,致力提高粮食单产和品质,着力优化种植结构,并加快构建完善粮食主产区利益补偿机制。在粮食储备方面,则要继续提高稻谷最低收购价并落实小麦最低收购价政策,扩大销区粮食储备规模,在条件具备时实施大豆、玉米、油菜籽临时收储政策。此外,针对我国频繁发生严重水旱灾害所暴露出来的农田水利基础设施薄弱现象,2011 年的中央"一号文件"将重点放在了加快水利改革发展上,提出"结合全国新增千亿斤粮食生产能力规划实施,在水土资源条件具备的地区,新建一批灌区,增加农田有效灌溉面积"。2012 年的中央"一号文件"强调遵循农业科技规律,继续实施粮食丰产科技工程、超级稻新品种选育和示范项目,把提高土地产出率、资源利用率、劳动生产率作为主要目标,持续保障国家粮食安全。

第四节　新时代的粮食安全政策(2013 年至今)

一、党的十八大后:坚决破除粮食体制机制障碍,夯实现代农业基础

党的十八大以后中国迈入发展的新时代,社会主要矛盾、发展

水平及内外部环境均发生了改变。伴随着工业化和城镇化不断推进,"三农"发展迈入新阶段,所面临的问题亦呈现更为复杂的特征。一方面,受人多地少、人均水资源不足等禀赋条件和水土流失、气候变化、自然灾害等生态环境因素的制约,加之社会快速转型、城乡不断融合发展态势下比较利益驱使农村劳动力加速外流,我国农业综合生产成本逐年攀升,种粮的比较收益不断下降,农民种粮积极性不高,粮食供求长期处于紧平衡状态;另一方面,经济社会快速发展,居民生活水平提高后消费结构亦随之升级,农产品供求结构性矛盾日益凸显。此外,受全球气候变暖、人口增长、能源与食品争粮矛盾日益凸显以及局部战争等因素影响,世界粮食供求关系趋紧,我国保障粮食安全和重要农产品有效供给任务越发艰巨。由此,这个阶段的粮食制度重在改革创新,坚决破除体制机制弊端,推进粮食和重要农产品供给保障机制建立,加快发展现代农业。

基于这一精神,2014 年 1 月 9 日中共中央、国务院印发了《关于全面深化农村改革加快推进农业现代化的若干意见》,以破除体制机制弊端作为突破口、以完善国家粮食安全保障体系作为重点,提出"实施以我为主、立足国内、确保产能、适度进口、科技支撑的国家粮食安全战略"。相较于以往的粮食制度,该文件有以下五个亮点:一是强调充分利用好国际农业资源与农产品市场,以实现对我国粮食供给的调剂和补充。二是主张不仅要重视粮食数量,更要注重粮食品质和质量安全。三是强调粮食安全不仅要保障当期供给,更应该注重农业的可持续发展。四是提出增强全社会节粮意识,积极推广覆盖生产、流通、消费环节的节粮减损设施和技术。五是提出推进农产品价格形成机制与政府补贴脱钩的改革,建立农产品目标价格制度,达到切实保障农民收益的目的。同年,印发《国务院关于建立健全粮食安全省长责任制的若干意见》,针对一些地方出现的放松粮食生产、不重视粮食流通和懒作为等靠要的现象,进一步明确了地方政府在维护国家粮食安全方面的责任。2013 年发布的《中共中央 国务院关于加快发展现代农业 进一步增强农村发展活力的若干意见》围绕保障粮食安全、加快发展现代农业提出四项重要举措:一是按照稳定面积、优化结构、主攻单产的原则稳定发展农业生产,积极探索以奖代补等方式支持建设现代农业示范区试点,确保丰产丰收。二是深入实施测土配方施肥,加强对重大病虫害情况的监测预警和联防联控能力。三是健全重要农产品市场监测预警机制,推动进口来源多元化,加强农产品进出口宏观调控能力。四是增加农业综合开发财政资金投入,粮食及地方优势产业应得到现代农业生产发展资金的重点扶持。

随着经济发展进入新常态,我国粮食制度开始探讨如何在经济增速放缓、资源环境硬约束以及国内外"双重挤压"背景下保障粮食有效供给和质量安全的问题。2015 年印发的《中共中央 国务院关于加大改革创新力度加快农业现代化建设的若干意见》认为,破题的关键是加快农业发展方式转变。具体而言,就是要坚持和完善农村基本经营制度,加快构建新型农业经营体系,探索土地流转及规模经营方式的创新,鼓励多种形式适度规模经营。同时,推进农业综合开发布局调整,探索设立粮食生产功能区,贯彻落实口粮生产能力到田块地头,深入推进粮食高产创建和绿色增产模式攻关。显然,这个阶段我国粮食安全战略和制度是以加快转变农业发展方式为主要特征的,强调通过优化农业生产结构和区域布局,提高农业质量、效益及竞争力,从而夯实现代农业基础。

在粮食流通方面,这个阶段的制度导向是着力加强粮食流通设施建设和配套服务,创新流通方式以加快全国农产品市场体系转型升级。而施策的重点则是要积极建设粮食和重要农产品的物流仓储设施,优化流通骨干网络,加快完善农村电子商务体系,加快对农产品市场的改造和升级。在粮食储备方面,这个阶段的制度主导思路是从区域布局和品种结构两个角度入手优化粮食等大宗农产品储备,拓展农资产品储备品种,并健全粮棉油糖进口转储制度。同时,继续提高稻谷、小麦最低收购价,适时启动棉花、玉米、油菜籽、大豆、食糖等农产品临时收储。另一个政策重点是尽快形成中央和地方权责分明的粮食收储机制,合理确定粮食等重要农产品的储备规模,完善国家粮食储备吞吐调节机制,提高粮食收储保障能力,加强储备粮监管。

二、推进乡村振兴阶段:推进供给侧结构性改革,增强农业综合生产能力

经过一系列体制机制改革,我国粮食产能稳步提升,粮食连年增产,相应的粮食库存快速增加,出现了粮食阶段性供过于求和结构性供给不足同时并存的现象,粮食市场供给侧的矛盾越来越凸显,进一步提升农产品质量的要求变得更加迫切。由此,这个阶段我国粮食制度的主要落脚点放在了调结构、转方式以及促改革三个方面,力求通过推进供给侧结构性改革,实现农业提质增效。2017年国务院发布的《关于加快推进农业供给侧结构性改革大力发展粮食产业经济的意见》提出国家粮食安全战略的主线任务是深化农业供给侧结构性改革,而战略重点是要增加绿色优质粮食

产品的供给,保障粮食质量安全,促进农民持续增收以及有效解决农民卖粮难的问题。而推进我国农业供给侧结构性改革的基本原则是四坚持,即坚持市场主导,政府引导;坚持创新驱动,提质增效;坚持产业融合,协调发展;坚持因地制宜,分类指导。在此基础上,该意见从培育壮大粮食产业主体、推动粮食产业尽快转型、强化粮食产业发展基础、创新粮食产业发展方式以及推进粮食科技创新和人才支撑五个方面提出了详尽的措施。同年,出台《中共中央 国务院关于深入推进农业供给侧结构性改革 加快培育农业农村发展新动能的若干意见》,基于提高农业供给质量这个主导方向对推进农业供给侧结构性改革作出重要战略部署。其中,密切关系粮食安全和农产品有效供给的措施主要可以概括为以下四个方面:一是以优势农产品布局规划和主体功能区规划为依托,不断优化农业区域布局,重要农产品生产保护区和粮食生产功能区的划定应以科学合理作为重要原则,层层落实建设管护主体责任,并制定和完善功能区和保护区的支持政策、建设标准以及激励机制。二是基于稳粮、扩饲、优经的要求,对粮经饲种植结构进行统筹调整,加快构建三元种植结构,在确保口粮绝对安全的前提下,重点推动优质稻米、强筋弱筋小麦发展,增加优质食用大豆、杂粮杂豆等。三是深入实施藏粮于地、藏粮于技战略,继续加强农田基本建设,严守耕地红线,保护优化粮食产能。四是立足于主产区、农民收入、适度规模经营以及绿色生态四个重点完善农业补贴制度,不断提高补贴的指向性和精准性。

推进农业供给侧结构性改革是一个长期过程,而我国农村发展不平衡不充分问题日益突出,体制机制不完善阻碍了农村各项改革事业推进,农业产业结构调整和提质增效面临诸多现实的挑战。为此,党的十九大作出实施乡村振兴战略的重要决策部署,基于农村发展全局来解决不平衡不充分发展的矛盾,夯实农业发展基础,确保国家粮食安全和重要农产品有效供给,把中国人的饭碗牢牢端在自己手中。基于此背景,2018 年出台的《中共中央 国务院关于实施乡村振兴战略的意见》主旨思想是要深入实施藏粮于地、藏粮于技战略,强化农业生产能力基础,确保国家粮食安全。施策重点主要聚焦以下三个方面:一是严守耕地红线,全面落实永久基本农田特殊保护制度,加快推进粮食生产功能区、重要农产品生产保护区划定和建设。二是为提高抗旱防洪除涝能力,加强农田水利建设。三是大规模推进农村土地整治和高标准农田建设,落实地方政府责任,强化监督考核,稳步提升耕地质量。这个阶段的粮食制度相较于之前的粮食制度具有以下三个亮点:首先,基于充分利用国内国际两个市场的原则,通过参与全球农业贸易规则制定和粮食安全治理,构建更加合理、公平的国际农产品贸易秩序。其次,从立法角度强化粮食安全,提出推进粮食安全保障立法,并允许各地依据实际发展情况和需要出发,制定相关法规和政府规章。最后,不断创新政策工具和手段,以提质增效及提升综合竞争力作为主要目标加快构建新型农业支持保护政策体系。

三、全面建成小康社会决胜期:聚焦顶层设计,遏制"非粮化"倾向

进入全面建成小康社会的决胜期,2019 年我国粮食制度开始聚焦于加强顶层设计和系统规划,通过健全国家粮食安全保障体系,统筹利用好国内国际两个市场、两种资源,科学确定保障水平,从而切实实现提高粮食安全保障能力的政策目标。这一年的中央

"一号文件"将稻谷、小麦划定为必保品种，同时提出稳定玉米生产，以确保谷物基本自给、口粮绝对安全。在施策要点上，突出强调抓好以下四个方面的任务落实：首先，稳定粮食产量，包括：一是完善粮食生产扶持政策，保障农民种粮基本收益；二是严守18亿亩耕地红线，推动藏粮于地、藏粮于技落实落地；三是从品种、技术、减灾等角度深挖稳产增产潜力；四是发挥粮食主产区优势，压实产销平衡区及主销区稳定粮食生产的责任，强化粮食安全省长责任制考核。其次，全面完成粮食生产功能区和重要农产品生产保护区的划定，完成高标准农田建设任务。再次，优化调整农业产业结构，推动农业由增产向提质转变，大力发展绿色优质农产品的生产，深入推进优质粮食工程。最后，实施农产品质量安全保障工程，从监管、监测以及追溯三个方面健全农产品质量安全体系。同年出台了《关于改革完善体制机制加强粮食储备安全管理的若干意见》，提出要优化地方粮食储备品种结构和区域布局，积极探索建立企业社会责任储备，推动形成政府储备与企业储备功能互补、协同高效的新格局。此外，农业基础设施强弱是检视国家粮食安全基础稳固与否的重要指标。2019年发布《国务院办公厅关于切实加强高标准农田建设提升国家粮食安全保障能力的意见》，指出要在全面摸清各地高标准农田数量、质量、区域分布及利用情况的基础上，依据自然资源禀赋、国土空间及水资源利用等规划，结合区域农业生产特征，科学确定高标准农田建设规划，构建起国家、省、市、县四级农田建设规划体系和统一的农田建设标准体系，尽快明确目标任务、建设布局和内容，统一组织实施，统一高效管理，因地制宜推进农田建设。同时，大力发展高效节水灌溉，持续改善农业生产条件，以不断提高粮食生产能力，夯实国家粮食安全基础。

纵观我国这一阶段的粮食制度,特征之一是"稳"字当先。2020年出台的《中共中央 国务院关于抓好"三农"领域重点工作确保如期实现全面小康的意见》便体现了这一政策导向,提出粮食生产既要稳政策,也要稳面积;既要稳产量,还要稳定农民的基本收益。同年,国家发展改革委、农业农村部、国家粮食和物资储备局等11部门联合印发《关于2020年度认真落实粮食安全省长责任制的通知》,要求各地各部门扎实推进粮食安全省长责任制年度重点工作任务,从增强粮食综合生产能力、保持粮食种植面积和产量基本稳定、加强粮食储备安全管理、推进粮食市场建设和流通以及加强粮食应急保障能力建设五个方面抓好粮食等重要农产品的稳产保供工作,确保国家粮食安全战略顺利实施。

随着农业供给侧结构性改革不断推进,我国农业区域布局愈加合理,农业生产结构不断优化,粮食安全得到有力保障,为经济社会稳定发展奠定了坚实基础。然而,一些地方政府将农业结构调整片面理解为缩减粮食生产,导致耕地"非粮化"问题时有发生,危及国家粮食安全。为遏制耕地"非粮化"倾向,2020年发布《国务院办公厅关于防止耕地"非粮化"稳定粮食生产的意见》,提出稳政策、稳面积、稳产量从而稳定粮食生产是农业供给侧结构性改革的重要前提。确保国家粮食安全是"三农"工作的首要任务,应通过耕地管控、激励等多项措施不断巩固提升粮食综合生产能力,确保谷物基本自给、口粮绝对安全。该意见强调了科学合理利用耕地资源以防止耕地"非粮化"的重要性和必要性,指出"耕地是粮食生产的根基",各地区、各部门都有保障国家粮食安全的义务和责任,在作区域耕地资源分配决定时不能单考虑经济效益,而应实施最严格的耕地保护制度,将粮食生产功能区落实到地块。其中,永久基本农田要重点用于发展粮食(特别是稻谷、小麦、玉米三大谷物)生产,一般耕地也应主要用于生产粮食和棉、糖、油、蔬菜等农产品及饲草饲料。通过实行特殊保护和用途管制,将耕地优先用于粮食和食用农产品生产,稳定粮食种植面积,从而牢牢把握住保障国家粮食安全的主动权。

在粮食市场方面,这个阶段制度的主导思想是不断完善粮食和重要农产品的价格形成机制,同时注重培育多元市场购销主体。而在粮食储备方面,施策要点在于推进粮食收储制度改革,科学合理确定国家储备规模,从品种结构和区域布局两个角度不断优化中央储备粮,进一步完善中央储备粮管理体制,并对政策性粮食实施严格的监督管理。除此以外,针对这一阶段我国粮食库存高企的现实情况,提出了要通过完善拍卖机制、包干销售、定向销售等方式加快消化政策性粮食库存。

四、开启"十四五":开展全产业链全环节的节粮减损行动

"十三五"期间,我国粮食年产量连续保持在 1.3 万亿斤以上,基本实现了口粮自给,农民人均收入增长明显。随着"十四五"开启全面建设社会主义现代化国家的新征程,我国粮食制度将重点放在了稳住农业基本盘,进一步深入推进农业供给侧结构性改革,优化农业生产结构和区域布局,加快农业现代化建设方面。例如,2021 年中央出台的《中共中央 国务院关于全面推进乡村振兴加快农业农村现代化的意见》着重强调要提升粮食和重要农产品的供给保障能力,并坚决守住 18 亿亩耕地红线。针对保障粮食和重要农产品供给,提出五项具有风向标意义的举措:一是实

行粮食安全党政同责,完善粮食安全省长责任制和"菜篮子"市长负责制,确保粮食等供给安全。二是深入实施重要农产品保障战略,推进优质粮食工程,建设国家粮食安全产业带。三是纵深推进农业结构调整,推动品种培优、品质提升、品牌打造和标准化生产。四是优化农产品贸易布局,实施进口多元化战略,支持企业融入全球农产品供应链。五是倡导粮食节约,从生产、流通、存储、加工以及消费全环节减少粮食损耗浪费。针对守住耕地红线,《中共中央 国务院关于全面推进乡村振兴加快农业农村现代化的意见》指出,一方面,对生态、农业、城镇等功能空间要统筹布局并科学划定管控边界,严格实行土地用途管制,明确耕地利用优先序。另一方面,采取"长牙齿"的措施,落实最严格耕地保护制度,健全耕地数量质量监测监管机制,强化土地流转用途监管,坚决遏制耕地"非农化"和防止耕地"非粮化"。同时,实施新一轮高标准农田建设规划,提高建设标准和质量,进一步健全管护机制。

保障粮食安全,提高粮食综合生产能力的"开源"之举固然重要,可降低粮食损耗浪费的"节流"之务亦至关重要。事实上,党的十八大以来,党中央一直高度重视节粮减损工作。为推动实施《中华人民共和国反食品浪费法》,2021 年中共中央、国务院印发《粮食节约行动方案》,提出要加强粮食全产业链各环节的节约减损,有效遏制浪费粮食的不良风气,"为加快构建更高层次、更高质量、更有效率、更可持续的国家粮食安全保障体系奠定坚实基础"。该方案细化了粮食全产业链各环节的节约措施,包括:第一,在粮食生产环节,通过完善主要粮食作物品种审定标准加快选育节种宜机品种,推进农业节约用种;同时强化农机、农艺、品种集成配套,推进粮食精细收获,以减少田间地头的损耗。第二,在粮食储存环节,提出将粮食烘干成套设施装备纳入农机新产品补贴试点范围以改善粮食产后烘干条件;同时,为农户提供储粮技术培训和服务,引导农户科学储粮,推进仓储设施节约减损。第三,在粮食运输环节,通过完善运输基础设施和装备、健全农村粮食物流服务网络以及开展物流标准化示范等举措,为粮食在运输环节节损提供有力保障。第四,在粮食加工环节,主张通过制定修订粮油加工标准和加工精度指标等方式提高粮油加工转化率;同时,推进饲料粮减量替代和粮食资源综合利用,以实现加工环节的节粮减损目标。第五,在餐饮消费环节,通过加强餐饮行业经营行为管理、落实单位食堂反食品浪费管理责任、加强公务活动用餐节约、建立健全学校餐饮节约管理长效机制、减少家庭和个人食品浪费以及推进厨余垃圾资源化利用等举措,达到遏制粮食浪费的目的。第六,大力推进节粮减损科技创新,强化粮食生产技术支撑,推进储运减损关键技术提质升级,同时致力于提升粮食加工技术与装备研发水平。第七,通过文明创建、舆论宣传、开展国际合作以及推进移风易俗等方式,加强节粮减损宣传教育引导。此外,该文件还提出宜通过加强组织领导、完善制度标准、强化依法管粮节粮、加强监督管理以及建立调查评估机制等举措,进一步加强对节粮减损工作的保障。可见,《粮食节约行动方案》针对节粮减损提出了十分详尽、覆盖全产业链的细化举措,从而为我国基于"节流"视角构建更高质、更有效的粮食安全保障体系提供了重要的制度支持。

在粮食流通方面,为维护流通秩序,保障国家粮食安全,2021年1月4日国务院常务会议修订通过了《粮食流通管理条例》,并于2021年4月15日开始实施。该条例明确粮食价格主要由市场供求形成,提出多种所有制市场主体遵循自愿、公平、诚信的原则依法从事粮食经营活动受国家法律保护,明令严禁以非法手段阻碍粮食自由流通。为加强国家对粮食流通的管理和对粮食市场的宏观调控能力,该条例进一步明确了相关部门的责任,包括:全国粮食总量平衡、宏观调控以及粮食流通的中长期规划由国务院发展改革部门及国家粮食和储备行政管理部门负责;国家粮食和储备行政管理部门负责粮食流通的行政管理和行业指导,"监督有关粮食流通的法律、法规、政策及各项规章制度的执行";而国务院市场监督管理、卫生健康等部门则在各自的职责范围内负责粮食流通相关工作。此外,该条例还强调落实粮食安全党政同责,完善粮食安全省长责任制。在国家宏观调控下,地方政府粮食和储备行政管理部门以及市场监督管理、卫生健康等部门各自履行职责,共同完成对本行政区域内粮食流通的行政管理、行业指导及相关工作。

五、党的二十大后:加强粮食安全责任落实和考核,树立大食物观

(一)落实粮食安全责任,强化考核

确保重要农产品特别是粮食的供给是实施乡村振兴战略的首要任务。2022 年出台的《中共中央 国务院关于做好 2022 年全面推进乡村振兴重点工作的意见》在乡村振兴背景下提出了强化保障粮食安全和重要农产品供给的举措,包括:一是全面落实粮食安全党政同责,加大力度落实"菜篮子"市长负责制,严格粮食安全责任制考核;二是以绿色高质高效为导向,深入实施优质粮食工程,提升粮食单产和品质;三是充分利用补贴、保险等政策工具,健全农民种粮收益保障机制;四是聚焦关键薄弱环节和小农户,加快发展农业社会化服务,开展订单农业、加工物流、产品营销等,提高种粮综合效益。相较于之前的制度,这个阶段的粮食制度明显加强了对粮食安全责任的落实和考核以及对粮食安全状况的监测和预警。例如,《中共中央 国务院关于做好 2022 年全面推进乡村振兴重点工作的意见》强调要"把耕地保有量和永久基本农田保护目标任务足额带位置逐级分解下达",由中央和地方签订目标责任书,实行最严格的考核;为确保补充可长期稳定利用的耕地,提出建立涵盖立项、实施、验收、管护全程的补充耕地监管机制;为强化现代农业支持基础,提出要完善农机性能评价机制,推进补贴机具有进有出、优机优补。再如,为统筹做好粮食和重要农产品的调控,《中共中央 国务院关于做好 2022 年全面推进乡村振兴重点工作的意见》提出要加强粮食应急保障能力建设,健全农产品全产业链监测预警体系,强化粮食库存动态监管,分类分品种加强调控和应急保障,建立统一的农产品供需信息发布制度。此外,这个阶段的粮食制度还体现了对粮食领域贪腐问题的重视。如强调要深化粮食购销领域监管体制机制改革,开展专项整治,依法从严惩治系统性腐败。

在粮食储备方面,现阶段我国强调的是强化粮食储备监管,统筹做好粮食和重要农产品的调控,加强粮食应急保障能力建设。在粮食流通方面,主导思路是要做大、做强农产品加工流通业,完善农产品流通骨干网络,实现对粮食和重要农产品主产区的统筹布局,建设一批农产品加工产业园。同时,加强对粮食和重要农产品购销领域的监管。

（二）树立大食物观，立足新发展阶段保障粮食安全

1. 大食物观的内涵

2015 年以来，党中央在发布的多个文件中明确提出"树立大农业、大食物观念"，并以此作为优化农业生产结构和区域布局、促进农业高质量发展的重要指导思想。党的二十大报告明确指出要"树立大食物观，发展设施农业，构建多元化食物供给体系"[①]，从而为立足新发展阶段，加快我国农业现代化建设和保障国家粮食安全指明了方向。[②] 所谓大食物观是相较于传统食物观念所提出的新理念，2017 年中央农村工作会议定义大食物观为"向耕地草原森林海洋、向植物动物微生物要热量、要蛋白，全方位多途径开发食物资源"。概括而言，大食物观主要包含以下三重内涵：

第一，所谓食物为大食物，即区别于传统食物观念，在大食物观框架下粮食不再是食物的主要代名词，食物的概念被拓展至更广泛的范围，涵盖一切可以为人类提供生存需要和营养需求的东西。

第二，食物的资源立足于全部国土资源，不仅向耕地要食物，还向山水田林湖草沙寻求食物资源；不仅向植物要食物，还要向动物、微生物要热量和蛋白。即大食物观的食物来源不再限于耕地和粮食作物，而是涵盖农林牧副渔等多途径和多物种。

第三，大食物观的食物功能不只是饱腹，而是能够为居民提供更全面、更均衡、更丰富以及更充足的营养，从而有助于其拥有更

---

① 习近平：《高举中国特色社会主义伟大旗帜　为全面建设社会主义现代化国家而团结奋斗——在中国共产党第二十次全国代表大会上的报告》，人民出版社 2022 年版，第 31 页。

② 黄季焜：《践行大食物观和创新政策支持体系》，《农业经济问题》2023 年第 5 期。

加健康的体魄,实现美好生活目标。

2. 贯彻落实大食物观的理论意义

一方面,大食物观是立足于新发展阶段的新理念,贯彻落实大食物观是对传统过度依赖粮食的食物观念的建设性拓展。在古代的粮食安全思想框架下,粮食多指稻、黍、稷、麦及豆。联合国粮农组织界定的粮食概念为谷物,即稻谷、麦类、豆类以及粗粮。从古至今,谈保障口粮安全都是就粮食谈安全。而随着经济发展,生活越来越富裕,人类对食物消费的需求逐渐升级,除了谷物外,更加追求肉、蛋、奶、蔬菜以及水产品等高蛋白、高营养的食物。在大食物观下,保障粮食安全即是保障食物安全,从而食物的概念被与时俱进地拓展到一切可以提供热量和蛋白质的动植物甚至微生物资源,从而食物的内涵以及保障粮食安全的要义迈向了更加深远、更加宏观、更加高位的战略层面。

另一方面,贯彻落实大食物观高度契合中国共产党一直以来坚持的以人民为中心、为人民谋福祉的发展原则,从而具象地丰富了新发展阶段坚持人本位的思想内涵。大食物观理念辩证地厘清了"大食物""大健康"以及"大营养"之间的关系,将其纳入统一框架下构筑起保障粮食安全的新格局,通过充分发挥"大资源"和"大市场"的作用,为居民提供了多种多样的食物,使其膳食结构得以不断优化,营养均衡目标得以循序实现,从而保障居民拥有健康的体魄并最终达成美好生活愿景,这是以人为本思想在新发展阶段的新拓展。

3. 贯彻落实大食物观的实践意义

首先,贯彻落实大食物观可以全方位、多途径拓展食物渠道,在保护生态环境和耕地的前提下,向一切可以利用的资源寻求热量和蛋白,从而基于更广泛的视角和更高层的站位满足经济发展居民生活富裕后所带来的食物消费结构升级需求,不仅可以缓解人民日益增长的美好生活需要和不平衡不充分的发展之间的矛盾,而且有助于确保国家粮食安全和居民食物充分、稳定、有效供给。

其次,在大食物观框架下,我们背靠全部国土资源、面向整个大自然积极寻找食物资源,从而使居民日常的食物种类更加多元化,膳食结构不断优化。在获得更加全面、更加均衡、更加丰富以及更加充足的营养条件后,居民将拥有更加强健的体魄,从而有助于推进健康中国建设,为人的全面发展奠定重要物质基础和提供必备条件。

最后,树立大食物观,体现了我国粮食制度和粮食安全思想与时俱进的演变特征。贯彻落实大食物观是基于全球气候变暖、国内国际农业资源紧约束以及不确定性因素增多条件下对粮食安全观的重新定位,通过更高的站位、更广角的视角、更发散的思维以及更多途径的手段重新架构食物安全体系,可以优化和拓宽资源配置方式,从而推动我国农业供给侧结构性改革,加快推进农业生产结构和区域布局调整,助推农业现代化建设,确保国家粮食安全战略顺利实施。

4. 贯彻落实大食物观的举措

基于大食物观构建契合新发展阶段要求的农林牧渔相结合、粮经饲统筹以及动植物、微生物多元并举的粮食安全保障体系是现阶段我国粮食制度的主攻方向。贯彻落实大食物观主线是坚持供给侧结构性改革,关键在于依靠全部国土资源、面向整个山水田林湖草沙积极寻找食物资源以满足经济发展带来的居民食物消费

的多元化需求,广视眼、全方位、多渠道保障粮食安全。具体措施包括以下几个方面:

一是在确保谷物基本自给、口粮绝对安全的前提下,积极构建适应市场需求、契合资源禀赋条件的现代农业区域布局与生产结构,以稳小麦与水稻生产、适度调减非优势区玉米种植为方向推进种植业结构调整;同时,扶持粮食主产区设置粮食生产核心区,尽快出台意见指导粮食生产功能区以及重要农产品(如大豆、棉花、油料、糖料蔗等)生产保护区建设,提高农业综合效益。此外,探索开展粮食生产规模经营主体营销贷款改革试点。

二是分别就耕地、草原、森林、海洋领域制订实施方案细则,发展草食畜牧业,加快构建三元种植结构,开拓以生产规模化、经营集约化为特征的新产业发展格局。包括:通过科学合理地利用草地资源、实施划区轮牧等方式加快草原畜牧业转型升级,优化畜禽养殖结构,从而加快现代畜牧业建设;加强渔政渔港建设,科学划定限养区,大力推进大水面生态渔业发展;利用养殖工船、深水网箱等方式建设现代海洋牧场,推进深远海养殖发展;培育和壮大藻类、食用菌产业;积极推进优质特色杂粮、旱作农业、特色经济林、热作农业、竹藤花卉、木本油料、林下经济发展。

三是推进高标准农田建设布局优化,优先建设粮食主产区,确保口粮安全的高标准农田,同时健全相关监督机制,进一步明确管护责任主体。

四是深入开展粮食绿色高产高效创建,以适应现代农业发展要求为原则加快推进农业科技推广体系建设。

五是健全追溯管理机制,从制度上强化对食品质量安全的有效监管。

六是推动农产品加工业(尤其是主产区农产品加工业)转型升级,用技术创新推动农产品初加工、精深加工及综合利用加工协调发展,力求打造一批优势产业集群。

七是合理调整粮食统计口径,扩大粮改饲试点,包括加快草产业(如苜蓿)发展,建设高产稳产优质节水饲草料生产基地,积极发展青储饲料,循序推进秸秆养畜,从而加快推进现代饲草料产业体系建设。

第二章 "藏粮于地",保障粮食安全 基础的路径与策略

本章基于保障粮食安全基础的视角,系统分析中国保障粮食基础的路径和策略。从耕地资源现状看,我国坚持并落实最严格的耕地保护制度,守住了 18 亿亩耕地保护红线,有力保障了国家粮食安全。但也要注意到,全国耕地总量少,质量总体不高,面临着耕地高强度利用、农业固体废弃物污染等生态压力。"藏粮于地"战略强调要巩固提升粮食综合生产能力,确保需要时粮食能产得出、供得上。"藏粮于地"战略是要从源头上保障粮食供应,在更高层次上实现保障国家粮食安全的目标,是对中国粮食安全理念的一次重大深化。中国立足国内国情、粮情,围绕耕地数量、质量与生态"三位一体"保护,提出一系列新理念、新思路、新方法,严守国家粮食安全根基、加强农田建设改造、持续增加良田好土面积,构建了中国特色的"藏粮于地"战略的政策体系。

耕地是落实国家粮食安全战略的自然基础,也是保障粮食安全基础的根本所在。2015 年 5 月,习近平总书记就做好耕地保护和农村土地流转工作作出重要指示,"耕地是我国最为宝贵的资

源。我国人多地少的基本国情,决定了我们必须把关系十几亿人吃饭大事的耕地保护好,绝不能有闪失"①。2023 年 8 月 28 日,《国务院关于确保国家粮食安全工作情况的报告》着重将"大力落实藏粮于地"作为保障国家粮食安全的八大任务之一。

中国高度重视耕地保护,始终把解决好吃饭问题作为治国理政的头等大事。经过多年的实践探索,中国建立了一套相对健全完善的耕地保护政策体系,为实现由"吃不饱"向"吃得饱"进而追求"吃得好"的历史性转变奠定了坚实的物质基础。本章基于保障粮食安全基础的视角,梳理"藏粮于地"战略的制度背景、基本内涵与政策体系,系统分析中国保障粮食长期稳定生产的路径和策略,为保障粮食长期稳定生产提供理论和实践支撑。

第一节 耕地资源的时空分布变化特征与问题

从耕地资源现状看,全国耕地总量始终高于 18 亿亩耕地红线,夯实了粮食安全的物质基础。但也要注意到,中国人多地少的基本国情没有变,耕地总量少,质量总体不高,后备资源不足,生态问题严峻。

一、耕地资源总量少、下行压力较大

耕地是粮食生产的基础。如果不保持足够的耕地,那么人们的粮食需求难以得到满足,可能会导致粮食短缺和食品价格上涨,

① 中共中央党史和文献研究院编:《习近平关于国家粮食安全论述摘编》,中央文献出版社 2023 年版,第 31 页。

影响到社会稳定。因此,守牢18亿亩耕地红线并确保未来的粮食生产稳定,受到中国的高度重视。2017年2月,国务院印发了《全国国土规划纲要(2016—2030年)》,把2020年和2030年的耕地保有量目标分别设定为18.65亿亩和18.25亿亩。这些目标的设定是基于对未来农业需求和国内人口增长的深入研究,旨在确保国家有足够的粮食生产能力来满足人们的需求。《第三次全国国土调查主要数据公报》数据显示,截至2019年年底,全国耕地面积是19.18亿亩,说明中国成功实现了国家规划确定的耕地保有量目标。此外,中国耕地的复种水平逐步提高,提升了耕地利用水平,也为保障国家粮食安全提供了重要支持。国家统计局数据显示,2020年,全国农作物复种指数为1.31,双季复种水平也有所提高。

然而,比较来看,中国耕地总量少、人均耕地面积较少。结合国家统计局数据显示的2019年年末总人口是14.10亿人,人均耕地面积仅为1.36亩,仅是世界平均水平的1/3。与此同时,2016年年底公布的全国耕地后备资源调查评价结果显示[①],全国耕地后备资源总面积是8029.15万亩,比上一轮2003年调查时的总面积下降近3000万亩。尤其受水资源利用限制,有4721.97万亩耕地后备资源短期内不适宜开发利用。并且,全国集中连片耕地后备资源总面积是2832.07万亩,比上一轮2003年调查时的面积减少了8183.77万亩,减幅达到74%,说明集中连片成规模、容易开发的耕地后备资源大多已经被开发利用。这意味着,相比过去,现有的耕地后备资源更难采用大规模开发利用方式。

---

① 国土资源部:《全国耕地后备资源调查评价数据结果》,中华人民共和国自然资源部,2006年12月28日。

　　耕地总量下行压力较大,耕地"非粮化"倾向凸显。2013年12月公布的《关于第二次全国土地调查主要数据成果的公报》数据显示,截至2009年年底,全国耕地面积是20.31亿亩。这意味着,2009—2019年,全国耕地面积减少了1.13亿亩。由于非农建设占用耕地时要严格落实占补平衡,耕地面积减少不是因为非农建设侵占耕地,而是因为农业结构调整和国土绿化。2009—2019年这10年间,耕地净流向林地1.12亿亩、净流向园地0.63亿亩。① 然而,部分地区也出现耕地"非农化""非粮化"倾向,占用耕地绿化造林、挖湖造景等现象时有发生。②

　　耕地资源空间分布不均衡。如表2-1所示,全国耕地按地区划分③④,东北地区耕地总面积最多,为4.48亿亩,占全国耕地总面积的23.37%;华北地区耕地总面积次之,为3.27亿亩,占全国耕地总面积的17.07%;中南地区和华东地区耕地面积接近,分别为3.24亿亩和3.18亿亩;西北地区和西南地区耕地面积最少,分别为2.54亿亩和2.46亿亩。考虑人口的空间分布,耕地资源空间分布不均衡问题更加凸显。东北地区和西北地区常住人口规模较少,分别占全国常住人口的7.09%和7.33%,耕地资源相对充裕,人均耕地面积分别达到4.49亩和2.46亩。然而,其他地区耕地资源与人口规模不匹配的问题较为严重。在华北地区和西南地

---

　　① 国务院第三次全国国土调查领导小组办公室、自然资源部、国家统计局:《第三次全国国土调查主要数据成果发布》,中华人民共和国自然资源部,2021年8月26日。

　　② 徐涵等:《耕地问题调查》,《经济日报》2022年2月14日。

　　③ 华北地区包括北京市、天津市、河北省、山西省、内蒙古自治区;东北地区包括辽宁省、吉林省、黑龙江省;华东地区包括上海市、江苏省、浙江省、安徽省、福建省、江西省、山东省;中南地区包括河南省、湖北省、湖南省、广东省、广西壮族自治区、海南省;西南地区包括重庆市、四川省、贵州省、云南省、西藏自治区;西北地区包括陕西省、甘肃省、青海省、宁夏回族自治区、新疆维吾尔自治区。

　　④ 数据由笔者计算而得,原始数据来自国土调查成果共享应用服务平台。

区,常住人口分别占全国常住人口的12.03%和14.53%,人均耕地面积是1.93亩和1.20亩。最严重的是中南地区和华东地区,两者常住人口之和接近全国的60%,但耕地面积之和仅占全国的33.48%,人均耕地面积不足1亩,分别是0.79亩和0.75亩。

表2-1 2019年全国耕地资源及分布

地区	耕地面积		年末常住人口		人均耕地面积（亩/人）
	绝对值（万亩）	占全国的比重（%）	绝对值（万人）	占全国的比重（%）	
华北	32734.95	17.07	16934.00	12.03	1.93
东北	44814.00	23.37	9980.00	7.09	4.49
华东	31806.90	16.58	42176.00	29.95	0.75
中南	32412.45	16.90	40934.00	29.07	0.79
西南	24611.40	12.83	20462.00	14.53	1.20
西北	25413.00	13.25	10319.00	7.33	2.46
全国	191792.70	100.00	140805.00	100.00	1.36

资料来源:国土调查成果共享应用服务平台和国家统计局。

二、耕地质量有所提升,但总体不高

耕地质量有所提升。《2019年全国耕地质量等级情况公报》显示,2019年,全国耕地质量平均等级为4.76等级,比2014年提升了0.35个等级。其中,评价为一至三等的耕地面积为6.32亿亩,评价为四至六等的耕地面积为9.47亿亩,两者之和超过全国耕地面积的75%。耕地质量的提升离不开政府对耕地质量提升的工作支持。截至2022年年底,10亿亩高标准农田全部建成,超过全国耕地的一半,全国耕地轮作休耕实施面积达到6926万亩。

耕地质量总体不高,优质耕地资源紧缺。《第三次全国国土调查主要数据公报》数据显示，截至 2019 年年底，旱地面积是 9.65 亿亩，占全国耕地面积的 50.33%。然而，水田和水浇地分别仅有 4.71 亿亩和 4.82 亿亩，两者之和低于全国耕地面积的 50%。从熟制看，位于一年一熟制地区的耕地 9.18 亿亩，占全国耕地的 47.87%。从降水量看，位于年降水量 800 毫米以下地区的耕地 12.48 亿亩，占全国耕地的 65.04%。其中，位于年降水量 400—800 毫米（含 400 毫米）地区的耕地 9.44 亿亩，占 49.24%；位于年降水量 200—400 毫米（含 200 毫米）地区的耕地 1.92 亿亩，占 10.01%；位于年降水量 200 毫米以下地区的耕地 1.11 亿亩，占 5.79%。从坡度看，位于 25 度以上坡度的耕地仍有 0.63 亿亩，占 3.31%。耕地质量总体不高已成为制约粮食安全的关键问题。

耕地质量的区域差异明显。《2019 年全国耕地质量等级情况公报》数据显示，2019 年，在全国九个区中①，东北区、黄淮海区、长江中下游区、西南区耕地质量平均等级位列前四，分别为 3.59、4.2、4.72、4.98 等。在东北区的 4.49 亿亩耕地中，评价为一至三等的耕地面积为 2.34 亿亩，占该区耕地总面积的 52.01%；在黄淮海区的 3.21 亿亩耕地中，评价为一至三等的耕地面积为 1.29 亿亩，占该区耕地总面积的 40.15%；在长江中下游区的 3.81 亿亩耕

---

① 东北区包括辽宁省、吉林省、黑龙江省、内蒙古自治区东北部；内蒙古及长城沿线区包括内蒙古自治区、山西省、河北省大部分区域；黄淮海区包括北京市、天津市、山东省（市）全部、河北省东部、河南省东部、安徽省北部；黄土高原区包括陕西省中、北部，甘肃省中、东部，青海省东部，宁夏回族自治区中、南部，山西省中、南部，河北省西部太行山区，河南省西部地区；长江中下游区包括河南省南部，安徽省、湖北省、湖南省大部，上海市、江苏省、浙江省、江西省（市）全部，福建省、广西壮族自治区、广东省（区）北部；西南区包括重庆市、贵州省全部，甘肃省东南部、陕西省南部、湖北省与湖南省西部、云南省和四川省大部以及广西壮族自治区北部；华南区包括海南省全部，广东省与福建省中南部、广西壮族自治区与云南省中南部（港澳台地区未参与评价）；甘新区包括新疆维吾尔自治区全境、甘肃省河西走廊、宁夏回族自治区中北部及内蒙古自治区西部；青藏区包括西藏自治区全部，青海省大部、甘肃省甘南及天祝地区、四川省西部、云南省西北部。

地中,评价为一至三等的耕地面积为 1.04 亿亩,占该区耕地总面积的 27.27%;在西南区的 3.14 亿亩耕地中,评价为一至三等的耕地面积为 0.69 亿亩,占西南区耕地总面积的 22.12%。甘新区、华南区的耕地质量平均等级分别为 5.02 和 5.36 等。而内蒙古及长城沿线区、黄土高原区、青藏区的耕地质量最差,平均等级分别为 6.28、6.47 和 7.35 等,评价为七至十等的耕地所占比重过高。在内蒙古及长城沿线区的 1.33 亿亩耕地中,评价为七至十等的耕地面积为 0.64 亿亩,占该区耕地总面积的 48.45%。在黄土高原区的 1.70 亿亩耕地中,评价为七至十等的耕地面积为 0.93 亿亩,占该区耕地总面积的 54.76%。在青藏区的 0.16 亿亩耕地中,评价为七至十等的耕地面积为 0.105 亿亩,占该区耕地总面积的 65.79%。

水资源利用难,严重制约耕地质量提升。国家统计局数据显示,2021 年年末,全国耕地灌溉面积 10.44 亿亩,比 2012 年增加 10702 万亩,年均增长 1.2%。然而,一些地方轻视管护工作,不严格落实日常管护,不能做到及时维修灌溉设施,制约了耕地质量提升。并且,耕地和水资源时空分布不匹配,阻碍耕地有效利用,弱化粮食生产能力。华北地区水资源匮乏,出现地下水降落"漏斗"问题。据国家统计局数据(见表 2-2),华北地区耕地资源占全国耕地总面积的 17.07%,而水资源仅为 691.4 亿立方米,占全国水资源总量的 2.38%,每亩耕地平均拥有水资源总量是 211.21 立方米。西北地区耕地资源占全国的 13.25%,而水资源总量仅占全国的 9.03%;东北地区耕地资源占全国的 23.37%,而水资源总量仅占全国的 7.83%。

表2-2 2019年全国水资源量分布

地区	水资源量		亩均水资源量（立方米/亩）
	绝对值（亿立方米）	占全国的比重（%）	
华北	691.40	2.38	211.21
东北	2273.50	7.83	507.32
华东	5752.10	19.81	1808.44
中南	7306.20	25.16	2254.13
西南	10394.70	35.79	4223.53
西北	2623.20	9.03	1032.23
全国	29041.10	100.00	1514.19

注:数据来自国家统计局。

三、耕地生态保护问题严峻

耕地高强度利用,加大耕地生态压力。农药和化肥高投入、耕地浅旋、地下水超采,对耕地进行高强度利用,导致耕地长期处于超负荷产出状态。2015年,中国农作物亩均化肥用量21.9公斤,远高于世界平均水平,是美国的2.6倍、欧盟的2.5倍。2020年发布的《第二次全国污染源普查公报》显示,2017年排放的水污染物中,农业排放总氮141.49万吨、总磷21.20万吨,都远超过工业。其中,种植业排放总氮71.95万吨、总磷7.62万吨;畜禽养殖业排放总氮59.63万吨、总磷11.97万吨;水产养殖业排放总氮9.91万吨、总磷1.61万吨。长时间过度的施肥不仅提高了农业生产的费用,浪费了资源,还导致土地板结和土壤酸化。东北黑土地退化、华北土壤板结和水土流失、南方耕地酸化、北方耕地盐碱化等问题尤为突出。以吉林省黑土地为例,因为传统的农耕方式不科学,长期过量使用化肥和农药,有机物投入不足,与新中国成立初期相比,40%的黑土地腐殖质层从60—70厘米减少到大约30厘米,耕地的有机物含量下降了30%—50%,土壤的pH值比1979年全国第二次土壤普查降低了0.57个单位。同时,自然因素和人为过度开垦,黑土区的耕地经历了严重的水土流失,水蚀和风蚀导致了黑土层的"减薄"。①

农业固体废弃物防治难,加剧耕地污染程度。2019年,全国畜禽粪污产生量30.5亿吨、农作物秸秆产生量8.7亿吨、农膜使用量246.5万吨、废弃农药包装物约35亿件。② 农业固体废弃物如果能够回收处置和资源化利用,那么不仅可以解决生态污染问题,而且能够转化为可用能源,缓解经济社会发展的能源压力。农业固体废弃物之所以利用率低,究其原因,是农业固体废弃物综合处理的配套设施不完善、综合利用技术不成熟、体制机制不够完善、经济效益仍待提高。

第二节 "藏粮于地"战略的制度背景与基本内涵

一、"藏粮于地"战略的制度背景

新中国成立后,中国始终将粮食安全问题视为国家治理的首要使命,以确保国家的社会稳定。在一段时期内,保障粮食安全主要依托于"藏粮于库"战略,利用丰年的节余弥补歉年的不足,应对潜在的缺粮风险。1951年,中华人民共和国开始策划设立一定

---

① 韩俊:《始终牢记殷殷嘱托全力守护好"黑土粮仓"》,《中国科学院院刊》2021年第10期。

② 《农业农村部关于贯彻实施〈中华人民共和国固体废物污染环境防治法〉的意见》,2021年8月30日。

规模的国家总储备粮,以满足紧急情况下(如战争和自然灾害等)对粮食需求作出迅速应对。这是新中国政府首次形成粮食储备机制的雏形。

1954年10月18日,中共中央发布《关于粮食征购工作的指示》,明确提出为了应对自然灾害和其他不可预测的情况,国家必须建立一定规模的粮食储备。从1955年开始,国家开始从粮食周转库存中划拨一部分粮食,划定储备仓库,并为储备粮食创立了储备基金。自1961年起,京津沪三大直辖市建立了一定数量的政府粮食储备,这些粮食储备具有后备性质,因其特殊重要性,后来被直接称为"甲字粮"。1962年,中国建立了农村集体粮食储备,并在1965年10月将其制度化,从而形成了国家后备储备和农村集体储备并存的公有制粮食储备体系。同年,中央军委和原粮食部联合建立了备战目的的军粮储备。

改革开放以后,随着党和国家工作中心向经济建设转移,"藏粮于库"战略发生了重大变化。1990年9月11日,国务院常务会议决定设立国家专项储备粮制度,即国家特别拨款,全面购买全国农民在国家规定的最低保护价格以下出售的剩余粮食。这些粮食被纳入国家专项粮食储备,旨在用于宏观经济调控,以平衡全国粮食供需状况。建立国家专项粮食储备的目标之一是解决主要粮食产区农民面临的粮食销售问题,保护他们的种植粮食积极性,促进粮食生产的持续稳定增长。另外,该制度增强了国家的宏观调控能力,有助于灵活应对粮食供应的丰歉波动,确保粮食市场的稳定供应和粮价的基本稳定。此外,为及时应对突发事件、保障粮油应急供应,中国开始探索成品粮油储备。2021年1月,粮食和储备局制定的《政府储备粮食仓储管理办法》指出,政府储备的成品粮

（油）直接服务于地方应急保供需要。2021 年 11 月，国家发展改革委新闻发言人表示，36 个大中城市主城区及市场易波动地区的地方成品粮油储备达到 15 天及以上市场供应量。

"藏粮于库"战略尽管为维护农民利益、保障粮食安全发挥了重要作用，但却导致了庞大的库存压力和仓储财政负担，同时也产生了大量老化库存，引发了粮食资源的浪费问题。① 并且，"藏粮于库"战略只能解决粮食的一时紧缺，无法从根本上确保长期的粮食安全。在实施"藏粮于库"战略的同时，中国也在探索保障粮食安全的有效途径。

2005 年，时任国务院总理温家宝在中央农村工作会议上首次提出"藏粮于地"的概念。2015 年 10 月 29 日，中国共产党第十八届中央委员会第五次全体会议审议通过的《中共中央关于制定国民经济和社会发展第十三个五年规划的建议》指出，坚持最严格的耕地保护制度，坚守耕地红线，实施藏粮于地、藏粮于技战略，提高粮食产能，确保谷物基本自给、口粮绝对安全。自此，"藏粮于地"上升为国家战略。2020 年 10 月 29 日，中国共产党第十九届中央委员会第五次全体会议通过的《中共中央关于制定国民经济和社会发展第十四个五年规划和二〇三五年远景目标的建议》再次强调，坚持最严格的耕地保护制度，深入实施藏粮于地、藏粮于技战略，加大农业水利设施建设力度，实施高标准农田建设工程，强化农业科技和装备支撑，提高农业良种化水平，健全动物防疫和农作物病虫害防治体系，建设智慧农业。

---

① 曹宝明、黄昊舒、赵霞：《中国粮食储备体系的演进逻辑、现实矛盾与优化路径》，《农业经济问题》2022 年第 11 期。

二、"藏粮于地"战略的基本内涵

"藏粮于地"战略的提出是对中国粮食安全理念的一次重大深化。从字面上看,"藏粮于地"战略意味着把粮食生产能力储存在耕地中。一般认为,"藏粮于地"战略具有以下三层含义:一是确保具有粮食生产能力的耕地数量。这些具有生产能力的耕地可以暂时不种但是不可以减少。二是保护和提升耕地的质量,确保耕地生产能力不减退或受到破坏。三是在粮食生产相对充足的情况下,让退化的耕地休养生息,保障和提升耕地的生产力。一旦粮食紧缺状况出现时,这些耕地可以快速恢复生产,满足国内粮食需求。可以看出,相较于"藏粮于库"战略,"藏粮于地"战略减少了储藏的成本和损耗,是保障粮食安全的根本途径。

"藏粮于地"战略不再一味追求粮食产量,而是要巩固提升粮食综合生产能力,确保粮食产能长期稳定,做到任何需要的时候,粮食都能够产得出、供得上。当粮食供过于求、出现产能过剩时,部分耕地可以改种蔬菜等经济作物,满足人们对农产品多样化的需求,或者进行科学合理的轮作休耕,主动应对生态资源压力,巩固提升地力和产能。这既能减轻仓储压力,又能防止谷贱伤农。一旦粮食供不应求,这些耕地可以迅速用于生产粮食,确保粮食能够产得出、供得上。并且,经过前期的轮作休耕,耕地更有助于实现粮食增产的目标。相对于"藏粮于库"战略,"藏粮于地"战略更加强调增强耕地所具备的生产能力,以提高耕地质量为抓手,有效减少了粮食储备的成本和损害,体现了国家对粮食安全保障体系更高层次、更高质量、更有效率、更可持续的追求。

"藏粮于地"战略是一项广泛而系统性的工程,其旨在提高国家的粮食综合生产能力。这一战略的核心目标是确保国内粮食生产水平能够满足不断增长的粮食需求。然而,要实现这一目标,必须充分考虑耕地数量、质量、生态等各个方面。在保护耕地数量方面,政府在实施"藏粮于地"战略时,需要采取多方面的措施,包括严格管控各项非农建设占用耕地的行为,特别是对优质耕地的保护要更为严格。在提升耕地质量和生态方面,政府需要加大对农田基础设施建设的投入力度,包括改造中低产田、建设高标准农田等,以提高耕地的质量和生产效率。

当然,实施"藏粮于地"战略不仅需要政府单方面的付出,也需要村集体、农民等广泛的参与和合作。例如,村集体经济组织是耕地所有者,在法律上具有耕地保护的义务和责任;农民拥有耕地的承包权,是耕地保护的重要实践者。当村集体经济组织主动承担起耕地利用的监管责任,农民在耕地利用中积极采用"种养并重"的耕作方式,注重提升耕地质量,那么"藏粮于地"战略将更容易落地实施。值得强调的是,耕地不仅为农业经营者提供经济利益,还能够为社会创造显著的社会效益和生态效益。因此,社会各界要提高耕地保护意识,共同参与耕地保护工作,拓展耕地的社会、生态功能。

实施"藏粮于地"战略还需要综合运用各种手段。技术手段可以帮助提高粮食生产的效率,包括引入先进的种植技术、农业机械化和信息技术等;行政手段可以用于监管和管理农田资源的利用,确保合规行为;经济手段可以通过奖励符合政府政策的行为来激励农民和企业参与粮食生产;法律手段可以制定相关法律法规,明确各方的权利和责任,以保护耕地资源和生态环境。

"藏粮于地"战略需要立足国家整体发展需要,调动各方参与的积极性。为了实现这一战略目标,需要在全国范围内动员各地的积极性,但也必须考虑多个复杂因素,以便更全面地制定和执行该战略。一方面,土地的农业利用与非农利用之间的经济效益存在显著差异。一般情况下,农业利用的土地经济效益较低,导致地方政府对耕地保护的积极性相对不高。如果地方政府承担更多的"藏粮于地"战略任务,就可能失去一定的非农建设发展机会。另一方面,耕地资源在国家范围内的空间分布不均衡。一些地区拥有更多的耕地资源,而另一些地区则相对匮乏。因此,简单地将"藏粮于地"战略任务平均分配给各地区是不现实的,需要我们从国家整体利益的角度出发,进行更加精细化的规划和管理。比如,在空间布局优化方面,国家可以制订一项全面的土地利用规划,优化土地资源的空间布局,将"藏粮于地"战略与各地的实际情况相结合,确保战略任务的合理分布;在利益补偿机制方面,建立一套完善的利益补偿机制,以弥补那些承担"藏粮于地"战略任务的地区在经济上可能遭受的损失,包括财政补贴、税收政策等各种激励措施;在区域协调发展方面,鼓励各地区在"藏粮于地"战略与经济发展之间寻求平衡,可以通过推动农村产业升级、发展农村旅游等方式来实现;在科学技术支持方面,加强科技支持,提高土地利用的科学性和高效性,以增加农业生产的收益,减少"藏粮于地"战略可能带来的经济损失。总之,实施"藏粮于地"战略需要综合考虑国家整体利益、地区差异和经济发展等多重因素。通过优化规划、建立补偿机制和促进区域协调,可以更好地平衡"藏粮于地"与经济发展之间的关系,确保战略的顺利实施,同时维护国家粮食安全。

尽管在政策文件中,"藏粮于地"战略和"藏粮于技"战略经常放在一起表述,但需要深入探讨的是,"藏粮于地"战略实际上才是整个粮食安全保障体系的基石。"藏粮于地"战略构建了确保粮食供应的坚实物质基础。更广泛地看,"藏粮于技"战略可以看作"藏粮于地"战略的一个重要组成部分,服务于"藏粮于地"战略。"藏粮于技"战略的顺利推进需要"藏粮于地"战略提供重要的载体支持。在"藏粮于地"战略的支持下,各种前沿技术在提高农田质量、粮食产能和抗灾能力方面得以发挥巨大作用。比如,育种技术的不断进步可以培育出高产高抗性的农作物品种,提高了农产品的产量和质量;智能农机的广泛应用使农业生产更加高效和可持续,同时减轻了农民的劳动负担;农业物联网和卫星遥感技术则提供了实时监测和数据分析的工具,帮助农民更好地管理农田和应对自然灾害。之所以政策上要单独提出"藏粮于技"战略,实际上是要突出科技在保障粮食安全战略中的关键作用。"藏粮于地"战略和"藏粮于技"战略相辅相成、相互依赖,构建了一个全面而协同的粮食安全保障体系,共同夯实粮食安全根基。

第三节　严守国家粮食安全根基

一、加强耕地数量保护

守住 18 亿亩耕地红线。20 世纪 90 年代初,随着工业化和城市化进程的迅速推进,工业用地和城市扩张用地等需求迅猛增长,建设用地的供需矛盾显著,导致大规模的农田被转化成城市建设用地。从 1996 年的 19.51 亿亩减少到 2005 年的 18.30 亿亩,全国耕地面积减少了 1.21 亿亩。耕地面积的急剧减少引起了人们的担心:按照这样的减少速度,中国的耕地还能不能养活中国人? 不管是政治家,还是经济学家,都对中国的粮食问题极为关注。

为消除这种担心,我国开始高度重视耕地数量。1997 年,中共中央、国务院出台的《关于进一步加强土地管理切实保护耕地的通知》提出,实施基本农田保护和耕地总量动态平衡制度。1998 年 8 月,由第九届全国人民代表大会常务委员会第四次会议修订通过的《中华人民共和国土地管理法》明确强调,十分珍惜、合理利用土地和切实保护耕地是中国的基本国策。2006 年,国家统计局与原农业部基于当时人均用粮标准、粮食自给率、粮食单产、复种指数、粮食需求预测以及耕地需求量预测等综合因素,计算出若确保 2010 年和 2030 年中国粮食自给率稳定在 95% 以上,则至少需要 18 亿亩耕地。同年,第十届全国人民代表大会第四次会议通过的《中华人民共和国国民经济和社会发展第十一个五年规划纲要》正式提出 18 亿亩耕地红线,强调 18 亿亩耕地是一个具有法律效力的约束性指标,是不可逾越的一道红线。耕地红线提出后,中国实行最严格的耕地保护制度,将守住 18 亿亩耕地红线和保障粮食安全牢牢地捆绑在了一起。

实行耕地占补平衡政策。《中共中央 国务院关于进一步加强土地管理切实保护耕地的通知》创造性地实行耕地占补平衡制度。各地区必须切实遵循耕地总量保持平衡的原则,确保本地耕地总面积不减少,而是应当提高。同时,需要积极致力于提高耕地的质量。各级政府应根据提高土地利用率、占用耕地与开发、复垦挂钩等原则,以保护耕地为首要任务,严格控制耕地占用。在规划土地利用总体规划的编制、修订和实施过程中,要统筹考虑各类用地需求。特别是在非农业建设需要占用耕地时,必须按照规定,开发并复垦不少于所占面积并符合质量标准的耕地。占用耕地用于非农业建设时,相关资金应列入建设项目的总投资成本中。耕地复垦所需资金也应计入生产成本或建设项目的总投资中。对于占用耕地进行非农业建设的情况,应逐步实施将所占耕地的耕作层用于重新造地,这需要由建设单位按照当地政府的要求来进行操作。在国家的指导下,按照"谁开发耕地谁受益"的原则,以保护和改善生态环境为前提,鼓励资源紧缺的地区与资源丰富的地区开展荒地开发和农业综合开发等合作项目。这次首次提出耕地占补平衡的具体要求。

1998 年,第二次修订的《中华人民共和国土地管理法》再次强调,国家实行占用耕地补偿制度。如果非农业建设项目经批准需要占用耕地,应按照"占多少,垦多少"的原则,由占用耕地的单位负责开垦与所占耕地数量和质量相匹配的新耕地。如果没有条件来进行开垦,或者所占耕地不符合规定的质量要求,那么根据省、自治区、直辖市的相关规定,应当缴纳耕地开垦费,这些费用专门用于开垦新的耕地。1999 年 1 月起实施的《土地管理法实施条例》对此做了进一步说明。自此,耕地占补平衡制度正式确立。

为了进一步强化对耕地的保护和改进占补平衡工作,中共中央、国务院于 2017 年 1 月发布了《关于加强耕地保护和改进占补平衡的意见》。这份文件对耕地占补平衡制度提出了新的要求,强调了坚决防止以下问题的发生:一是占用耕地后补充耕地的数量不足;二是补充耕地的质量不达标;三是占用较多而补偿较少;四是占用优质耕地而补偿劣质耕地;五是占用水田而补偿旱地。2021 年 11 月,自然资源部、农业农村部、国家林业和草原局联合发布《关于严格耕地用途管制有关问题的通知》,再次强调,非农业建设占用耕地时,必须切实贯彻实行先补后占的原则,并确保占用一块耕地需要补充一块耕地,占用优质耕地需相应补偿优质耕地,占用水田则必须补充水田。此外,还要积极开拓各种方式来增加补充耕地的来源,确保这些耕地能够长期稳定地被利用。耕地占补平衡政策在充分考虑经济社会发展建设占用耕地的刚性需求客观要求基础上,有效遏制了因非农建设占用导致耕地锐减势头,实现了建设占用和补充耕地的数量平衡,有效保护了耕地面积,坚守了 18 亿亩耕地红线。

合理开发利用耕地后备资源。合理开发利用耕地后备资源,不仅能有效补充耕地,而且是耕地占补平衡管理的物质基础。2014 年 4 月,原国土资源部办公厅出台《关于开展全国耕地后备资源调查评价工作的通知》,要求在第二次全国土地调查成果基础上,通过开展全国耕地后备资源调查评价工作,全面查清全国耕地后备资源的面积、类型、权属和分布情况。

2021 年 7 月,自然资源部办公厅发布《关于开展全国耕地后备资源调查评估工作的通知》,决定进行新一轮的全国耕地后备资源调查评估工作,全面了解全国补充耕地的潜在潜力,合理地开发和利用这些耕地后备资源。此次全国耕地后备资源调查评估工作以第三次全国国土调查和 2020 年度国土变更调查的结果为基础,专门针对其他草地、盐碱地、沙地和裸土地这四类地块,根据耕地后备资源分类评估指标体系,采用自上而下的统一底图,逐块地进行调查和评估,形成了一个包括面积、类型和分布在内的全国耕地后备资源潜力数据,并将其整合到国土调查数据库中,以支持科学合理地开发耕地后备资源和规范管理耕地占用与补充。2022 年中央"一号文件"再次强调,积极挖掘潜力增加耕地,支持将符合条件的盐碱地等后备资源适度有序开发为耕地。

二、加强耕地用途管制

我国将土地分为农用地、建设用地和未利用地，严格限制农用地转为建设用地，控制建设用地总量，对耕地实行特殊的用途保护。2023 年中央"一号文件"提出，探索建立耕地种植用途管控机制，明确利用优先序，加强动态监测，有序开展试点。

全面落实永久基本农田特殊保护制度。1994 年 7 月，国务院常务会议通过了《基本农田保护条例》，建立了基本农田保护制度。国家根据一定时期内的人口数量、国民经济对农产品的需求以及对建设用地的预测，确定了基本农田，并对这些基本农田进行特殊的保护措施。为强调基本农田保护的重要性，2008 年，党的十七届三中全会将对基本农田的保护要求提升为永久基本农田，并确立了永久基本农田保护制度。2018 年，原国土资源部发布《关于全面实施永久基本农田特殊保护的通知》，其中明确提出建立完善永久基本农田的"划、建、管、补、护"长期机制，以全面贯彻特殊保护制度。①

2021 年 11 月，自然资源部、农业农村部、国家林业和草原局联合发布了《关于严格耕地用途管制有关问题的通知》，再次明确了对永久基本农田特殊保护制度的严格执行。通知强调，永久基本农田不得转变为林地、草地、园地等其他用于农业的土地或用于农业设施建设的土地。在一些情况下，如能源、交通、水利、军事设

---

① "划"指巩固永久基本农田划定成果，守住永久基本农田控制线，统筹永久基本农田保护与各类规划衔接；"建"指加强永久基本农田建设，开展永久基本农田整备区建设，加强永久基本农田质量建设；"管"指强化永久基本农田管理，从严管控非农建设占用永久基本农田，坚决防止永久基本农田"非农化"；"补"指数量和质量并重做好永久基本农田补划，明确永久基本农田补划要求，做好永久基本农田补划论证；"护"指健全永久基本农田保护机制，强化永久基本农田保护考核机制，完善永久基本农田保护补偿机制，构建永久基本农田动态监管机制。

施等重大建设项目确实难以避免占用永久基本农田的情况下,经依法批准,应在确保耕地占补平衡的基础上,根据"数量不减少和质量不降低"的原则,在能够长期稳定利用的耕地上进行永久基本农田的补划任务。

建立粮食生产功能区制度。2017年4月10日,国务院发布《关于建立粮食生产功能区和重要农产品生产保护区的指导意见》提出,为优化农业生产布局,实行精准化管理,建立粮食生产功能区和重要农产品生产保护区,要求划定粮食生产功能区9亿亩,其中6亿亩用于稻麦生产。① 在粮食生产功能区,国家增加基础设施建设,完善财政金融支持政策,强化综合生产能力建设,发展适度规模经营,提高农业社会化服务水平,稳固国家粮食安全的基础。

遏制耕地"非农化",防止耕地"非粮化"。2020年9月,国务院办公厅发布《关于坚决制止耕地"非农化"行为的通知》,强调了坚决制止各类耕地变为非农业用地的行为,包括违规占用耕地用于绿化造林、超过标准建设绿色通道、非法占用耕地进行湖泊景观开发、占用永久基本农田扩大自然保护区、非法占用耕地进行非农业建设、非法违规审批土地用途变更等。两个月后的2020年11月,由于一些地区出现了耕地"非粮化"的趋势,国务院办公厅发布《关于防止耕地"非粮化"稳定粮食生产的意见》,强调了对耕地的特殊保护和用途管制,以严格控制耕地转化为林地、园地等其他类型的农用地。

---

① 以东北平原、长江流域、东南沿海优势区为重点,划定水稻生产功能区3.4亿亩;以黄淮海地区、长江中下游、西北及西南优势区为重点,划定小麦生产功能区3.2亿亩(含水稻和小麦复种区6000万亩);以松嫩平原、三江平原、辽河平原、黄淮海地区以及汾河和渭河流域等优势区为重点,划定玉米生产功能区4.5亿亩(含小麦和玉米复种区1.5亿亩)。

2021 年 1 月,农业农村部发布《关于统筹利用撂荒地促进农业生产发展的指导意见》,在坚决制止耕地"非农化"和防止耕地"非粮化"的基础上,提出了政策建议,包括分类指导、有序推进撂荒地的合理利用、政策支持、引导农民恢复耕种撂荒地、加快改善撂荒地的基础设施建设、规范土地流转以促进撂荒地规模经营、提升农业社会化服务水平等方面的措施。2022 年的中央"一号文件"指出,要进一步强化对耕地的执法监督,严厉打击违法违规占用耕地从事非农业建设行为,同时加强耕地用途管制,以严格控制耕地转化为其他农业用地。

第四节　加强农田建设改造

一、加强高标准农田建设

高标准农田是通过工程、农艺等措施改造提升农田质量,达到地块平整、集中连片、设施完善、土壤肥沃、生态良好,且能够旱涝保收、高产稳产的农田。高标准农田建设不仅能够破解人多地少水缺的资源"瓶颈",提高粮食综合生产能力,而且能够提升耕地的现代化水平,带动农业新品种、新技术、新装备的推广应用,加快农业经营方式、生产方式、资源利用方式的转型升级。建设高标准农田是提升耕地质量的关键举措,能为全方位夯实粮食安全根基提供重要的物质保障。

2005 年的中央"一号文件"首次引入了"高标准农田"的概念,强调了"抓好防护林体系和农田林网建设,为建设高标准农田营造良好的生态屏障"的重要性。2007 年的中央"一号文件"再次提及"高标准农田",明确了要按照田地平整、土壤肥沃、道路和排水设施完善等要求,积极推进高标准农田的建设,以实现农田的旱涝保收、高产稳产。自 2009 年起,每年的中央"一号文件"都强调了"高标准农田"的建设,对此进行了不断加强的重视。

2013 年,国务院批准《全国高标准农田建设总体规划(2011—2020)》,明确到 2020 年的目标,即建设集中连片、能够应对旱涝灾害,同时亩均粮食综合生产能力提高 100 千克以上的高标准农田面积超过 8 亿亩。规划还根据粮食主产区和非粮食主产区划分了建设任务和目标。截至 2020 年年底,全国已经超额完成了 8 亿亩高标准农田的建设任务,通过完善农田基础设施,改善农业生产条件,增强了农田防灾抗灾减灾能力,巩固和提升了粮食综合生产能力。建成后的高标准农田,亩均粮食产能增加 10%—20%,稳定了农民种粮的积极性,为我国粮食连续多年丰收提供了重要支撑。2021 年,国务院批准了《全国高标准农田建设规划(2021—2030年)》,开启了新一轮高标准农田建设。规划要求,到 2022 年,建成 10 亿亩高标准农田;到 2025 年,建成 10.75 亿亩高标准农田;到 2030 年,建成 12 亿亩高标准农田。此外,到 2025 年和 2030年,还计划分别对 1.05 亿亩和 2.8 亿亩高标准农田进行改造和提升,以此稳定保证 1.2 万亿斤以上的粮食产能。并把高效节水灌溉与高标准农田建设统筹规划、同步实施,规划期内完成 1.1 亿亩新增高效节水灌溉建设任务。规划还提出了一系列要求,包括亩均投资逐步达到 3000 元左右。高标准农田建设的内容包括田块整治、土壤改良、灌溉和排水系统、田间道路、农田防护和生态环境保护、农田输配电、科技服务、管理和利用八个方面。党的二十大报告进一步指出,逐步把永久基本农田全部建成高标准农田。党的二十届三中全会进一步指出"完善高标准农田建设、验收、管护机制"。

从实际实施情况来看，高标准农田建设已经增强了国家粮食综合生产能力，提高了亩产量，单产可以提高 10%—20%。此外，通过田块整治、配套水利建设、节水灌溉、林网建设以及绿色农业技术的推广等措施，高标准农田建设增强了农田的生态防护能力，减轻了水土流失和面源污染，有利于农田生态环境的保护，促进了山水林田湖草沙整体保护和农村环境的连片整治。高标准农田建设通过集中连片进行田块整治、土壤改良、设施配套建设等措施，解决了农田碎片化、土壤质量下降、基础设施不配套等问题，有效推动了农业规模化、机械化、标准化、专业化经营，促进了农业生产方式、经营方式和资源利用方式的转变，提高了水土资源的利用效率和土地的产出率，加速了新型农业经营主体的培育。[①] 据农业农村部农田建设管理司数据，截至 2022 年全国累计建成 10 亿亩高标准农田，占我国 19.18 亿亩耕地的一半以上。稳定保障 1 万亿斤以上粮食产能。2023 年中央财政下达农业相关转移支付2115 亿元，其中农田建设补助资金 346 亿元，占比 16.4%，支持各地提前谋划高标准农田建设项目。[②]

二、持续推进土地整治

自改革开放以来，随着城镇化的快速发展，中国大量农村人口向城市转移，城乡格局发生了翻天覆地的变化。农村土地闲置、利

---

① 何秀荣：《高标准农田建设：提高粮食综合生产能力的重要举措》，《群言》2022 年第 7 期。

② 高云才、常钦：《让每一寸耕地都成为丰收沃土》，《人民日报》2023 年 1 月 10 日。

用不合理问题频频发生。因此,中国高度重视土地整治工作。早在 2003 年,原国土资源部印发了《全国土地开发整理规划》,组织实施土地开发整理工作。根据该政策,土地整治主要采取土地整理、土地复垦、土地开发三种不同形式。三者的区别是,土地整理侧重于现有土地的改善,土地复垦侧重于受到破坏的土地修复,土地开发则关注未利用土地资源开发利用。

在中央引导、地方实践的双重努力下,土地整治的内涵和外延不断扩展,从土地整理转变到土地整治,再升级到土地综合整治乃至全域土地综合整治。自 2003 年起,浙江省实施"千村示范、万村整治"工程,开始着力改善农村生态环境、提高农民生活质量,取得明显成效。2018 年,浙江省"千村示范、万村整治"工程被联合国授予"地球卫士奖"中的"激励与行动奖"。董祚继研究发现,全域土地综合整治优化了农村土地利用格局,改善了生态环境,有效提升了耕地质量。[1]

国家从全国政策层面,提出开展全域土地综合整治工作。2018 年 6 月,中共中央、国务院发布《乡村振兴战略规划(2018—2022 年)》,其中提出了实施农村土地综合整治重大行动,旨在优化农村土地利用格局,提高农村土地利用效率。规划中明确了到 2020 年要开展 300 个土地综合整治示范村建设,已基本形成农村土地综合整治制度体系。为进一步推动这一战略,2019 年 12 月,自然资源部发布《关于开展全域土地综合整治试点工作的通知》,组织了全域土地综合整治试点工作。这一工作以科学和合理的规划为前提,以乡镇作为基本实施单元,整体推进农用地整理、建设

---

[1] 董祚继:《探索一条符合中国实际的乡村振兴之路——浙江省农村全域土地综合整治的实践与前瞻》,《今日国土》2020 年第 12 期。

用地整理以及乡村生态保护和修复工作,以优化生产、生活和生态空间布局为目标,促进耕地保护和土地的集约、节约利用,改善农村居住环境,为乡村全面振兴提供支持。实践表明,全域土地综合整治取得了显著成效,增加了耕地面积,优化了土地结构,为产业升级增长提供了土地空间,增加了农民收入,改善了生态环境。

三、加强水利基础设施建设

中国水资源和耕地分布不匹配,制约着耕地质量的提升。据国家统计局数据,2019 年,华北地区每亩水资源量仅为 211.21 立方米,东北地区每亩水资源量有 507.32 立方米,远低于西南地区每亩 4223.53 立方米的水资源量。2022 年,全国农田有效灌溉面积占全国耕地面积的 54%,生产了全国总量 75% 以上的粮食和 90% 以上的经济作物。2023 年度《中国水资源公报》数据显示[①],2023 年,耕地实际灌溉亩均用水量 347 立方米,农田灌溉水有效利用系数为 0.576。其中,北京市、上海市、天津市的农田灌溉水有效利用系数位列前三,分别为 0.752、0.740、0.723。并且,农业用水量需求较大。2023 年度《中国水资源公报》数据显示,2021 年,农业用水量为 3672.4 亿立方米,占用水总量的 62.2%;农业耗水量为 2421.5 亿立方米,占耗水总量的 75.6%。

众所周知,农田水利基础设施在提高粮食产量和保障粮食安全方面发挥着重要作用。一方面,农田水利基础设施的完善可以显著提升粮食产量。它确保了农田获得充足的灌溉水源,为农作

---

① 中华人民共和国水利部:《2023 年水资源公报》,中国水利水电出版社 2024 年版,第 27 页。

物的正常生长提供了必要的水分,这是提高农田产量的关键要素之一。通过加强农田水利基础设施建设,可以有效地提高农业综合生产能力,促进农作物的健康发育。另一方面,农田水利基础设施也能够减轻自然灾害对粮食产量的不利影响。频繁的自然灾害常常是农业生产的重要制约因素,而完善的农田水利基础设施可以有效减轻自然灾害对农业生产的影响。特别是在基础设施相对不足的地区,其作用更加显著,有助于减少自然灾害引发的粮食减产情况。党的十八大以来,中国围绕农田水利建设做了大量工作,取得了显著成效。

加快农田水利建设顶层设计。2016年,国家发展改革委、水利部、住房城乡建设部联合发布《水利改革发展"十三五"规划》,特别强调了夯实农村水利基础的重要性,以提高粮食生产的水利保障能力。此规划着重指出了农村水利基础设施的优化和加强,以满足粮食生产的需求。2017年5月,国家发展改革委和水利部发布了《全国大中型灌区续建配套节水改造实施方案(2016—2020年)》,进一步明确了工程实施的范围和重点,以促进灌区骨干工程系统的完善为目标,强化了水量测量设施的建设。计划到2020年完成全国434个大型灌区和新疆63个中型灌区的续建配套节水改造任务,以提高灌溉水的利用效率和经济效益,为国家粮食安全和农村经济社会发展提供坚实的支持和保障。2017年3月,国家发展改革委、水利部联合印发《全国坡耕地水土流失综合治理"十三五"专项建设方案》,计划通过5年时间,专项完成22个省份490.71万亩坡耕地水土流失综合治理任务,稳定解决250万山丘区群众的粮食需求和发展问题。

加大农田水利建设投入。党的十八大以来,我国将农田水利视为中央预算内投资的重点领域,并大力支持该领域的发展。各级政府积极运用大量的预算内投资资金,主要用于大中型灌区的续建配套节水改造、大型灌排泵站的更新改造、新建大型灌区、千亿斤粮食田间工程的新增、农村饮水安全的巩固提升、坡耕地水土流失的综合治理等项目建设。特别是在粮食主产区,我国加速了大中型灌区的续建配套和现代化改造,致力于除险加固骨干灌排工程设施,确保配套设施达到标准,并注意与高标准农田建设的衔接。此外,项目如黑龙江锦西灌区等也纳入了争取年内新开工的重大水利工程范围,以加快前期工作的完善。我国采取了多种管理方式,包括项目单位的自查、复核检查、实地查看以及在线监管等,以加强对投资的精细管理,确保各项资金的有效使用。同时,我国持续推动"放管服"改革,不仅下放了政府出资的地方水利项目审批权限,还在规划管理和事中、事后监管等方面实行了放管结合和优化服务的举措。这一系列改革措施旨在加速实现从微观管理向宏观管理、从项目审批向项目监管、从项目安排向制度供给的转变。

深入推进农田水利关键改革。2016年,国务院办公厅发布了《关于推进农业水价综合改革的意见》,旨在稳妥推进农业水价综合改革,以促进农业节水和农业可持续发展。该改革的总体目标是,在大约10年的时间内,建立并完善一个合理的农业水价形成机制,该机制应能充分反映供水成本、有利于推动农田水利体制创新,且与投融资体制相适应。在此过程中,农业用水的价格应总体上达到维持运行和维护成本的水平,普遍实施农业用水总量控制和定额管理,建立可持续的精准补贴和节水奖励机制,促使先进而适用的农业节水技术得以广泛应用,实现农业种植结构的优化调整,从而推动农业用水方式由粗放向集约转变。在农田水利工程设施相对完善的地区,要加速改革进程,争取在3年到5年内率先实现改革目标。2021年,国家发展改革委、财政部、水利部、农业农村部共同发布了《关于深入推进农业水价综合改革的通知》,再次强调了深化农业水价综合改革的重要性。通知中明确了要强化对农业用水的刚性约束,完善农业节水激励机制,推动农业用水方式逐渐由粗放向节约和集约转变。与此同时,中国还结合现有的大中型灌区续建配套节水改造工程,开展了灌区农业节水综合示范项目,以示范灌区为先导,全面完成了农业水价综合改革任务,建立了相对完善的农业节水长效机制和国家支持农业节水政策框架,树立了节水典范,以点带面全面推动灌区农业综合节水,加快了农业节水领域的发展,弥补了农业节水的不足之处。

第五节 持续增加良田好土面积

在中国快速城镇化的进程中,农村青壮年向城市转移,农家肥施用、土壤改良等劳动密集型工作不断减少,耕田锄草等田间管理日益弱化,化肥和农药成为粮食增产的主要工具,导致耕地面临严重污染。中国耕地污染问题引起社会的广泛关注。尤其是化肥、农药过量施用、盲目施用,远远高于国际公认的施用安全上限,导致耕地资源受损、土壤板结、土壤有机质含量下降、耕层结构破坏,也带来了环境的污染。据统计,1979—2013年,中国化肥使用量从1086万吨增加到5912万吨,年均增长率5.1%。2012—2014年,农作物病虫害防治农药年均使用量31.1万吨,比2009—2011

年增长 9.2%。[①] 2014 年,原环境保护部和国土资源部发布的《全国土壤污染状况调查公报》显示,耕地土壤环境质量堪忧,土壤点位超标率为 19.4%,其中轻微、轻度、中度和重度污染点位比重分别为 13.7%、2.8%、1.8% 和 1.1%,主要污染物为镉、镍、铜、砷、汞、铅、滴滴涕和多环芳烃。

自党的十八大以来,"藏粮于地"战略已经扩展至耕地生态系统的维护领域。这一战略的目标是通过修复和治理问题耕地,全面维护耕地生态系统,提升耕地的质量,增加产能,促进耕地资源的可持续利用。[②]

一、加强耕地污染防治

2016 年 5 月 28 日,为加强土壤污染防治、逐步提高土壤环境质量,国务院发布《土壤污染防治行动计划》。该计划旨在争取到 2020 年和 2030 年,将受污染耕地的安全利用率分别提高至 90% 左右和 95% 以上。具体措施包括进行土壤污染调查,以全面了解土壤环境质量情况;推进土壤污染防治立法工作,建立完善的法律法规和标准体系;实施农用地分类管理,以确保农业生产环境的安全性;实施建设用地准入管理,以预防人居环境风险;加强未受污染土壤的保护,以限制新增土壤污染;强化对污染源的监管,积极进行土壤污染预防工作;进行污染治理与修复,以提高地区土壤环境质量;加大科技研发力度,推动环保产业的发展;发挥政府主导作用,构建土壤环境治理体系;并加强目标考核,严格追究责任。

---

① 高云才:《2020 年实现化肥农药使用量零增长》,《人民日报》2015 年 3 月 18 日。
② 韩杨:《中国耕地保护利用政策演进、愿景目标与实现路径》,《管理世界》2022 年第 11 期。

尤其在控制农业污染方面,提出合理使用化肥农药、加强废弃农膜回收利用、强化畜禽养殖污染防治、加强灌溉水水质管理。

2021年12月29日,生态环境部、国家发展改革委、财政部、自然资源部、住房和城乡建设部、水利部、农业农村部联合编制了《"十四五"土壤、地下水和农村生态环境保护规划》,这一规划文件旨在部署土壤、地下水和农村生态环境保护的工作任务。内容包括,加强耕地污染源头控制,开展耕地土壤重金属成因排查,以识别和控制土壤污染的根本原因。深入实施耕地分类管理。通过全面落实安全利用和严格管控措施,实现对耕地的分类管理,确保土壤环境质量符合相应的标准和类别要求,并进行动态调整。有序推进建设用地土壤污染风险管控与修复;开展土壤污染防治试点示范,如在长江中下游、西南、华南等区域,开展一批耕地安全利用重点县建设,推动区域受污染耕地安全利用示范。

我国高度重视化肥、农药使用量激增带来的污染问题。2015年2月17日,农业部制定了《到2020年化肥使用量零增长行动方案》和《到2020年农药使用量零增长行动方案》,大力推进化肥减量提效、农药减量控害。《到2020年化肥使用量零增长行动方案》指出,要推进测土配方施肥、推进施肥方式转变、推进新肥料新技术应用、推进有机肥资源利用、提高耕地质量水平,力争到2020年主要农作物化肥使用量实现零增长。《到2020年农药使用量零增长行动方案》指出,要构建病虫监测预警体系、推进科学用药、推进绿色防控、推进统防统治,力争到2020年实现农药使用总量零增长。经过5年的实施,截至2020年年底,全国化肥农药减量增效已顺利实现预期目标,化肥农药使用量显著减少,化肥农药利用率明显提升,促进种植业高质量发展效果明显。经科学测算,2020 年全国水稻、小麦、玉米三大粮食作物化肥利用率40.2%,比2015 年提高5 个百分点;农药利用率40.6%,比2015 年提高4 个百分点。2022 年11 月18 日,农业农村部进一步制定《到2025 年化肥减量化行动方案》和《到2025 年化学农药减量化行动方案》,加快推进化肥农药减量增效。《中国农业绿色发展报告2023》显示,截至2022 年,我国水稻、小麦、玉米三大粮食作物化肥利用率和农药利用率分别为41.3% 和41.8%,总量下降、效率提升,农业绿色发展水平提升。全国农产品质量安全例行监测总体合格率达97.8%。[1]

二、健全耕地休耕轮作制度

过去,为增加产量,耕地超强度开发、水资源过度消耗、化肥农药过量使用,农业生态环境严重透支,而粮食产量不断提高后,新的结构性矛盾出现,如供需脱节、库存压力大。2016 年6 月24日,农业部、财政部等联合印发《探索实行耕地轮作休耕制度试点方案》,探索实行耕地轮作休耕制度试点,以保障国家粮食安全和不影响农民收入为前提,坚持生态优先、综合治理,力争用3—5 年时间,初步建立耕地轮作休耕组织方式和政策体系,集成推广种地养地和综合治理相结合的生产技术模式,探索形成轮作休耕与调节粮食等主要农产品供求余缺的互动关系。具体而言,在东北冷凉区、北方农牧交错区等地的500 万亩耕地中,推广"一主四辅"

---

① 中国农业绿色发展研究会、中国农业科学院:《中国农业绿色发展报告2023》,中国农业出版社2024 年版,第3 页。

种植模式①;在河北省黑龙港地下水漏斗区 100 万亩耕地中,要连续多年实施季节性休耕,实行"一季休耕、一季雨养";在湖南省长株潭重金属污染区 10 万亩耕地中,要在建立防护隔离带、阻控污染源的同时,采取施用石灰、翻耕、种植绿肥等农艺措施,以及生物移除、土壤重金属钝化等措施,修复治理污染耕地,并连续多年实施休耕;在西南石漠化区 4 万亩耕地和西北生态严重退化地区 2 万亩耕地中,调整种植结构,改种防风固沙、涵养水分、保护耕作层的植物,同时减少农事活动,促进生态环境改善。

鉴于耕地轮作休耕制度试点工作取得明显成效,耕地轮作休耕制度试点不断扩大实施范围,试点规模从 616 万亩扩大到 3000 多万亩,试点省份从 9 个增加到 17 个,区域范围逐步增加了黑龙江寒地井灌稻区、长江流域稻谷小麦低质低效区、黄淮海玉米大豆轮作区、新疆塔里木河流域地下水超采区等区域。2018 年 2 月 23 日,农业部就耕地轮作休耕制度试点有关情况举行新闻发布会,指出耕地轮作休耕制度试点取得积极成效,受到农民欢迎,成为地方政府引领农业绿色发展的重要措施。其优势在于:第一,耕地轮作休耕制度试点增加了作物产量和有效供给,促进农民收入提高。河北省小麦冬季休耕后,采纳晚播春玉米或早夏播玉米的农业实践,每亩产量提升超过 10%。仅限于 2016 年和 2017 年这两个年度,全国范围内削减籽粒玉米种植面积达到 5000 万亩,同时增加大豆种植面积超过 1900 万亩,以及杂粮种植面积增加超过 500 万亩。在黑龙江省海伦市,采用轮作种植丰富硒元素和高蛋白质大

---

① "一主"指实行玉米与大豆轮作,"四辅"指实行玉米与马铃薯等薯类轮作,实行籽粒玉米与青贮玉米、苜蓿、草木樨、黑麦草、饲用油菜等饲草作物轮作,实行玉米与谷子、高粱、燕麦、红小豆等耐旱耐瘠薄的杂粮杂豆轮作,或实行玉米与花生、向日葵、油用牡丹等油料作物轮作。

豆的方法,种植面积超过 40 万亩,并通过精深加工转化,显著提升了农民的收入。研究发现,耕地休耕不仅有助于增加可转移的收入,还促进了非农就业机会的产生,最终导致农民年收入提高了 4978 元。第二,耕地轮作休耕制度的试点实施在节约水资源、降低病虫危害损失方面取得了显著成效,并带来了积极的生态效益。举例来说,河北省已成功实施了 200 万亩季节性休耕,每年可减少地下水采取量达 3.6 亿立方米。而在吉林省东部山区,采用轮作大豆种植后,化肥使用量减少了 30% 以上,农药使用量也降低了约 50%。这些成果彰显了轮作休耕制度在水资源管理、农业生产效益和生态环境改善方面的显著积极影响。

三、加强保护性耕作推广应用

保护性耕作是一项可持续发展的农业技术,具有实现作物产量稳定提高和生态环境保护双赢的潜力。其核心原则是在不进行土壤翻耕的情况下以及保持地表覆盖秸秆的情况下进行少量或免耕播种。这种方法具有多重功能,包括防止农田扬尘和水土流失、保持水分和土壤湿度、增强土壤肥力、降低成本提高效益、减少秸秆焚烧和减少温室气体排放等效益。耕地的保护性耕作模式能够形成"用养并重"的良性循环,减少"重用地、轻养地""重无机肥、轻有机肥""重短期效益、轻长期养护"等有损于耕地质量与生态的现象,实现"在保护中利用,在利用中保护"的意图,有助于推进"藏粮于地"战略。

2020 年 2 月 25 日,农业农村部、财政部印发《东北黑土地保护性耕作行动计划(2020—2025 年)》,将东北地区推行保护性耕作上升为国家行动。保护性耕作技术主要包括两种类型:秸秆覆盖还田免耕和秸秆覆盖还田少耕。在实际应用中,应尽量增加秸秆覆盖还田的比例,以增强土壤的蓄水和保墒能力,提高土壤有机质含量,促进土壤肥力的增加;同时,采用免耕和少耕的方式,减少土壤扰动,降低风蚀和水蚀的风险,保护土壤和防止土壤退化;此外,采用高性能的免耕播种机械,以确保播种质量的提高。这一行动计划旨在促进农业可持续发展,同时保护东北地区宝贵的黑土资源。

第三章 "藏粮于技",破解资源 约束的路径和策略

把"藏粮于技"真正落实到位,既有助于拓展粮食产量提升的空间,又能够有效释放粮食生产的潜能。本章剖析粮食科技的发展现状,分析种业振兴、农业机械化现代化、绿色科技创新和农业技术推广的成效及措施。当前种业研发和转化、农机装备提升及现代化运用、粮食生产智能化生物化和绿色化、粮食产业服务现代化、绿色技术粮食生产、降低化肥农药使用及农业技术推广使用和发展方面都有了显著的效果,但面临农业良种化创新不足,特别是原创性成果缺乏,粮食加工技术与产业发展还存在一定差距,农业科技总体布局仍不平衡,农业科技成果转化和推广应用存在短板等问题与挑战。提出以农业科学技术攻关为引领,以市场需求为导向,实现特优农产品量的突破和质的跃升,加快农业大数据中心和智慧农业平台投入机制建设,建立优化粮食作物良田改良与种植制度,建立确保农业科技创新和科技成果有效转化、推广的体制,建立科技预防粮食生产防灾减灾应对机制5个维度的策略。全方位推动育种科技与装备创新发展、绿色科技创新和农技推广

应用,切实筑牢农业强国建设的根基。

我国粮食生产由粮食总产较低、主要解决温饱问题逐渐向人们重视生活水平的提高,需求的多元化、品质化、绿色化转变取得了成效。2019 年,早籼稻、玉米和小麦作物一等品的占比分别为42.5%、79.2%和64.1%,分别比 2010 年提高了 21.5 个、43.2 个和 27.1 个百分点。[1][2]

第一节 我国粮食科技发展现状

粮食生产技术进步主要体现在生产过程中的技术革新、技术扩散、技术转化与技术应用等各个环节,粮食生产全要素生产效率将运用新技术和新知识转化,在资源、要素约束下挖掘粮食生产潜力,达到提高投入产出比或降低单位生产成本提高比较效益的效果,实现粮食产量提升、经济效益提高和生产环境改善的目标。经过多年的政策扶持和资金投入,我国粮食生产科技支撑体系日趋完善。粮食科技主要包括粮食生产科技、粮食产业科技和粮食仓储与推广科技等,粮食生产科技要从粮食全产业链条提升、紧密结合市场需求、产业结构和生产效益并重等方面加快创新。

在粮食生产科技方面,根据市场需求不断强化科技创新已经成为常态。保障经济增长和社会安定的关键在于解决影响农业发展的根本问题——粮食供应的安全性和质量。当前,我国的粮食

---

① 罗慧:《中国粮食生产技术进步路径研究》,中国农业科学院 2021 年博士学位论文。
② 陈鸣:《中国农业科技投入对农业全要素生产率的影响研究》,湖南农业大学 2017 年博士学位论文。

消费正从单一需求向多元需求方向转变,同时伴随着土地资源减少、环境破坏及生物多样性降低等问题。因此,农作物种植已经不再仅仅关注于产量,而是需要兼顾高质量、效率、环保和安全等综合指标。这为我国粮食科学技术的发展带来了全新的挑战。近年来,一方面,作物主产区推出一批具有高产潜力的品种,并在一定面积上实现了育种产量目标,但这些超级品种在大面积应用后,尚有30%左右的产量潜力并未得到实现;另一方面,每年均有多地出现超高产田块,但在大面积应用上有明显的局限性。同时,对于进一步高产是否导致农产品品质下降、是否导致土地和水资源利用效率降低,以及是否带来生态安全隐患也是人们普遍关心的重大问题。[①]

在粮食加工科技和储运方面,多种加工技术取得了突破性进展。例如,通过使用生物酶、分子改良、压缩和微细化等方式实现了对稻米及附属产品的深度处理以实现其价值的高效增长。同时,我国还建立了一个有效的稻米及附属产品深度处理效率提高且具有附加值的循环体系。关于高质量的蒸谷米制造的关键技术、米制食品的基础原理和重要制作方法的研究也取得了一定的成果。此外,对于小麦高效节能和环保安全的新型加工技术的探索也有所进步。目前,针对小麦专用面粉和传统面食产业化的生产技术和设备的发展已有所突破,这有助于减少能源消耗,改善产品结构。另外,我们在检测小麦硬度的技术上有了新的发展。经过多方面的合作努力,成功解决了粮食收获后的储存温度控制以保持质量和节省成本的问题,包括智能控湿通风工艺、害虫和霉菌的生态防治问题以及优质大米的保存和新鲜程度的综合解决方案

---

① 许宁等:《国内外粮食生产科技现状及发展趋势分析》,《中国农学通报》2022 年第 33 期。

等问题,从而大幅提高了粮食存储阶段的质量节约和能量利用率,同时也显著提高了粮食物流过程中的自动化和标准操作能力。[①]

在粮食种子研发和推广方面,种业安全日益成为粮食安全的基础和支撑。要掌握粮食安全主动权,就要保障中国种业的基本安全。2011 年《国务院关于加快推进现代农作物种业发展的意见》指明了种业作为国家战略性、基础性核心产业的地位。随着支持种业发展的政策体系、法律法规制度体系等日益完善,我国种业在体制机制改革、发展环境改善、企业总体实力与自主研发能力提升等方面也取得了长足进步,种业已进入大变革、大发展的新阶段。2021 年 7 月,习近平总书记主持召开中央全面深化改革委员会第二十次会议,审议通过了《种业振兴行动方案》,这是继 1962 年出台《关于加强种子工作的决定》后,再次对种业发展作出重要部署,是我国种业发展史上具有里程碑意义的一件大事。该方案明确了分物种、分阶段的具体目标任务,提出了实施种质资源保护利用、创新攻关、企业扶优、基地提升、市场净化五大行动。要求上下联动、部门协同,加快建立健全覆盖范围更广、支持力度更大的种业政策支持体系,努力形成齐抓共管、合力推进的工作局面。目前,我国以基因组学、全基因组选择等为代表的新育种技术得到了快速的发展及应用;同时,种子企业间的兼并重组持续活跃,一批规模小、研发水平落后的企业逐步被淘汰或兼并,具备"育繁推一体化"经营能力的龙头企业迅速成长。国际植物新品种保护联盟数据显示,截至 2023 年,我国植物新品种保护年申请量突破 1.4 万件,约占全球一半,连续 7 年稳居联盟成员第一位。

---

① 杨阳:《关键环节破难题 储"稻"亦有道》,《中国农村科技》2021 年第 7 期。

在提升粮食产能农机装备方面,2023 年中央"一号文件"中强调:"强化农业科技和装备支撑,加快先进农机研发推广。"农业大型农机具深耕深松、精量播种、高效低损收获等自主研发在粮食生产中得到广泛应用,并促进了粮食生产的规模化经营,提高了生产效率。农业机械化不仅提高了农业劳动生产率,促进了农业劳动者文化素质和农民收入提高,而且加快农村富余劳动力转移,使农业经济体系出现增长的良性循环。截至 2022 年,全国农业科技进步贡献率达到 62.4%[1],农作物耕种收综合机械化率达 73.1%,较2021 年提高 1.08 个百分点;其中小麦、水稻、玉米分别达到97.6%、86.9% 和 90.6%。粮食作物生产机具继续保持较快增长,谷物联合收割机、玉米收获机、水稻插秧机拥有量分别达到173.11 万台、63.80 万台、98.79 万台,同比分别增长 6.39%、4.49%、2.56%。大马力无级变速拖拉机、大喂入量联合收获机等大型高端智能农机装备相继投入农业生产,植保无人驾驶航空器拥有量达到 13.07 万架,同比增长 33.48%。[2] 粮食产量连续 8 年稳定在 1.3 万亿斤以上,农业机械化水平通过科技的应用转化为粮食生产保驾护航。

在粮食生产绿色技术创新方面,《乡村振兴战略规划(2018—2022 年)》明确提出,"以生态环境友好和资源永续利用为导向,推动形成农业绿色生产方式,实现投入品减量化、生产清洁化、废弃物资源化、产业模式生态化,提高农业可持续发展能力"。2019 年中央"一号文件"强调,推动化肥减量化,促进农业绿色发展。农

---

① 彭晓静:《强农惠农重在提高科技贡献率》,《经济日报》2023 年 11 月 17 日。
② 农业农村部办公室:《2022 年全国农业机械化发展统计公报》,农业机械化情况专刊,2024 年 6 月 18 日。

业科技创新稳步发展加快了粮食高产、优质增效等关键技术的突破。粮食绿色生产技术围绕生态环境保护、耕地质量提升、水资源集约利用,重点发展和关注生物技术、科学施肥、施药技术、农业废弃物资源利用技术和节水灌溉技术等。农业农村部数据显示,截至 2023 年,我国主要农作物病虫害绿色防控面积覆盖率达54.1%,水稻、小麦、玉米三大粮食作物统防统治面积覆盖率达45.2%,化肥、农药利用率均超过 41%。实施畜禽粪污资源化利用整县推进项目,畜禽粪污综合利用率达 78.3%。整建制建设秸秆综合利用重点县,秸秆综合利用率达 88% 以上。农膜回收处置率稳定在 80% 以上。另外,全国累计认定绿色、有机农产品超过 6.8万个,近五年全国农产品质量安全监测合格率保持在 97.4% 以上。绿色发展已成为满足人们对美好生活向往的重要载体。[①]

第二节 推动种业高质量发展

一、我国种业发展现状

党的二十大报告明确提出"加快建设农业强国"。2022 年中央"一号文件"和中央农村工作会议强调了建设农业强国的核心利器在于科技创新,加快以种业为重点的科技创新是农业农村现代化发展的首要驱动力。2023 年 3 月,习近平总书记在《求是》杂志发表的《加快建设农业强国推进农业农村现代化》一文中深刻阐释了加快建设农业强国的背景、意义和核心任务,我国国民经济

---

① 乔金亮:《农业绿色底色更鲜明》,《经济日报》2024 年 2 月 19 日。

发展规划在发展种业政策中强调种子工程的育种创新和应用、科技攻关推广与资源保护等方面,在保障粮食和重要农产品稳定安全供给、建设农业强国中的重要战略地位。

种业安全日益成为粮食安全的基础和支撑。要掌握粮食安全主动权,其基础在于确保中国种业安全,"十三五"期间,我国种业研发瞄准国家重大战略需求,主动服务农业农村主战场,在种子科研攻关上取得新突破。国家对种子行业的政策经历了从"实施种子工程"到"推进生物育种产业化应用、培育具有国际竞争力的种业龙头企业"的变化(见表3-1)。

表3-1 种业政策发展演变

时期	我国国民经济规划中种业政策的演变
"十五"计划	通过实施"种子工程"、完善农田水利配套设施、加强中低产田改造、调整商品粮基地建设的内容和布局等措施,稳定粮食生产能力
"十一五"规划	种养业良种工程:建设农作物种质资源库、农作物改良中心、良种繁育基地、畜禽水产原良种场、水产遗传育种中心、种质资源场及检测中心等; 转基因生物新品种培育:开发功能基因克隆与验证、规模化转基因操作等核心技术,建立和完善优异种质创新、新品种培育和规模化制种三大技术平台
"十二五"规划	加快农业生物育种创新和推广应用,开发具有重要应用价值和自主知识产权的生物新品种,做大做强现代种业
"十三五"规划	发展现代种业,开展良种重大科技攻关,实施新一轮品种更新换代行动计划,建设国家级育制种基地,培育壮大育繁推一体化的种业龙头企业
"十四五"规划	加强种质资源保护利用和种子库建设,确保种源安全。加强农业良种技术攻关,有序推进生物育种产业化应用,培育具有国际竞争力的种业龙头企业

资料来源:中国农业生物技术学会网站:http://www.csab.net.cn/web/website/index.html。

自"十三五"规划起,在国家重点研发计划的支持下,稳步开展了作物种质资源的规模化、精准化表型与基因型鉴定,如表3-2所示,"十四五"期间,《"十四五"现代种业提升工程建设规划》旨在通过资源保护、育种创新、测试评价和良种繁育四项措施促进现代种业的发展。

表3-2 现代种业提升发展目标

目标	《"十四五"现代种业提升工程建设规划》四大发展目标
资源保护	以国家种质资源长期库、畜禽水产资源保护场(区)为重点,打造具有国际先进水平的种质资源保护利用体系
育种创新	以大型表型鉴定平台、分子育种平台等为重点,打造具有国际先进水平的基础性前沿性研究和商业化育种体系,支持创新型企业发展
测试评价	以国家品种测试中心、畜禽品种性能测定站为重点,全面提升需求转变和品种测试(测定)能力
良种繁育	以国家南繁基地、国家级种子基地和畜禽水产良种繁育基地为重点,打造国家农作物、畜禽和水产良种生产基地,有效保障良种供应,全面提升良种化水平

资料来源:笔者整理。

从主要粮食作物品种种子发展来看,我国杂交水稻的种植面积从2016年的163万亩增加到2022年的196.62万亩;杂交水稻种子生产量从2.8亿公斤上升到2.83亿公斤,商品化率接近百分之百。[1] 2020年常规水稻种子生产面积为181.46万亩,总产种子9.17亿千克,2021年平均单产达到474公斤/亩,使我国水稻平均亩产提高20%。由于育种技术的不断突破,优质常规稻品种的推出,加之优质高产常规稻具有米质优、口感好、生产成本低、收益高等优势,种植优质常规稻的面积有所增加,在全球水稻种植面积前

---

[1] 农业农村部种业管理司、全国农业技术推广服务中心、农业农村部科技发展中心:《2023年中国农作物种业发展报告》,中国农业科学技术出版社2023年版,第36—37页。

十位的国家中单产水平最高,为国家乃至世界粮食安全作出了重要贡献。

玉米是我国最重要的粮食作物之一,也是动物饲养的主要食物源,还是食品、化工、燃料、医药等行业的重要原料。发展玉米生产,种子是基础。近年来,我国玉米产量持续增长,离不开种子支持。截至 2023 年,我国杂交玉米制种面积和产量均创近 10 年最高纪录,面积达 462 万亩;新产玉米种子 17.5 亿公斤,同比增加 3.9 亿公斤,增幅 29%,与近 5 年平均水平相比增加了 7.05 亿公斤,增幅为 67%;杂交玉米平均制种单产为 379 公斤/亩,且我国的玉米杂交种子已经实现了近乎百分之百的商业化比例,这意味着当玉米播种面积增长时,对于种子的需求会立即上升。尽管因为品种的选择、改进和生产成本的上涨使种子价位略微上扬,但消费者市场的扩张以及政府的临时储备策略都进一步加大了对玉米的需求,进而促进了玉米种业的发展。我国种子行业整合速度明显加快,大型种子企业加速并购优质标的,整合资源,提升市场占有率和竞争力,推动企业迅速发展壮大。我国玉米、大豆等作物种子的整体水平与国际先进水平则存在一定的差距,单产水平还不够高,需要着力攻关,补足短板。

我国于春秋战国时期开始在北方地区种植小麦,汉唐时期,小麦种植范围扩大到长江南北,并在宋代取代了谷子的主粮地位。改革开放以来,我国小麦育种研究得到新的发展,形成引进、交换、收集、保存、研究、利用的全国性组织网络,并与世界小麦主产国和相关国际组织建立了小麦品种资源交换的固定联系,促进了小麦育种研究。"十三五"期间我国小麦总产量稳定在 1.3 亿吨以上,商品化率约为 76.5%,生产用种的种子质量合格率稳定在 98% 以上。[①]
"十四五"规划要求深入开展小麦良种联合攻关;加强国内外优异小麦种质资源的收集保护和鉴定评价,创制具有重要育种价值的种质材料;按照绿色优质发展要求培育新品种;加强新品种生产定位和区域布局。据统计,过去 70 多年,我国小麦总产从 1949 年的 1381 万吨增加到 2021 年的 13695 万吨,增长了 8.9 倍。小麦平均亩产从 1949 年的 42.8 公斤增加到 2021 年的 387.3 公斤,增长了 8 倍。小麦种植面积虽然从 1978 年的 4.4 亿亩减少到 2021 年的 3.5 亿亩,但平均亩产从 123 公斤增加至 387.3 公斤,带动总产量从 0.54 亿吨提升到 1.37 亿吨。[②] 这表明小麦品种改良促进单产提升,对我国小麦总产量的持续提升发挥了决定性作用。近年来,国家小麦良种联合攻关在优质专用、耐旱节水、抗赤霉病和养分高效利用的小麦品种选育工作已显现成效,开始研发推广强筋小麦品种,其中新麦 26、济麦 44、师栾 02-1 等品种的品质评价指标超过美麦 DNS 和加麦 2 号,与加西硬红春 2 号相当,成为我国小麦品质改良的创新标杆。在产量方面,高产品种烟农 1212 连续 6 年小面积亩产均超过 800 公斤。

根据农业农村部种业管理司发布的数据,截至 2022 年年底,国家级制种大县和区域性良繁基地共有 216 个,其中,生产三大粮食作物的基地达到 83 个,这些基地生产的作物种子占全国制种量的 70%—80%(见表 3-3)。

---

① 定远县农业农村局:《小麦种业的昨天、今天和明天》,定远县人民政府,2021 年 4 月 5 日。
② 刘录祥:《我国小麦种业科技研发现状与展望》,《中国农村科技》2023 年第 7 期。

表3-3　中国制种地区分布情况

作物	国家级制种大县或区域性良繁基地
常规水稻 （共10个）	桦川县、佳木斯市郊区、绥化市北林区、八五三农场、庆安县、公主岭市、国营白马湖农场、泗洪县、施甸县、东辛农场
杂交水稻 （共29个）	建宁县、泰宁县、宁化县、尤溪县、博白县、岑巩县、东方市、公安县、溆浦县、靖州苗族侗族自治县、零陵县、绥宁县、武冈市、攸县、江苏省盐城市大丰区、建湖县、阜宁县、金湖县、宜黄县、湘东区、南城县、梓潼县、安州区、邛崃市、泸县、东坡区、大竹县、宁海县、垫江县
小麦 （共21个）	东辛农场、濉溪县、涡阳县、辛集市、赵县、滑县、焦作市温县、商丘市夏邑县、虞城县、平阳城乡一体化示范区、尉氏县、邓州市、襄州区、德州市陵城区、济宁市兖州区、宁津县、郓城县、莘县、华阴市、奇台县、拜城县
玉米 （共23个）	甘州区、高台县、临泽县、肃州区、凉州区、永昌县、景泰县、林口县、宁安市、洮南市、松山区、青铜峡市、西昌市、昌吉市、玛纳斯县、呼图壁县、巩留县、第四师、第五师、第六师、第八师、第九师、陆良县

资料来源：魏后凯、王贵荣主编：《中国农村经济形势与预测（2022—2023）》，社会科学文献出版社2023年版，第177页。

二、促进粮食种业发展的主要政策

种质资源流失严重与种质资源研究薄弱、农作物核心技术研发水平较低[1]、农作物育种科技创新体系不健全、种苗缺乏核心竞争力、种子知识产权保护滞后等问题是中国种业科技自立自强面临的重要"卡点"[2]，加强农作物种质资源保护体系建设、构建全产业链育种创新体系、健全种业市场保障机制等措施是破解问题之道。[3] 种子是农业的"芯片"，是农业现代化的基础。作为国家战略性、基础性核心产业，种业的发展水平直接关乎我国粮食安全的命脉。因而受到了相关部门的高度重视，尤其在政策层面，近年

---

[1]　余志刚、宫思羽：《新发展格局下实现种业科技自立自强的瓶颈及其破解》，《中州学刊》2023年第2期。

[2]　蒋和平、蒋黎、王有年等：《国家粮食安全视角下我国种业发展的思路与政策建议》，《新疆师范大学学报（哲学社会科学版）》2021年第4期。

[3]　程郁、叶兴庆、宁夏等：《中国实现种业科技自立自强面临的主要"卡点"与政策思路》，《中国农村经济》2022年第8期。

来,针对种业的监管力度与扶持力度均不断加强。从"十二五"规划到"十四五"规划,国家从坚持大力促进种业发展,推进生物育种创新和产业化应用,到建设育种基地,推动种业企业提升国际竞争力。

自 2011 年开始,我国对种子产业的安全问题给予极大的关注,并不断推出相关政策以推动农业种子的复兴计划。在这个过程中,重点是确保粮食供应稳定与农村地区的繁荣,因此对于现代化农作物品种的发展极为重视。为了实现这个目标,一系列有关种子产业的相关政策及举措被陆续制定出来,从而构成了支持种子产业发展的重要政策体系。其内容主要集中于农用生物产品创新及安全评价与监督体系、建立商业化育种体系、推进品质改进和种子攻关技术、加强种质资源保护、进行生物育种创新、对进口种子实施进口免税、培育种业龙头等领域。

表 3-4 国家层面有关种子及种子行业的政策

发布时间	文件名称	重点内容解读	政策性质
2023 年 3 月	《农作物种质资源共享利用办法(试行)》	各国家级中期库和种质圃负责农作物种质资源的共享分发。国家农作物种质资源长期库和复份库保存的种质资源不直接提供共享利用,未经农业农村部批准,任何单位和个人不得动用	规范性
2022 年 5 月	《"十四五"生物经济发展规划》	重点围绕生物育种、生物肥料、生物饲料、生物农药等方向,推出一批新一代农业生物产品,建立生物农业示范推广体系,完善种质资源保护、开发和利用产业体系。在高端科研仪器、医疗设备、新药创制、生物制造、生物育种、生物质能等前沿领域,支持有影响力的用户单位牵头建立产用联合体,与生产企业共同合作开展生物产品技术创新和示范验证,构建"应用示范—反馈改进—水平提升—辐射推广"的良性循环发展机制等	支持性

发布时间	文件名称	重点内容解读	政策性质
2022 年 1 月	《农作物种子生产经营许可管理办法》（2022 年修订）	明确种子生产经营中申请条件、种子生产经营许可证的受理、审核与核发、许可证管理等内容	规范性
2021 年 9 月	《种业振兴行动方案》	明确了实现种业科技自立自强、种源自主可控的总目标，提出了种业振兴的指导思想、基本原则、重点任务和保障措施等一揽子安排，为打好种业翻身仗、推动我国由种业大国向种业强国迈进提供了路线图、任务书。……提出了实施种质资源保护利用、创新攻关、企业扶优、基地提升、市场净化五大行动，各地农业农村部门要抓紧部署实施	支持性
2021 年 9 月	《国家级玉米、稻品种审定标准（2021 年修订)》	2021 年 10 月 1 日起实施。《审定标准》中提到:(1)玉米，未来申请审定品种需与已知品种 DNA 指纹检测差异位点数≥4 个，若申请审定品种需与已知品种 DNA 指纹检测差异位点数<3 个的，视为相同品种；(2)水稻，未来申请审定品种需与已知品种 DNA 指纹检测差异位点数≥3 个，若申请审定品种与已知品种 DNA 指纹检测差异位点数＝0、1 个，视为相同品种	规范性
2021 年 8 月	《"十四五"现代种业提升工程建设规划》	到 2025 年，农业种质资源保护体系进一步完善，收集保存、鉴定评价、分发共享能力大幅度提高；打造一批育种创新平台，选育推广一批种养业新品种，育种创新能力达到先进水平；初步建立适合现代种业发展要求的测试评价体系；建成一批现代化种业良种生产基地，形成保、育、测、繁分工合作，紧密衔接的现代种业发展格局	支持性
2021 年 7 月	《最高人民法院关于为全面推进乡村振兴加快农业农村现代化提供司法服务和保障的意见》	围绕稳固农业发展基础，促进农业高质高效的目标，结合人民法院审判职能作用，明确提出要依法从严从快惩处走私大米、玉米、食糖等农产品犯罪行为，持续推进惩治制售假种子、假化肥、假农药等伪劣农资犯罪行为	规范性

资料来源:笔者整理。

依据国家颁布的一系列政策,在"十四五"期间,各省市也依据国家的大政方针积极推进有针对性的措施,提升育种技术,加强农业种质资源保护,加强育种企业经营管理。主要省市明确了"十四五"期间种子行业发展目标,包括种子繁育规模、种业龙头企业培育、制种基地建设、种质资源保护等。

一是种业创新发展动力持续稳步提升。国内对种业政策支持力度的不断加大,促使我国种业创新积极性不断增强。2016年以后,国家通过审定的品种种子数量显著增多。随着国家对种质资源保护和利用推广行动、种业创新攻关行动、种业基地提升行动、种业企业扶优行动、种业市场净化行动等种业振兴"五大行动"的落实落地,从粮食品种"特""优"农业的角度来看,实现了特优农产品量的突破和质的飞跃。

二是以市场需求为导向,夯实育种产业链。积极推动国家级特色物种以及11个省份的玉米、小麦、马铃薯等育种项目的联合研发,加速培养一系列具有突破性的新品种,以实现种业科技的自主和强大,并确保种源的自我控制。作为我国主要种子生产地,包括52个国家级种子产区和大面积优质品种培育中心,在全国范围内形成了一个强大的"国家团队",满足了国内超过七成的农作物品种供应需要。

三是种业企业竞争实力日益壮大,就谷物制造商的研究与开发而言,以玉米为例,2016年以来,我国玉米品种的审定数量为4777个,平均每年为597个。其中,审定的品种中,鲜食甜糯、爆裂、青贮等特用玉米品种总数为541个,占11.32%。2023年首次审定了转基因品种37个。[①] 我国种子厂商为了提高产品的质量

---

① 路明:《品种分析:2016—2023年通过国家审定的玉米品种总数为4777个》,种业商务网,2024年10月11日。

和产量,投入了大量资源用于研究和开发新的种子,为提升粮食产量作出了贡献。在研发投入规模方面,2021年10家主要种子企业的研发投入总规模比2015年增加了2.06亿元,上涨了42.73%。另外,油料作物作为油脂和蛋白质的重要来源,富含各种天然活性功能成分,对于保障人民健康,维护国家食物安全与产业链供应链自主可控,推动乡村全面振兴和健康中国战略实施具有重要意义。截至2023年,我国建成保存国内外油菜、花生、芝麻等种质资源3.6万余份的世界最大油料作物种质资源库,成为我国油料科技创新的基础性、战略性资源。"十三五"期间,审定登记油料新品种104个(油菜新品种51个,花生18个,大豆15个,芝麻16个,油莎豆3个,高油玉米1个),其中,"中油19"是我国第一个含油量达50%的国审冬油菜品种,在长江流域累计示范推广2000万亩以上;高产油宜机收油菜"大地199""中油杂39"产油量比对照增产18%以上;早熟油菜"阳光131"创我国早熟油菜单产纪录、连续三年居全国早熟油菜品种区试第一名。高油高产早熟花生"中花16"含油量达57.6%,单位面积产油量比对照品种增长30%以上,被农业农村部列入全国4个花生主要推广品种之一,累计推广2000万亩以上;油食兼用花生"中花26"含油量达53.71%、油酸含量达78.6%、大面积亩产超过400公斤。高产大豆"中豆44"蛋白+脂肪含量为国审品种中最高,达66.76%;"油6019"创下了亩产303公斤的南方大豆产区高产纪录。育成全球首个硒高效油菜蔬用杂交种"硒滋圆1号",我国首个宜机收芝麻品种"中芝78"、首个观食兼用芝麻品种"中芝H16"。[1]

---

[1] 武玥彤:《中国农科院发布我国油料作物育种领域六大进展》,《光明日报》2021年4月15日。

四是建立种业发展的基础结构和育种信息处理平台。"育繁推一体"能提供从种子研发到扩大生产再到产品营销的一体化全程服务,是衡量种子公司拥有强大市场竞争力及全面实力的关键因素。打造一套完整的、科学有效的农作物遗传资源保护和应用体系,对实现育种行业的有效性和市场的需求极其重要。部分地区不断优化"首席科学家+研究机构+优秀企业"的三方合作模式,增强中国在全球农业科技创新领域的领导地位,提升我国粮食科技领域创新水平。一方面,我国种子企业在粮种企业研发创新领域投入大量的资金,促使品质优良的种子对粮食增产的贡献率持续提升。例如加快培育高产优质宜机化大豆油料突破性品种,尽快推出一批适合带状复合种植的优良品种。另一方面,我国建立健全粮食品种展示示范网络,在适宜生态区开展优良品种技术集成和示范,编制发布国家农作物优良品种推广目录,加大良种繁育基地建设力度,启动实施重大品种推广后补助政策试点,促进优良品种的推广与应用。

三、促进粮食种业发展政策的实行成效

在全国范围内,种质资源的保护和利用、创新研究、企业扶持、基地升级以及市场净化等行动已经取得了重大突破和一系列阶段性成果。种业振兴行动实施以来,各方加快推进创新攻关,培育出多个突破性新品种。就小麦种业而言,2022 年育成国审品种 54个、省审品种 70 个。15 个品种入选 2022 年农业农村部主导品种,占全国小麦生产主导品种的 60%;所育成冬小麦品种年推广面积占全国总面积的 36% 以上,超过 1.05 亿亩。一些冬小麦品种如"济麦 22""烟农 19""鲁原 502""郑麦 9023""郑麦 1860"等,已经

在生产上大面积推广应用。[1]

在技术攻关方面，落实推进农业关键核心技术攻关相关部署，扶持优势种业企业发展，着力培育一批具有较强研发能力、产业带动力和国际竞争力的种业重点龙头企业，发展一批具有差异化竞争优势、专业化服务能力强的"专精特新"企业。聚焦种业发展的"卡点"和"堵点"，深化科企融合，创新激励政策，布局底盘技术、智能装备等5大领域27项关键核心技术攻关，加快推动新品种、新技术、新装备迭代升级。"十三五"期间，对约1.7万份水稻、小麦、玉米、大豆等主要农作物种质资源开展大规模多年多点的农艺性状及其他性状的时序性鉴定，筛选出具有综合优异性状农作物种质近1300份，鉴定出抗病、抗逆特异种质1250份，创制了抗病虫、抗旱、优质、高产等育种新材料3860份，有效解决了育种优异亲本匮乏、育种材料遗传基础狭窄、缺乏突破性种质的关键问题。[2]

在国家政策支持方面，中央财政加大支持力度，加大对制种大县奖励规模和标准，奖励资金从原来的10亿元增加至20亿元，着力支持制种大县与龙头企业共建，扶持企业做大做强。全国制种大县有52个，有100个区域性良种繁育基地，以此作为种业基地的骨干，保障了全国农作物用种需求70%以上。尤其是玉米和杂交水稻制种大县农作种子的用量，年均产量分别占全国年用种量的85%和75%以上。由于我国农业科技起步晚、自主研发能力不足、农业基础设施薄弱、缺乏高素质的科研队伍等原因，我国仍需

---

① 刘录祥:《我国小麦种业科技研发现状与展望》,《中国农村科技》2023年第7期。
② 魏珣、孙康泰、刘宏波等:《"十三五"国家重点研发计划"七大农作物育种"重点专项管理经验与科技创新进展》,《中国农业科技导报》2021年第11期。

要在粮食生产的信息化、智能化、网络化方面加大力度进行探索，完善农业大数据体系的搭建，进行信息化与粮食产业化的深度融合。

第三节　提升粮食装备水平

一、我国粮食机械装备现状

作为推动农村现代化的重要手段与基本支持力量，农业机械化的发展已经取得显著进步并展现出全过程全方位高质量的高效转变趋势。"十三五"期间，我国农业机械装备的总动力和机械化率有显著提高，截至 2022 年，我国农机总动力达到 10.56 亿千瓦，相较于"十二五"期间增长近 17%。农作物耕种收综合机械化率上升到 71.25%，相较于"十二五"期间提高 7.4 个百分点。针对三大粮食主要作物（小麦、玉米、水稻）耕种收综合机械化率分别达到 97%、90% 和 84%，相较于"十二五"期末，提高 3.5%、8.6% 和 6.2%。当前，我国农业生产已从主要依靠人力畜力转向主要依靠机械动力，进入以机械化为主导的新阶段。广大农民群众和农业生产经营组织、服务组织对机械化生产的需求越来越广泛、越来越迫切，农业生产各领域对农业机械化的需求结构深刻变化。在粮食生产和储蓄过程中也运用了云计算、大数据、人工智能等新技术，投入建设了"智慧粮仓"与智能化粮库。在粮食生产过程中，广泛采用了传感器监测、无线通信、远程观察乃至信息、物联网和人工智能等新型信息技术进行遥感检测，精确施用水肥药品，利用无人机进行植保。

　　截至 2021 年年底,中国的农机总动力已升至 10.8 亿千瓦,是 2011 年的 1.1 倍(见表 3-5)。2012 年农业作物耕种收综合机械化率为 57%,到 2022 年提高到 73.1%,增幅为 28%,但同世界发达国家 80% 左右的水平相比仍有提升空间。[①]

表 3-5　2011—2021 年农业机械拥有量

年份	农业机械总动力（万千瓦）	大中型拖拉机		小型拖拉机
		数量（万台）	配套农具（万部）	数量（万台）
2011	97734.7	440.65	698.95	1811.27
2012	102559.0	485.24	763.52	1797.23
2013	103906.8	527.02	826.62	1752.28
2014	108056.6	567.95	889.64	1729.77
2015	111728.1	607.29	962	1703.04
2016	97245.6	645.35	1028.11	1671.61
2017	98783.3	670.08	1070.03	1634.24
2018	100371.7	421.99	422.57	1818.26
2019	102758.3	443.86	436.47	1780.42
2020	105622.1	477.27	459.44	1727.6
2021	107764.3	498.07	479.69	1674.99

资料来源:国家统计局;《2022 中国统计年鉴》,中国统计出版社 2022 年版。

二、提升粮食装备水平的主要政策

　　从“十二五”时期到“十四五”时期,我国粮食机械装备水平显著提升,粮食生产方式逐步从主要依靠人力畜力转向主要依靠机械动力的新阶段,粮食机械化迈入了向全程全面高质高效转型升级的发展时期。这一时期的相关政策内容见表 3-6。

---

　　①　农业农村部新闻办公室:《2022 年全国农业机械化发展统计公报》,2024 年 6 月 18 日。

表3-6 中国农业机械政策演变

时期	政策内容
"十二五"规划	推进农业技术集成化、劳动过程机械化、生产经营信息化。 加快推进农业机械化,促进农机农艺融合,耕种收综合机械化水平达到60%左右
"十三五"规划	健全现代农业科技创新推广体系,加快推进农业机械化,加强农业与信息技术融合,发展智慧农业,提高农业生产力水平。 推进主要作物生产全程机械化,促进农机农艺融合
"十四五"规划	加强大中型、智能化、复合型农业机械研发应用,农作物耕种收综合机械化率提高到75%。 完善农业科技创新体系,创新农技推广服务方式,建设智慧农业。 加强动物防疫和农作物病虫害防治,强化农业气象服务

资料来源:笔者整理。

2021年以来,国家相继发布《中共中央 国务院关于全面推进乡村振兴加快农业农村现代化的意见》《"十四五"推进农业农村现代化规划》《"十四五"全国农业机械化发展规划》等政策文件,部署推进农业机械化全方位覆盖和发展,提高和增强农机装备自主研制能力,全面支持高端智能、丘陵山区农机装备研发制造,加大购置补贴力度等工作。要求在"十四五"时期,从全局视角实施乡村振兴战略和基本实现农业农村现代化的战略部署,准确把握新阶段农业机械化的历史方位,深入贯彻落实党中央、国务院的要求,积极应对面临的挑战,加快推进农业机械化全程全面和高质量发展。截至2025年年底,全国农机总动力稳定在11亿千瓦左右,农机具配置结构趋于合理,农机作业条件显著改善,覆盖农业产前产中产后的农机社会化服务体系基本建立,农机装备节能减排取得明显效果,农机对农业绿色发展支撑明显增强,机械化与信息化、智能化进一步融合,农业机械化防灾减灾能力显著增强,农机数据安全和农机安全生产进一步强化。具体指标为:全国农作物耕种收综合机械化率达到 75%，粮棉油糖主产县（市、区）基本实现农业机械化，丘陵山区县（市、区）农作物耕种收综合机械化率达到 55%，设施农业、畜牧养殖、水产养殖和农产品初加工机械化率总体达到 50% 以上。[①] 农业机械化产业群、产业链更加稳固，农机服务总收入持续增长，农业机械化进入全程全面和高质量发展时期。

目前，国家层面的农业机械政策支持性和规范性兼有。《农机工业发展规划（2011—2015 年）》《全国农业机械化技术推广"十二五"规划》《全国农业机械化科技发展"十二五"规划（2011—2015）》《农业科技发展"十二五"规划》等一系列支持性政策，从农业机械化科技发展、提升有效供给能力、加快农机技术推广、加强农机技术推广机构人才队伍建设及农机基础设施建设等各方面、全方位大力提升粮食产能。伴随创新能力、技术集成能力、推广服务能力的大幅度提升，农机农艺融合关键技术也取得明显突破，截至 2015 年，全国农作物耕种收综合机械化率达到 63.8%，比"十一五"末提高 11.5 个百分点；小麦、水稻、玉米三大粮食作物耕种收综合机械化率分别达到 93.7%、78.1% 和 81.2%；棉油糖等主要经济作物机械化取得实质性进展。[②]

2017—2019 年，《全国农业机械化发展第十三个五年规划》《2017 年农机化促进农业绿色发展工作方案》《2018—2020 年农机购置补贴实施指导意见》《关于进一步加强农机购置补贴政策监管强化纪律约束的通知》等规范性和支持性的方针政策，均坚

---

① 《农业农村部印发〈"十四五"全国农业机械化发展规划〉》，中华人民共和国农业农村部，2022 年 1 月 5 日。
② 《农业部关于印发〈全国农业机械化发展第十三个五年规划〉的通知》，中华人民共和国农业农村部，2017 年 1 月 20 日。

持以绿色为导向,加大力度推广粮食生产节能环保、生产技术精准高效。为进一步促进农业绿色发展,加大对农业机械化补贴力度,并加快构建农业机械社会化服务体系;加强推进农业机械化和农机装备产业的转型升级,使农机装备产业迈入高质量发展阶段。截至 2020 年全国农作物耕种收综合机械化率达到 71.3%,比"十二五"期末提高 7.4 个百分点,其中小麦、玉米、水稻三大粮食作物耕种收综合机械化率分别达到 97%、90% 和 84%,分别比"十二五"期末提高 3.5 个、8.6 个和 6.2 个百分点,为保障粮食等重要农产品供给、促进农民增收、打赢脱贫攻坚战提供了强有力支撑。①

2020—2022 年,《"十四五"全国农业农村机械化发展规划》《数字乡村发展行动计划(2022—2025 年)》《2021—2023 年全国通用类农业机械中央财政资金最高补贴额一览表》《关于加快推进种业基地现代化建设的指导意见》等支持性文件,旨在进一步强调加强先进制种机械装备研发与应用,提高粮食生产的"耕、种、管、收"作业质量与效率,持续提升制种和播种全程机械化水平。快速发展智慧农业和智慧管理,推进农业数字化生产经营和数字化管理服务改造。加强大中型、智能化、复合型农业机械研发应用,推动农作物耕种收综合机械化率的提升,研发智能农机装备,完善行业产业链。新形势下,农业机械装备创新人才和团队发展壮大,农业机械装备在保驾护航粮食安全中的作用越发突出,是保障国家粮食安全的重要支撑。持续推进农业机械化高质量发展,继续集中优势力量,以农业机械现代化助力端稳中国饭碗、守

---

① 定西市人民政府:《农业农村部农业机械化管理司负责人就〈"十四五"全国农业农村机械化发展规划〉答记者问》,定西市农业农村局,2022 年 7 月 5 日。

住大国粮仓,开展农业机械装备"补短板"行动。

"十四五"期间,农业农村部发布《建设全国现代设施农业建设规划(2023—2030年)》和《"十四五"全国农业农村信息化发展规划》等支持性政策文件,指出要扩大现代设施农业规模的建设,继续加快先进农机的研发与推广,加快改造农机装备数字化。

国家发布的一系列举措,在推动农业机械装备使用中取得了良好的效果,在政策扶持层面,要求强化并持续执行农机设备的购买和使用补贴制度,同时扩大对农机设备淘汰更新的财政援助规模,以促进农机农业服务的深度挖掘、精细管理和服务提供。针对人才团队的支持部分,要全面提高、发掘和吸引具有创新精神和领导才能的农机科技研究者,定期组织技术传播专家的技术交流活动,积极参与农村农机工作人员的培训课程和学历提升方案,举办农机操作员的服务技巧训练等职业教育活动。在农业机械装备研发推广层面,要求提升农机装备研发应用水平和研发推广高效播种、低损收获等关键技术。在农村抗灾救灾系统建设层面,要求弥补设备上的不足,不断提升其对农业抗灾救灾能力的支持力度,并积极推进"把粮食储存在土地和技术中"这一策略,提升高质量农地的建造水平,优化农田灌溉系统设施设置,以增加农民抵御自然灾害的能力和适应力。与此同时,创新实现农业适应气候变化相关技术的突破。全方位夯实农业生产的防灾抗灾能力,为促进大国粮仓根基更加坚实增添不竭动力。

三、提升粮食装备水平政策的绩效

提升粮食机械化装备水平是加快推进农业农村现代化的关键抓手和基础支撑。"十三五"规划以来,我国农业机械化取得了长足发展,形成了向全程全面高质高效转型升级的良好态势。

农机化水平提升保障粮食产能。截至 2022 年,我国农业机械总动力超过 11 亿千瓦,达到 11.1 亿千瓦,较上年增长 2.6%;拖拉机拥有量 2144.1 万台、配套农具 4029.1 万部,其中大型、中型拖拉机拥有量同比分别增长 12.5%、4.2%,与大中型拖拉机配套农具数量同比增长 9.7%。粮食作物生产机具继续保持较快增长,谷物联合收割机、玉米收获机、水稻插秧机拥有量分别达到 173.1 万台、63.8 万台、98.8 万台,同比分别增长 6.4%、4.5% 和 2.6%。大马力无级变速拖拉机、大喂入量联合收获机等大型高端智能农机装备相继投入农业生产,植保无人驾驶航空器拥有量达到 13.1 万架,同比增长 33.5%。① "十三五"期间,创建 614 个主要农作物生产全程机械化示范县,畜牧水产养殖、设施农业、农产品初加工、果菜茶机械化稳步发展。基于北斗、5G 的无人驾驶农机、植保无人飞机等智能农机进军生产一线。新创建 310 个 "平安农机" 示范县(市),深入开展农机安全隐患风险排查整治,农机安全生产形势持续稳定向好。特别是面对极端天气等冲击,农机化率的提升夯实农业生产的 "压舱石",使我国全国粮食总产量在 2022 年增加到 13731 亿斤,比 2021 年增长 0.5%,农作物耕种收综合机械化率超过 72%,提高 15 个百分点。

农业智能化助力农业进入数字化时代。在农业生产关键环节,农民通过农技人员的技术指导和咨询服务,将自动喷灌、良种繁育、水肥一体机、物联网、云计算等 "硬核科技" 运用到农业生产中,利用手机随时随地进行田间管理。农业技术实现 "上云联

---

① 农业农村部新闻办公室:《2022 年全国农业机械化发展统计公报》,农业机械化管理司,2024 年 6 月 18 日。

网",进入"数字化"时代,发展智慧农业,促进农业智能装备技术应用,推广应用农业机械化生产智能管理系统。农业科技创新整体迈进世界第一方阵,农业技术推广服务体系为确保国家粮食安全提供了有力支撑。根据农业农村部信息中心《中国数字乡村发展报告(2022 年)》,截至 2021 年年底,全国行政村通宽带比例达到 100%,通光纤、通 4G 比例均超过 99%,基本实现农村城市"同网同速"。截至 2022 年 6 月,农村网民规模达 2.93 亿,农村互联网普及率达到 58.8%,是"十三五"初期的两倍,城乡互联网普及率差距缩小近 15 个百分点。截至 2021 年,我国大田种植信息化率为 21.8%,其中,小麦、稻谷、玉米三个农作物的生产信息化率相对较高,分别为 39.6%、37.7% 和 26.9%。据安徽芜湖智慧稻米生产试点数据显示,该实验点可将水稻生产过程划分为播种、插秧、分蘖等 13 个环节,并细化出品种选择、土地平整、氮肥用量等 49 个智慧决策点,构建起"智慧农艺+智能农机"双轮驱动技术体系,实现了耕种管收全过程信息感知、定量决策、智能作业,2022年试验面积已扩大到 15 万亩,试验结果显示,亩均增产 14.3%、节约氮肥 32.5%、节约磷肥 16.8%、减药 38.0%、亩均增收 500 元左右。

促进了农机经营服务主体的成长。农机社会化服务机制创新,构建完善以农机合作社、农机大户为主体的新型农机社会化服务体系。开展农机合作社示范创建活动,组织发展农机合作社、农机作业公司等新型农机服务。创建了农机服务组织,与家庭农场、种植大户、普通农户及农业企业组建农业生产联合体,针对粮食生产需求,开展多种形式的集中连片农机社会化服务,提高农机使用效率和效益。创新发展现代农机经营服务模式,健全新型农机职业教育培训体系,结合实际开展农机合作社理事长、农机手和维修工等农机实用人才培训。截至2022年,我国农机服务组织增加到19.6万个,其中农机专业合作社7.8万个,占比为39.8%。乡村农机从业人员为4960万人,其中持有农机驾驶、农机维修等方面证书人员1216.6万人。农机维修厂及维修点14.6万个,组建常态化农机应急作业服务队6800余支。同年,全国农机服务收入4820.7亿元,较上年增加4.8亿元,其中农机作业服务收入3679亿元,较上年增加3.03亿元。全年完成机耕、机播、机收、机电灌溉、机械植保五项作业面积达到73.6亿亩次,同比增长3.2%。实施耕地深松补助,作业面积达1.2亿亩。农机托管作业面积达4.9亿亩。[①]

第四节　推动绿色粮食科技创新

一、我国绿色粮食科技发展现状

绿色农业是在农产品生产方面,将农业生产和环境保护协调起来,在促进农业发展、增加农民收入的同时保护环境、保证农产品的绿色无污染的农业发展类型。绿色农业倡导绿色、智慧、可持续的农业生产方式,涉及生态物质循环、农业生物学技术、营养物综合管理技术、轮耕技术等多个方面,是一个涉及面很广的综合生产模式。2015年,我国提出农业绿色发展理念,农业部由此组织实施到2020年化肥使用量零增长行动,推动农作物化肥持续下

---

① 农业农村部新闻办公室:《2022年全国农业机械化发展统计公报》,农业机械化管理司,2024年6月18日。

降,利用效率不断提升。截至 2020 年年底,我国化肥农药减量增效已顺利实现预期目标,化肥农药使用量显著减少,化肥农药利用率明显提升,促进种植业高质量发展效果明显。"十四五"时期,我国要求从农业农村发展实际出发,坚持绿色发展理念,进一步加强农村生态保护,推进绿色农业科技创新,推动农业发展进入绿色转型的新阶段。截至 2021 年,我国农用化肥施用量减少到 5191.3 万吨,较 2010 年减少了 6.7%,其中氮肥、磷肥、钾肥施用量分别为 1745.3 万吨、627.1 万吨和 524.8 万吨,较 2010 年分别减少了 25.8%、22.2%和 10.5%(见表 3-7)。据相关报道,截至 2023 年年底,全国化肥农药施用持续减量增效,畜禽粪污综合利用率、秸秆综合利用率、农膜处置率分别超过 78%、88%、80%。农业生产和农产品"三品一标"再获新成效,新认证登记绿色、有机和名特优新农产品 1.5 万个,全国农产品质量安全监测总体合格率达到 97.8%[1]。

表 3-7　2010—2021 年我国农用化肥施用量

年份	农用化肥施用量 (万吨)	氮肥 (万吨)	磷肥 (万吨)	钾肥 (万吨)	复合肥 (万吨)
2010	5561.7	2353.7	805.6	586.4	1798.5
2011	5704.2	2381.4	819.2	605.1	1895.1
2012	5838.8	2399.9	828.6	617.7	1990
2013	5911.9	2394.2	830.6	627.4	2057.5
2014	5995.9	2392.9	845.3	641.9	2115.8
2015	6022.6	2361.6	843.1	642.3	2175.7

---

① 王拯:《绿色兴农,擦亮农业高质量发展底色》,《光明日报》2024 年 2 月 19 日。

续表

年份	农用化肥施用量 （万吨）	氮肥 （万吨）	磷肥 （万吨）	钾肥 （万吨）	复合肥 （万吨）
2016	5984.4	2310.5	830.0	636.9	2207.1
2017	5859.4	2221.8	797.6	619.7	2220.3
2018	5653.4	2065.4	728.9	590.3	2268.8
2019	5403.6	1930.2	681.6	561.1	2230.7
2020	5250.7	1833.9	653.8	541.9	2221
2021	5191.3	1745.3	627.1	524.8	2294

资料来源:笔者整理。

在粮食仓储方面,绿色科技在守护大国粮仓、守牢国家粮食安全底线中扮演重要角色。我国的粮食储藏设施已经实现了飞跃性的进步,关键技术如储运减损也在不断提升和优化。这些科技成果为节约粮食和粮食产业的高品质发展注入了持续的推动力,使中国的饭碗更加稳固,大国粮仓的基础也更为牢固。截至2023年,我国粮食标准仓房完好仓容超过7亿吨,较2014年增加了36.0%。① 设施功能不断完善,储粮技术应用总体达到世界较先进水平,安全储粮能力持续增强。

二、推动绿色粮食科技创新的主要政策

2017年,中共中央办公厅、国务院办公厅印发《关于创新体制机制推进农业绿色发展的意见》指出,构建支撑农业绿色发展的科技创新体系和框架,开展以农业绿色生产为重点的科技联合攻关,优化和完善农业绿色科技创新成果评价体系、科技成果转化机

---

① 国家粮食和物资储备局:《全国粮食标准仓完好仓容超7亿吨　多举措保障夏粮收购》,中新社,2024年5月16日。

制,探索建立粮食生产技术环境风险评估体系,建立绿色农业生产标准体系,加快成熟适用绿色技术、绿色品种的示范、推广和应用。

党的十八届五中全会首次提出"创新、协调、绿色、开放、共享"的新发展理念。《国家乡村振兴战略规划(2018—2022年)》进一步指出,要实现化肥农药零增长以及化肥减量。2019年中央"一号文件"再次强调推动化肥减量化,促进农业绿色发展。在粮食生产的过程中,稳步扩大粮食科技投入水平,加快粮食高产优质研发投入和关键技术的突破。从《到2020年化肥使用量零增长行动方案》开始实行起,持续减少粮食生产中过度使用化肥、农药的情况,提高粮食秸秆、废弃物资源化利用,有效遏制农业面源污染。2020年农业农村部、生态环境部联合出台的《农药包装废弃物回收处理管理办法》,对农药的使用、包装,农药废弃物的回收、贮存等全方位、全过程提出明确要求。明确将粮食生产过程中使用的农药包装废弃物纳入危险废物管理,文件规定在收集、运输、利用和处置环节的豁免内容及后期处理,完善农药包装废弃物环境管理体制。2022年《农业农村部办公厅关于切实做好农药包装废弃物回收工作的通知》要求开展回收体系、模式和机制建设试点,探索建立长效回收机制。

《中共中央 国务院关于做好2023年全面推进乡村振兴重点工作的意见》进一步明确了农业绿色发展的各项要求,要求加快和推广粮食生产中投入品减量增效的技术应用,推进水肥一体化体系,建立健全粮食产后的秸秆、农膜、农药包装废弃物等农业废弃物收集、利用和处理体系。《"十四五"全国农业绿色发展规划》进一步强调打造绿色低碳农业产业链,提升农业质量效益和竞争力,健全绿色技术创新体系,强化农业绿色发展科技支撑;健全体制机制增强农业绿色发展动能,加快农业全面绿色转型,持续改善农村生态环境。一系列相关政策与规划措施为粮食生产的发展奠定了坚实的基础。

一是在加强农业面源污染防治方面,健全粮食生产领域绿色技术标准,推进农业现代化发展,摒弃传统农业的粗放式农业生产模式,发展优良品种选育、节水节肥节药技术、绿色防控、农业废弃物处理等领域。农业面源污染从源头得到了有效的控制;建立健全废旧地膜回收体系,扩建地膜回收储存点,采取以旧换新、加工企业回收等多种形式;控制农业面源污染源头、循环型农业等的技术研发,完善废旧地膜回收体系,推广以秸秆覆盖还田为核心的循环利用技术,让秸秆肥料化成常态。

二是在农业绿色科技发展方面,推动了科技创新、成果、人才等要素向农业绿色发展领域倾斜,设计规划不同产业的绿色发展技术集成创新方案。推广了绿色环保、节本高效的重大关键共性技术,提高应用水平。建立了农业绿色发展的监测评价体系。建立农业资源台账制度,开展调查监测,搞好分析评价。探索建立农业绿色发展指标体系,推动将监测评价结果纳入地方政府绩效考核内容,建立财政资金分配与农业绿色发展挂钩的激励约束机制。

三是在打造绿色低碳农业产业链方面,推进农产品加工业绿色转型,包括加工减损、梯次利用、循环发展等,发展农产品绿色低碳运输,推广农产品绿色电商模式,促进绿色农产品消费;推动农业循环式生产、产业循环式组合,合理选择农业循环经济发展模式,促进农业废弃物资源化、产业化、高值化利用,发展林业循环经济,推动农业园区低碳循环。

四是在强化农业绿色发展科技支撑方面,加大对农业绿色科技发展的资金和政策支持。加大对绿色农业科技研发的投入,建立多元化的资金投入机制,吸引社会资本参与农业绿色科技创新,健全农业绿色发展的支持政策。落实《建立以绿色生态为导向的农业补贴制度改革方案》,健全粮食主产区利益补偿、耕地保护补偿、生态补偿制度,建立促进农业绿色发展的补贴政策体系。完善农业保险政策,健全农业信贷担保体系,加快构建多层次、广覆盖、可持续的农业绿色发展金融服务体系。

五是在增加绿色农业技术供给与创新方面,以市场为导向,构建绿色技术创新体系。培育绿色技术创新龙头企业和典型示范企业,发挥绿色技术创新市场化示范效应。加大财政支持力度,加大中小企业从事绿色技术研究和开发及产业化。推动中小企业绿色技术研发与项目实施。加快培育环境治理和生态保护市场主体,建立健全绿色技术产品与服务的市场交易体系。坚持统筹推进,完善绿色技术创新创业链。加快绿色技术创新链、资金链和产业链有机深度融合。鼓励高校和科研院所对高技术和高技能人才的培养,弥补我国基层粮食生产技术的短板。

三、推动绿色粮食科技创新政策的绩效

绿色兴农既是农业强国建设的题中应有之义,也是加快实现农业农村现代化的必然要求。党的十八大以来,我国一系列着眼于农业绿色发展的政策文件先后出台,如《关于创新体制机制推进农业绿色发展的意见》《乡村振兴战略规划(2018—2022年)》《"十四五"全国农业绿色发展规划》等,引领粮食绿色发展加快步伐,推动农业生态环境持续改善。其成效主要体现在以下几个方面。

一是绿色发展理念深入粮食生产方式。党的十八大以来,在

习近平新时代中国特色社会主义思想指引下,我国坚持绿水青山就是金山银山的发展理念,坚定不移走生态优先、绿色发展之路,促进经济社会发展全面绿色转型,建设人与自然和谐共生的现代化,创造了举世瞩目的生态奇迹和绿色发展奇迹。截至2021年,全国农业绿色发展指数为77.53,较上年提高0.62,比2015年提高2.34。① 从分维度指数变化来看,2021年绿色产品供给指数有较大幅度提高,较上年提升1.26。生活富裕美好指数和资源节约保育指数分别较上年提高0.69和0.45。生态环境安全指数为85.25,较上年提高0.32。② 一方面,绿色生产理念促进生产模式变化。农民主动运用化肥农药减量增效的绿色技术,测土配方施肥、水肥一体化、机械深耕、有机肥替代等节肥技术得到大面积使用;生态调控、物理防治、生物防治和精准施药技术也得到大面积推广。另一方面,绿色发展理念促进绿色机械设备更新,随着农民合作社等农业社会化服务组织快速发展,截至2023年,我国高效植保机械数量增加到63.4万套,测土配方施肥智能化配肥服务网点增加到了3000余个。③

二是测土配方和施肥技术广泛推广。通过大力推广测土配方施肥、有机肥替代化肥、水肥一体化等节肥增效,机械施肥、种肥同播、水肥一体化等技术合理使用和推广,使化肥利用效率得到提高。截至2021年,全国农药使用量为24.8万吨,与2020年基本持平;微毒、低毒和中毒农药用量占比超过99%,较上年提升1个

---

① 薛均君:《进一步擦亮农业发展的绿色底色》,《光明日报》2023年9月27日。
② 中国农业绿色发展研究会,中国农业科学院农业资源与农业区划研究所:《中国农业绿色发展报告2022》,中国农业出版社2023年版,第2页。
③ 《农业现代化辉煌五年系列宣传之二十六:化肥农药使用量零增长行动取得明显成效》,中华人民共和国农业农村部,2021年7月16日。

百分点;2022年,三大粮食作物实施统防统治面积超18亿亩次,统防统治覆盖率达43.6%,比2021年提高1.2个百分点。同年,全国主要农作物绿色防控面积达到12亿亩,绿色防控覆盖率达到52%,比2021年提高6个百分点。①

在农药减量增效技术推广方面,集成推广了一批生物防治与化学防治相结合、农机与农艺相配套、农药与药械相适应的综合技术模式。2022年,我国生物农药使用量达到11.4万吨,较上年增加10.8%,据测算未来还将以10%的增速快速发展。同年,我国批准登记了435个农药产品中包含39个生物农药(生物化学农药31个、微生物农药5个、植物源农药3个),品种逐渐丰富,产品质量日趋稳定。②

三是肥料农药利用率稳步提高。近年来随着科学施肥用药理念的发展,节肥节药技术大面积推广,绿色高效产品加快应用,专业化服务快速发展,农药化肥利用率稳步提高。截至2022年,全国农用化肥施用总量5079.2万吨,较2010年减少了8.7%,连续11年保持下降趋势。根据《中国农业绿色发展报告2023》显示,2022年,全国水稻、小麦、玉米三大粮食作物化肥利用率和农药利用率分别为41.3%和41.8%,总量下降、效率提升,农业绿色发展水平提升。另外,近年来,我国通过积极推行生物防控、生态调控、理化诱控等绿色防控技术,大力推广高效低毒低残留农药和新型高效植保机械,加强配方选药、对症用药、精准施药技术宣传培训,加快推进农作物病虫害统防统治,农药减量控害成效显著。

---

① 中国农业绿色发展研究会、中国农业科学院农业资源与农业区划研究所:《中国农业绿色发展报告2022》,中国农业出版社2023年版,第5页。

② 《2023—2028年中国生物农药行业市场深度分析及投资潜力预测报告》,华经产业研究院,2022年10月21日。

第五节 加快农业技术推广

一、农业技术的推广现状

到"十三五"期末,各省市区乡镇的四个级别农业科技推广系统中设有国家级农业科技推广单位2.48万家,农业科技工作者23.14万人,其专业技术能力和教育程度持续提高,农业科技系统的管理方法也在不断地改进,推广制度也得到了进一步优化。每年打造粮食农业生产技术示范区近万个,开展粮食品种筛选、生产经营、水肥管理、病虫害绿色防控和种植模式试验示范2800余项次,形成了不同区域产量水平的地域性可复制成熟技术模式400余套、区域性技术模式近50套,有力地促进了技术进村入户。①

我国粮食种植业农技推广体系推行了春耕春管及夏粮生产、夏粮及秋粮生产、秋冬种及冬季生产农技行动、共性关键技术创新行动、品质质量提升行动五大行动。另外,还有标志性示范基地创建行动、农技推广能力提升行动,为保障国家粮食安全和重要农产品有效供给,提供相应的技术支持、组织结构和人力资源支持。党中央、国务院高度重视农村基层农技推广体系改革建设。近几年,农业农村部在相关部门的大力协助之下,不断提高农业科技推广资金的使用效率,推动农业科技推广机构的基础设施建设,加强对农村地区农业科技推广团队的管理。

---

① 农业农村部新闻办公室:《2021年种植业农技推广体系将推进实施五大行动》,2020年12月17日。

国家依托基层农技推广体系改革与建设项目,实施农技人员知识更新培训计划、农技推广骨干人才培养计划,基本实现基层农技人员三年一轮训,专业水平和学历层次得到提升。支持各地因地制宜探索农技推广特岗计划、基层急需紧缺人才补充计划等,吸引具有较高素质和专业水平的青年人才进入基层农技推广队伍,保持农技推广队伍活力。特聘农技员不占用基层农技推广机构的编制,对身份、年龄和学历没有限制,由县级农业部门进行招募、使用、管理和考核,受到基层农技推广机构的普遍欢迎和社会相关方面的认可。近年来,每年招募5000名以上特聘农技员、6000名以上特聘动物防疫员,有效弥补了基层尤其是偏远贫困地区农技推广服务力量的不足。[1]

二、推动农业科技推广的主要政策

2020年,《关于加强农业科技社会化服务体系建设的若干意见》指出,农业科技社会化服务体系是农业科技创新体系和农业社会化服务体系的重要内容。2015年,《国家粮食局关于深化粮食科技体制改革和加快创新体系建设的指导意见》指出,加快科技成果推广体系和服务信息平台建设,培育专业化、社会化、网络化的粮食科技中介服务机构,面向企业提供科技成果、研发设计、检验检测、人才培训等专业服务。精准有效的农业科学技术服务是提高农民科学种田、保障粮食稳产丰产的关键。

《农业农村部办公厅关于做好2021年基层农技推广体系改革与建设任务实施工作的通知》强调,对基层农技推广体系改革与

---

① 农业农村部:《科技教育司答网民关于"关于完善农技推广体系建设的建议"的留言》,2022年10月26日。

建设给予支持,各地要确保政策有效落实,提高资金使用效益的有效实施。文件发布后,全国粮食生产农技推广体系不断健全,服务能力不断提升,基层农技推广机构和农业科技社会化服务组织也明显改善。建设农业科技示范展示基地 5000 个以上,农业主推技术推广上万次,农业技术到位率超过 95%。对全国基层农技人员 1/3 以上进行在岗知识培训,培育业务精通、服务优良的农技推广骨干人才上万人。

2023 年继续加强对基层农技推广体系改革和发展,农业农村部办公厅发布《关于做好 2023 年基层农技推广体系改革与建设任务实施工作的通知》,要求推介一批主导品种,推广 1 万项(次)以上的先进适用主推技术,在农业科技示范展示基地开展 5000 场(次)以上的技术示范展示活动。对全国 1/3 以上在编在岗基层农技人员开展先进成果普及培训,培育 1 万名以上业务精通、服务优良的农技推广骨干人才。招募 1 万名以上特聘农技员,重点开展技术、设施、营销等技术服务,发挥科技帮扶作用。通过农业经营主体能力提升资金对基层农技推广体系改革与建设支持。全面和充分发挥强队伍、推技术、带小农的基础支撑作用,建设稳固的粮食生产基层农技推广队伍,持续提升农技推广服务能力水平,满足小农户与新型经营主体技术需求,全力保障粮食和重要农产品稳定安全的有效供给,持续开展粮食生产技术、设施、营销等技术服务,发挥科技帮扶作用。

一是不断提升农技推广服务能力,为粮食安全保驾护航,为乡村振兴提供强有力的科技和人才支撑。农业农村部门积极探索多样化的培训渠道和学习方式,搭建网络平台和社交媒体等在线学习平台,提供多元化的在线课程资源,同时进行省级集中调训骨干班,开设新媒体、网络直播带货、赴外调研等新课程学习。农技推广人员素质不断提升。

二是强化农业科技示范主题培育。新型经营主体联合政府公益性服务机构,围绕科技推广开展社会化服务。例如兴起的集中育秧工厂为周边农户统一提供秧苗,推动农业生产标准化、集约化发展。粮食生产经营主体通过技术入股、自费聘请专家等引进科技力量,引领示范新技术。

三是不断彰显农业科技示范平台作用,2022 年全国农业科技进步贡献率达到 62.4%。示范基地通过开展技术培训、示范、观摩等活动,为农业生产提供更多创新动力和发展空间。以湖北省为例,2017—2022 年,累计组织遴选了 145 项农业主推技术,创办示范样板 6315 个,开展示范观摩(技术培训)活动 8352 场次,培训农民 147.07 万人。集中示范面积 1566.6 万亩,辐射带动 26819.7 万亩,通过实施农业主推技术实现节本和提质增效 536.6 亿元。2022 年,全省主推的农业绿色高效技术及模式达 1084 项次,超出计划目标任务 619 项次,超额了 133.12%。[①]

三、农业技术推广政策的施行成效

科技推广体系促进了粮食产业高质量发展。在队伍建设方面,粮食主要产区充分发挥农业领军人才、省部级科技创新团队、省级产业技术体系的作用,强化产学研用协作,争取更多国家攻关课题落地。强化农技推广公益性服务功能,建强乡镇农技队伍,扩大公费农科生培养,分层分类组织农业职业经理人、现代创业创新

---

① 湖北省农业农村厅:《基层农技人员进高校,湖北农业农村人才培训持续发力》,2021年 12 月 1 日。

青年、新型农业经营主体和服务主体带头人轮训,截至 2022 年,中央财政累计投入资金 182.9 亿元,支持各级农业农村部门培育高素质农民近 800 万人次。2022 年,我国高素质农民中获得农民技术人员职称、国家职业资格证书的比例分别比 2021 年提高了 6.64 个百分点、3.46 个百分点,一大批大中专毕业生、外出务工返乡人员等力量加入,推动队伍结构持续改善。① 为特优农业赋智赋能,让特优农业插上科技的翅膀。产量是品种在良法、良田等最优配套前提下体现其效率的最优指标,也反映了在大田条件下能够达到的现实产量潜力,有其不可替代的价值。而粮食增产是项系统工程,从科研团队到技术创新,良种、良法、良田、良人相结合,打通农业科研、农技推广和农民培训三大环节,为提高粮食等农产品在国际市场的竞争力提供了强有力的保障。

农业科技成果转化面临区域性特征明显、转化周期长、风险性大等问题,且科技成果在农村推广效果不甚明显,仍需扩大农业科技推广与转化体系;要加快推进农产品储运加工技术、质量安全监管技术、数字农业与智能化技术等方面成果推广与转化。科技自主创新的不足会严重阻碍国家粮食全产业链的可持续健康发展,因此要完善基层科技推广体系、健全人才培养体制机制,提升农业社会化服务水平等,进一步加快整治和治理粮食产品品质低下、能耗过高、资源浪费和环境污染等问题。

---

① 郁静娴:《近年来各级农业农村部门培育高素质农民近 800 万人次》,《人民日报》2024年1月4日。

第四章　保障粮食长期稳定生产的
路径和策略研究

　　粮食生产包括产前环节的要素投入、产中环节的生产过程管理以及产后环节的市场销售。保障粮食长期稳定供应,必须从各个环节同时发力。无论在哪个环节施策,其核心均在于通过提高种粮收益来提高农业经营主体的种粮积极性,进而保障粮食安全。本章将有助于保障粮食长期稳定生产的举措概括为农业补贴政策、粮食价格形成机制、粮食大灾保险制度、农村金融制度和新型农业经营体系五个部分。农业补贴政策侧重于农业生产的产前环节和产中环节,旨在对农业经营主体所购置的农业要素(良种、农业机械等)进行补贴,降低其生产成本,提高农业生产经营活动的比较收益。粮食价格形成机制和粮食大灾保险制度主要作用于产后环节,即通过稳定粮食的保底销售价格、尽可能弥补自然风险带来的损失的方式为农业经营主体提供相对稳定的收益预期,以使从事农业生产经营活动有利可图。农村金融制度主要在产前环节发挥作用,通过缓解农业生产经营者的信贷约束,鼓励其购置现代农业要素,进而提高农业生产效率。构建新型农业经营体系的作用则贯穿产前、产中、产后各个环节,可以提高各个环节的效率,进而保障粮食的长期稳定供应。

从各国实践看,对粮食这一重要农产品,无论是市场配置还是政府调节,核心均在于提高粮食生产经营的微观主体的种粮积极性。我国的粮食生产主体仍然是分散经营的小农户。提高粮食生产经营主体的种粮积极性,主要是要提高广大小农户的种粮积极性。

然而,提高农户种粮的积极性面临三大困境。一是粮食生产成本高。根据谭砚文等的调查数据,1990—2019 年,稻谷、小麦和玉米的种植总成本的上涨幅度为 6 倍到 7 倍①。二是农业与非农产业之间的收益差距大。与农业收益相比,从事非农产业的收益相对更高,也相对较少受到自然因素的影响。三是农业内部不同农产品之间存在收益差距。与其他农作物相比,农户种植粮食的收益较低。然而,要想稳定粮食生产,必须要努力提高种粮收益。在我国现有的政策框架之下,结合农业农村发展实际,提高各类农业生产主体的种粮收益进而提升其种粮积极性,确保粮食的长期稳定生产。本章将从农业补贴制度、粮食价格形成机制、粮食大灾保险制度、农村金融制度和新型农业经营体系五条路径,依次展开分析,以期为粮食的长期稳定生产提供具备可操作性的策略。

第一节 改革和完善农业补贴政策

农业补贴是政府财政部门对农业进行的一种转移支付,旨在

---

① 谭砚文、岳瑞雪、李丛希:《中国粮食种植成本上涨的根源——基于宏观经济因素的实证分析》,《农业经济问题》2022 年第 8 期。

通过对农业生产、流通和贸易等环节的补贴实现既定的农业发展目标。根据世界贸易组织规范世界农业贸易的《农业协定》，按照补贴政策对农业生产的扭曲程度大小的不同，可以将农业补贴政策细分为"绿箱"政策、"黄箱"政策和"蓝箱"政策。其中，"绿箱"政策是指对农业生产和农产品流通活动不产生或者仅产生微弱影响的农业补贴政策，例如政府部门对农业科技创新、农田水利工程建设等的补贴。"黄箱"政策是指与农业生产经营直接相关或者会对农产品贸易产生较大影响的一类补贴政策，例如政府部门对种子、化肥等农业要素投入的补贴，对重要农产品（玉米、小麦、水稻、大豆等）的价格支持，按种植面积计算的粮食种植补贴，以及具有补贴性质的贷款计划、贷款贴息等。由于这些政策都会直接影响农产品的生产经营过程或国际上的农产品贸易，扭曲价格机制对农产品的配置功能，因而在国际贸易中此类政策往往会受到世界各国一定程度的限制。"蓝箱"政策是指为了限制某些农产品的产量而支付的有关补贴，例如按固定种植面积或产量给予的补贴（如休耕补贴）、按照牲畜头数给予的补贴等。由于不直接进入农产品的生产或贸易过程，此类补贴政策对农产品价格的扭曲作用相对比较有限。

一、农业补贴的必要性

对农业进行补贴的背后是有一定的现实依据和理论支撑的。本章将其概括为以下两个方面。

一方面，农业的极端重要性使有必要对农业进行补贴。一是农业是人类的生存基础。自人类从狩猎采集社会进入农耕社会以来，农业或者说农产品，就成了人类赖以生存的不可或缺的生存资料。二是农业是国民经济发展的基础。除了为人类提供必要的生存资料外,农业还可以为第二产业和第三产业提供生产资料。三是农业是国家稳定的基础。无论任何时候,生存问题或者说温饱问题始终是第一位的。

另一方面,农业的天然弱质性要求必须对农业进行补贴。一是农业生产具有高自然依赖性,是自然再生产与经济再生产的结合。这些特性的经济含义在于:农业生产经营活动有很高的自然风险,因而农业尤其是传统农业具有天然的"弱质性"。二是农产品的需求价格弹性和需求收入弹性均较小。与其他产品和服务相比,农产品面临更高的市场风险和销售的不确定性。三是农业生产的特点决定了其分工水平较低,从而生产率低。此外,直接的农业生产处于农产品产业链最末端和产品价值链的低端,农业与其他产业相比处于弱势地位。四是农业基础设施建设的滞后加剧了农业所面临的自然风险,随着农业市场化、社会化程度的不断提高,农业还面临供求关系变化所导致的市场风险。

综上所述,由于农业本身的特点以及农产品不同于其他产品的特性,对农业进行补贴非常必要。考虑到粮食安全的极端重要性,通过农业补贴的体制机制设计保障粮食安全,是必然选择。

二、农业补贴政策施行措施

农业补贴政策出台的主要目的是促进农业生产,提高农民收入。尽管农业补贴的政策目标有所变化,例如从确保农业供给和农民增收等转变为农业绿色发展和高质量发展等方面,但其核心仍然是改善农业生产经营条件,提高农民福利水平。按照具体的补贴内容,我国在 2006 年的时候便已建立了相对成熟的农业补贴政策体系。良种补贴、农机具购置补贴、粮食直补和农业生产资料综合补贴构成了我国农业补贴的主要内容。

（一）农作物良种补贴

优质的种子既是农业生产的基础，也是保障粮食安全的第一步。农作物良种补贴（以下简称"良种补贴"）是出于促进农民在农业生产经营过程中尽可能采用优质种子，提高良种的使用率等目的，由国家出面，对使用优质种子的各类农业经营主体进行的补贴。根据作物种类的差异及其在保障粮食安全过程中的重要性的不同，我国仅对部分农作物进行补贴，水稻、小麦、玉米、大豆、棉花和油菜是良种补贴的主要农作物种类。在补贴的金额方面，不同作物品种、不同地区的可获得金额也不尽相同。根据《中央财政农作物良种补贴资金管理办法（2023 年）》规定，良种补贴标准由财政部、农业部根据国家政策规定。补贴标准是：早稻 10 元/亩，中稻、晚稻 15 元/亩，小麦 10 元/亩，玉米 10 元/亩，大豆 10 元/亩，油菜 10 元/亩，棉花 15 元/亩。在补贴方式上，存在现金直接补贴和差价购种补贴两种形式，其中，水稻、玉米、油菜采用现金直接补贴方式，具体发放形式由各省按照简单便民的原则自行确定。小麦、大豆、棉花采用现金直接补贴或差价购种补贴的，由省级农业、财政等部门组织良种的统一招标，中标单位实行统一供种，供种单位登记销售清册、购种农民签字确认。

概括而言，我国的良种补贴政策施行具有以下几点特征。一是补贴品种不断增加。在良种补贴的实施初期，我国仅对大豆进行补贴。此后，农业良种补贴的范围不断扩大，目前，这一补贴已涵盖前述六类农作物。二是补贴资金总额逐年增加。2006 年，我国用于良种补贴的资金总额为 42 亿元,2008 年突破百亿元大关,达到 121 亿元,两年内便提高了两倍,之后直线上升,2015 年为 204 亿元(见表 4-1)。三是补贴面积持续扩大。2002 年,享受良种补贴的耕地面积仅为 1000 万亩,2009 年便涨至 5.23 亿亩,享受良种补贴的耕地面积数量增速很快。四是补贴地域范围不断扩大。在补贴初期,仅黑龙江省、吉林省、辽宁省和内蒙古自治区的农户可以享受小麦和玉米的良种补贴。目前,我国全部小麦和玉米主产区的农业经营主体都可以获得相应的良种补贴。

表 4-1　2006—2015 年农业补贴金额

年份	良种补贴 (亿元)	农资综合补贴 (亿元)	人均补贴金额 (元)
2006	42	120	42.8
2007	67	276	69.1
2008	121	638	129.3
2009	155	716	148.3
2010	200	835	176.7
2011	220	860	187.5
2012	224	1078	226.2
2013	226	1071	230.0
2014	215	1078	233.4
2015	204	1071	234.5

注:表中数据由课题组根据原农业部政策法规司的公开资料以及网络资料整理而成。

(二)种粮农民直接补贴

种粮农民直接补贴简称"粮食直补",是按一定的标准所实行的针对粮食类农作物种植者的补贴,其目的在于通过直接补贴种粮主体的方式,提高种粮的积极性。主要按照粮食实际播种面积进行发放,直接发放给农户,故称"直补"。粮食直补的基本原则是谁种地补给谁、谁种粮补给谁。对于承包地经营权流转的情况,流转双方可以在流转合同中明确写明粮食直补的享受者。此外,已经撂荒或者抛荒的耕地,或者没有用于农业生产的耕地,则无法享受粮食直补。在补贴的方式上,则是按粮食经营主体实际的粮食播种面积进行补贴,补贴的地区主要是粮食主产区。如果不按照粮食实际播种面积而是采取其他方式进行粮食补贴的,要尽可能做到补贴金额的大小与粮食播种面积的多少相对应,避免不种粮者领取补贴。补贴标准则根据粮食品种和所在地区不同而存在一定的差异。

(三)农资综合补贴

农资综合补贴的主要补贴对象是农业生产资料,包括化肥、种子等。虽然与其他农业补贴的对象不同,但农资综合补贴的目的也是通过补贴农业生产主体,提高其农业收益的稳定性,进而提高其农业生产的积极性。农资综合补贴相关政策的出台,主要源于国际市场环境变化所产生的影响。2003 年,以色列与巴勒斯坦发生暴力冲突,中东局势紧张,世界市场油价暴涨,油价的大幅上涨对化肥和农用柴油的价格产生了直接且十分明显的影响,农资价格涨幅很大,农民生产经营成本急剧提高,种粮积极性有所下降。为了调整农民的种粮收益,2006 年,我国实行了农资综合补贴,以农业生产主体实际所耕种的土地面积为基础发放相关补贴。

（四）农机具购置补贴

农机具购置补贴是利用中央和地方的财政资金,向购买国家大力支持和推广的先进农业机械的农民和其他农业生产经营主体发放的专项资金,其目的在于提高农业的机械化水平,不断提高农业生产力水平。2004 年的中央"一号文件"将此专项资金定义为农机具购置补贴。随着时间的推移,各地的实践经验不断积累,以这些实践为基础,我国的农机具购置补贴政策也进行了适应性调整,政策体系逐步完善,补贴范围不断扩大,补贴力度不断增强。根据杨义武和林万龙的计算结果,2004—2018 年,中央财政总计安排农机购置补贴资金达 2035.9 亿元[1]。根据公茂刚和李汉瑾的分析,2016—2020 年,黑龙江省、河南省、山东省和新疆维吾尔自治区四省(自治区)获得的补贴金额最多[2]。在实施方式上,目前,我国农机具购置补贴采取自主购机、定额补贴、县级结算、直补到卡的方式。

根据《2021—2023 年农机购置补贴实施指导意见》,2021—2023 年,我国的农机购置补贴政策在保持上一轮政策实施框架总体稳定的基础上,将支持的重点领域放在了稳产保供方面。具体而言,一方面,将粮食、生猪等重要农产品生产所需的农机具全部列入农机具购置补贴范围内,应补尽补;另一方面,将在育秧、烘干等过程中所涉及的农业设施也纳入农机具购置补贴范围内。在补贴种类方面,补贴的农机具种类由 2018—2020 年的 15 个大类 42

---

[1] 杨义武、林万龙:《农机具购置补贴、农机社会化服务与农民增收》,《农业技术经济》2021 年第 9 期。

[2] 公茂刚、李汉瑾:《中国农业补贴政策效果及优化》,《学术交流》2022 年第 3 期。

个小类 153 个品目扩展为 15 个大类 44 个小类 172 个品目,实现了对更大范围农业生产主体在农机具购置方面的补贴,补贴覆盖率大幅提高。

(五)农业支持保护补贴

2015 年,我国启动了农业"三项补贴"改革试点,将农民直接补贴、农作物良种补贴和农资综合补贴合并为农业支持保护补贴,政策目标调整为支持耕地地力保护和粮食适度规模经营。2016 年 5 月财政部、农业部印发《关于全面推开农业"三项补贴"改革工作的通知》,正式在全国推行该项补贴制度。

该制度政策目标,一是支持耕地地力保护。补贴对象原则上为拥有耕地承包权的种地农民。鼓励各地创新方式方法,以绿色生态为导向,提高农作物秸秆综合利用水平,引导农民综合采取秸秆还田、深松整地、减少化肥农药用量、施用有机肥等措施,切实加强农业生态资源保护,自觉提升耕地地力。二是支持粮食适度规模经营。支持对象重点向种粮大户、家庭农场、农民合作社和农业社会化服务组织等新型经营主体倾斜,体现"谁多种粮食,就优先支持谁"。近几年支持重点是建立健全农业信贷担保体系,并推动担保业务尽快实质运营,切实缓解农业生产"融资难、融资贵"问题。

该制度的补贴依据主要是二轮承包耕地面积、计税耕地面积、确权耕地面积或粮食种植面积,具体标准由省级人民政府结合本地实际制定。实践中,我国大多数省份以二轮承包耕地面积为依据发放补贴,天津、上海、山东等一些地方以粮食种植面积为依据发放。总体上看,补贴资金规模稳定,亩均补贴约 95 元,户均补贴约 564 元,虽然直接发放到户的额度不大,但已经成为大多数拥有承包地农民的一项转移性收入补贴。另外,为调动农民种粮积极性,中央财政对水稻主产区实施稻谷补贴、对东北实施玉米大豆生产者补贴等直接种粮补贴。2022 年,由中央财政发放的实际种粮农民补贴金额达 400 亿元,与 2021 年相比翻了一番。由此可见,中央对农业的补贴力度不断提高,对农业农村发展的重视程度也不断提升。这些举措既降低了行政管理成本,也有利于保护地力,一定程度上保障了我国的粮食安全。

三、农业补贴政策施行效果

既有研究成果显示,农业补贴对农户收入的提升作用得到了普遍性的认同。然而,关于补贴政策对粮食生产的作用,学者之间则存在较大的争议,目前仍没有得出一致的研究结论。

一部分学者认为,农业补贴对粮食生产没有明显影响。黄季焜等[1]的研究表明,粮食直补和农资综合补贴均能够提高农民的收入水平,但是这两项补贴对农户的粮食生产和农资投入行为则没有产生影响。蒋和平和吴桢培[2]认为,现有的农业补贴模式所体现的更多是对土地承包户的补贴,而不是对土地经营者的补贴,这就使实际的农业生产主体种粮的积极性不能得到有效提升。在这一背景下,通过提高补贴实现扩大粮食经营规模也就无法完全实现。由此可见,尽管补贴具有稳定粮食生产、保障粮食安全等政策目标,然而实际上,农民并没有将相关的补贴投入粮食生产过程

---

[1]　黄季焜、王晓兵、智华勇等:《粮食直补和农资综合补贴对农业生产的影响》,《农业技术经济》2011 年第 1 期。

[2]　蒋和平、吴桢培:《湖南省汨罗市实施粮食补贴政策的效果评价——基于农户调查资料分析》,《农业经济问题》2009 年第 11 期。

中,而是仅仅将其作为收入的一个部分。

另一部分学者的研究表明,农业补贴可以提高粮食产量。许庆等[1]的结果表明,实施农业支持保护补贴明显提高了规模经营户(既包括纯粮食种植户,也包括以种植粮食为主的兼业型农户)的土地流转规模,进而扩大其粮食种植面积。钱加荣和赵芝俊[2]认为,农业补贴可以通过提高贫困户的收入水平,提高贫困户在生产要素上的投入力度,从而提高粮食的播种面积和亩均粮食产量。在改善生产效率的途径之外,还可以通过降低损失等方式来提高粮食产量。高鸣和魏佳朔[3]考察了农业补贴与粮食生产效率损失之间的关系,发现农业补贴缓解了农户的贫困程度,使其能够选择更加科学的生产方式,进而降低粮食生产过程中的效率损失、提高粮食产量。

然而,农业补贴的作用既有一定的滞后性,也存在区域间的明显差异。在时间滞后性方面,黄少安等[4]的分析说明,粮食直接补贴确实起到了扩大农民种粮规模和增加粮食产量的作用,但这种作用只是在短期内有效;高鸣和魏佳朔[5]的研究认为,农业收入性补贴可以显著提高稻谷、玉米种植户的技术进步率。但是,这种作用影响存在一定的滞后性,当年的农业补贴往往会在下一年度才

① 许庆、陆钰凤、张恒春:《农业支持保护补贴促进规模农户种粮了吗?——基于全国农村固定观察点调查数据的分析》,《中国农村经济》2020年第4期。
② 钱加荣、赵芝俊:《现行模式下我国农业补贴政策的作用机制及其对粮食生产的影响》,《农业技术经济》2015年第10期。
③ 高鸣、魏佳朔:《加快建设国家粮食安全产业带:发展定位与战略构想》,《中国农村经济》2021年第11期。
④ 黄少安、郭冬梅、吴江:《种粮直接补贴政策效应评估》,《中国农村经济》2019年第1期。
⑤ 高鸣、魏佳朔:《加快建设国家粮食安全产业带:发展定位与战略构想》,《中国农村经济》2021年第11期。

发挥作用。在区域差异方面,许庆等[1]的研究发现,"三项补贴"改革在整体上能够通过提高规模经营农户所获得的补贴金额从而促进粮食适度规模经营。不过,这一促进作用的发挥更多地体现在位于粮食主产区的东北三省和内蒙古地区,补贴对其他地区的粮食规模经营则没有明显效果。王欧和杨进[2]的经验研究表明,农业补贴政策对粮食产量、播种面积以及资本要素的投入均有明显的提升作用。

综上所述,我国农业补贴政策体系的不断完善的确提高了农民的收入水平,在保障粮食安全方面确实起到了一定的积极作用。然而,随着时间的推移,农业补贴政策在提高粮食产量、扩大粮食种植面积等方面的激励作用逐步减弱,这从侧面说明,农业补贴政策亟须作出一定程度的调整,以便更好地服务于保障粮食安全的战略目标,牢牢守住"保障国家粮食安全"这一底线。

第二节　完善粮食价格形成机制

农业生产过程中除了可能会面临不可预测或不可避免的自然风险之外,还会面临市场风险或不确定性,例如销售的不确定性、市场价格的不确定性,甚至可能是政策的不确定性等。而且,随着农业生产市场化、社会化程度的不断加深,市场风险对农业生产经营活动的影响程度也日益加深。提高粮食生产经营主体的种粮积

---

① 许庆、杨青、章元:《农业补贴改革对粮食适度规模经营的影响》,《经济研究》2021 年第8 期。

② 王欧、杨进:《农业补贴对中国农户粮食生产的影响》,《中国农村经济》2014 年第5 期。

极性,必须尽可能平抑或者解决市场风险对种粮主体收益的不利影响。新中国成立以来,我国就以各种形式开展了农产品价格支持政策以支持粮食产业发展。大体而言,我国的粮食价格形成机制经历了市场定价与政府指令性定价并存、以政府指令性定价为主以及以市场调节为主的演变阶段。其中,新中国成立初期(1949—1952年),国内经济百废待兴,农产品的价格实行牌价和市场价格并存的模式,以牌价指导为主。紧接着,为了快速建立工业体系,我国实行了农产品统购统销制度,这一时期(1953—1985年),农产品的价格基本上由政府指令性定价决定。此后,中国确立了建立社会主义市场经济体制的目标,市场在资源配置中的作用日益突出。为此,我国相继实行了农产品价格的双轨制(1985—1991年)及粮食收购的保护价和最低收购价政策,农产品价格的形成进入到以市场调节为主、政府调节为辅的新阶段。自2004年以来,我国实行了稻谷和小麦的最低收购价制度,以及针对玉米、大豆的具有最低收购价性质的临时收储政策。某种程度上讲,最低收购价和临时收储都是一种"托市"政策。无疑,这种托底一定程度上保护了农民的利益,稳定了农业生产者的收益预期。然而,这种"托市"也阻碍了市场在产品价格形成中的作用。为了使这种影响尽可能降至最低,2014年1月,中共中央、国务院印发了《关于全面深化农村改革加快推进农业现代化的若干意见》。根据《意见》的部署,我国将逐步探索和建立农产品目标价格制度。

一、目标价格制度的施行措施

农产品目标价格或农产品目标价格制度,是指由政府针对不同种类的农产品,在农产品实际交易之前确定的、适用于一定时期内不同种类农产品的基准价位。目标价格制度的实行采取"补两头、放中间"的形式。具体而言,如果某一农产品实际的市场价格低于目标价格,则由政府出面将市场价格和目标价格的差额补给生产者,从而保障农业生产经营的基本收益。如果农产品的市场价格高于目标价格,目标价格制度不会被"触发",此时,农产品可以按照市场价格销售。需要说明的是,在这个过程中,目标价格的形成和设定是完全由市场的供给关系决定的,政府有关部门根据市场上农产品的供给和需求的变动情况,按照供求原理设定目标价格。这样,既发挥了市场在资源配置中的决定性作用,也彰显了政府的主动作为。

(一)目标价格实施步骤

目标价格的具体实行包括确定目标价格、实行价差补贴和实施目标价格三个步骤。

1. 确定目标价格

政府有关部门根据市场上供给和需求环境的变化等,科学、合理地确定一定时期内农产品的目标价格。确定合理的目标价格是使目标价格制度充分发挥作用的前提条件。就确定目标价格而言,首先,需要综合考虑农产品的生产成本及其变动情况、农产品市场的供求关系及其变化、政府的财政负担能力、消费者的承受能力、农业生产经营主体的收益率、国际市场上相应农产品的价格等因素,以使国内的农产品目标价格能够弥补其生产成本,并且还要使通过农产品生产经营活动所获得的收益与从事非农业生产的收益大体相当。其次,要使所确定的目标价格能够充分反映农产品市场上供求关系的变化,确保农产品供求的基本平衡。再次,要全面考虑政府的财力水平及其负担能力,将为实施农产品目标价格而付出的资金规模控制在政府财政可以承担的能力范围之内,避免因此而给政府造成巨大的财政压力。此外,目标价格的确定要以消费者的承受能力为依据,农产品目标价格的设定不能过高,否则就成了对农业生产者的单纯补贴,反而会危害消费者的利益。同时,目标价格也不能定得过低,要使农业生产经营主体获得合理的收益率。只有这样,目标价格制度的实行才具有可持续性。最后,也要充分考虑国际市场农产品价格对国内农产品价格的可能影响,使国内农产品的价格逐渐向国际市场价格靠拢,以尽可能降低目标价格制定过程中的扭曲。

2. 实行价差补贴

即根据农产品市场价格的变动情况,适时地实施农产品的目标价格。当农产品市场价格低于最初设定的目标价格时,由政府有关部门出面对农产品市场价格和目标价格之间的差额进行相应的补贴,以弥补农业生产经营主体的损失。就实行价差补贴来说,一方面,要严格依照最初设定的目标价格进行补贴;另一方面,要精准了解农产品在市场上的当期价格。

3. 实施目标价格

在确定合理的目标价格和相关的价差之后,便是兑现目标价格,即根据价差对相应的农业生产经营主体进行补贴。实施目标价格需要较大的工作投入,尤其表现在补贴标准的计算方面。一般而言,既不能仅仅按照所出售农产品数量进行补贴,也不能仅仅按照土地面积进行补贴,而是要根据每亩的实际产量进行补贴,这样才能够使补贴更加精准。此外,要对农业生产经营主体进行及时的补贴,兑现政府部门的相关承诺,这样既能够避免农业生产经营主体市场信心受损,也能够提高政府部门的公信力,进而提高农业生产经营主体在未来继续从事粮食生产的信心,保障粮食的长期稳定生产。

(二)目标价格改革政策

1. 玉米目标价格改革政策

在实行玉米的目标价格制度之前,我国采取的是玉米临时收储政策。该政策有效实现了稳定农民种粮积极性、提高农民种粮收益、保障粮食安全的作用。然而,大规模玉米收储也造成了玉米库存严重积压,玉米加工企业严重亏损,以及政府财政压力不断增大等现实问题。为了有效缓解上述困境,我国对玉米收储制度进行了一系列改革。从党的十八届三中全会要求"完善农产品价格形成机制",到党的十八届五中全会强调"改革农产品价格形成机制";从2016年政府工作报告指出要按照"市场定价、价补分离"的原则推进玉米收储制度改革,到2016年的中央"一号文件"提出"建立玉米生产者补贴制度"。与临时收储政策相比,附加目标价格制度的农产品交易机制的主要变化包括以下几点:第一,农产品交易价格随市场价格的变化而变化,更具灵活性,当然,也具有了一定程度的波动性。在实行临时收储政策时,农产品的收购价格由政府统一公布,交易价格尽管有变化,但变化幅度不是很大。在实行目标价格制度时,只要市场价格高于设定的目标价格,农产品最终的交易价格就完全由市场(供求关系)所决定,国家并不对其进行强制性干预。第二,农产品的交易主体更加多元。在实行临时收储政策时,农产品的收购由中国储备粮管理集团有限公司

（中储粮）代表国家进行收购。而在目标价格制度下，农产品的收购主体由国家转变为了市场，市场上的交易主体更加多元，交易方式也更加灵活。

2. 大豆目标价格改革政策

2014 年的中央"一号文件"决定"启动东北和内蒙古大豆、新疆棉花目标价格补贴试点"，农产品目标价格改革由此拉开序幕。2014 年 11 月 18 日，财政部发布《关于大豆目标价格补贴的指导意见》，明确了实行目标价格制度的指导思想、基本原则和主要内容等。2014 年 12 月初，黑龙江、吉林、辽宁、内蒙古的大豆目标价格制度改革试点工作方案得到国家有关部门的批准。相关部门指出，实行目标价格制度，要确保补贴资金能够按时发放、足额发放。随着大豆目标价格制度改革政策的不断完善，部分地区进行了相应的创新，"大豆目标价格保险"便是其中之一。与目标价格制度类似，"大豆目标价格保险"的触发条件是大豆的目标价格低于大豆期货市场上的价格。如果大豆的市场价格低于目标价格，则目标价格制度被触发。在此基础上，如果大豆的目标价格低于大豆期货市场上的保障价格，那么将由"大豆目标价格保险"的承保公司对期货市场上的保障价格与目标价格之间的差额进行补贴。这一举措相当于政府对大豆交易价格进行"再保险"，能够更大程度地稳定大豆的交易价格和农业经营主体的收益预期，进而保障大豆的稳定生产和供应，实现我国大豆的安全供给。

二、粮食价格形成机制改革的成效

作为平抑市场价格波动风险的制度安排，我国粮食价格形成机制改革对粮食的长期稳定生产同样有重要意义,其核心在于稳定粮食类农作物市场经营主体的收益预期,从而确保粮食有人生产。具体而言,目标价格制度在保障粮食安全方面的功能主要体现在以下几个方面。一是保障农业市场经营主体的利益。目标价格制度可以确保农业生产主体在生产粮食时能够获得相对合理的利润,有一个比较稳定的收益预期。目标价格制度可以通过设定相对合理的目标价格,将种粮农户的农业收益稳定在合理区间内,确保其种粮收益的相对稳定,从而激励农户和其他农业生产经营主体继续参与粮食生产,而不会因为收入的大幅波动而退出粮食生产。二是促进农业投资。目标价格制度可以为农业生产经营主体提供相对稳定的市场交易环境尤其是较为稳定的市场价格。目标价格制度通过实现"锁定"粮食交易的基本价格,可以提前确定粮食交易的保底收益,有助于促进农业投资。三是降低农产品价格波动幅度。粮食价格的大幅波动必然会对广大农户和其他粮食市场经营主体从事粮食生产的信心产生影响。目标价格制度的主要功能就是使农产品价格相对稳定或不至于太低,通过设定农产品最低收购价格,平抑价格波动风险,维持粮食市场经营主体的信心。

诸多研究已经证明,当前粮食价格形成机制改革能够实现既定的政策目标,即稳定农业生产经营主体的收益预期,降低农产品市场价格的波动幅度。黄季焜等[1]研究了新疆棉花目标价格改革试点的实施成效,根据他们的研究结果,目标价格改革完善了棉花的价格形成机制,一定程度上稳定了棉农的种植收益预期,推动了

---

[1]　黄季焜、王丹、胡继亮:《对实施农产品目标价格政策的思考——基于新疆棉花目标价格改革试点的分析》,《中国农村经济》2015 年第 5 期。

当地的棉花生产。张艳[①]同样研究了新疆地区目标价格制度所带来的经济效果,其研究结果表明,目标价格补贴避免了棉农收入的大幅下降趋势。而且,随着相关政策的持续推进,目标价格补贴制度也不断趋于完善,从而提高了棉农的收入水平,证实了目标价格制度确实可以有效保障农户的农业收入水平,稳定其预期,保障农业生产的稳定。王利荣[②]的研究表明棉花收储制取消后,新疆实施的目标价格补贴政策有效阻止了棉农收入的大幅下跌,且随着目标价格补贴政策的不断优化和稳定,棉农收入出现回升企稳趋势,证明目标价格补贴政策对于保障棉农的收入起着重要的作用。陆钰凤等[③]的分析表明,大豆目标价格补贴改革可以通过改变绝对补贴的标准和相对补贴的标准,缓解市场收益的不确定性和补贴收益的不确定性等方式,影响大豆种植主体从事大豆生产的预期收益,进而影响其大豆的生产经营决策。王梦芝等[④]在对目标价格制度与大豆生产之间关系进行的研究中指出,实施目标价格政策大大降低了中国大豆产品的价格波动幅度以及大豆市场上的风险,保障了大豆及其相关衍生产品市场价格的稳定。这些经验将会对今后持续扩大改革范围提供有益的参考。

---

① 张艳:《新形势下我国农产品目标价格制度建设研究》,《价格月刊》2016 年第 9 期。

② 王利荣:《目标价格补贴政策对棉农收入的影响研究——基于"反事实"分析》,《上海大学学报(社会科学版)》2022 年第 11 期。

③ 陆钰凤、贾杰斐、杨青:《目标价格补贴改革对农户大豆生产的影响——基于双重差分法的实证分析》,《农业技术经济》2023 年第 8 期。

④ 王梦芝、丁洛阳、崔小燕:《中国目标价格政策对大豆产品价格的影响分析》,《价格月刊》2022 年第 12 期。

第三节 完善粮食大灾保险制度

农业生产是自然风险和市场风险的有机统一体。提高农业经营主体的种粮积极性,必须努力平抑自然风险和市场风险对农业生产经营各环节的可能影响,尽可能将两类风险对粮食生产可能造成的负向影响降至最低。只有这样,才能确保粮食的长期稳定生产。其中,农业保险有助于缓解自然风险对农业生产经营过程的制约。

我国《农业保险条例》第二条规定:"农业保险,是指保险公司根据农业保险合同,对被保险人在农业生产过程中因保险标的遭受约定的自然灾害、意外事故、疫病或者疾病等事故所造成的财产损失承担赔偿保险金责任的保险活动。本条例所称农业,是指种植业、林业、畜牧业和渔业等产业。"根据不同的划分标准,农业保险也可以细分为不同的类型。按照农作物类型的差异,可将农业保险划分为种植业保险和养殖业保险两类;按照导致农业风险的来源的差异,又可以将农业保险细分为自然灾害损失保险、病虫害损失保险、疾病死亡保险和意外事故损失保险四类;而根据保险的承担责任范围的差异,农业保险则包括基本责任险、综合责任险和一切险等细分种类。

最好的风险管理是事前的保险而非事后的救助。前者可以通过保险产品的设计缓冲风险带来的不利影响,后者则是在损失发生情况下的一种事后追补。然而,无论是事前的风险分担还是事后的损失补偿,农业保险均能够在一定程度上降低自然风险或由自然风险引发的实际损失对农业生产主体的不利影响。此外,农业保险是"绿箱"政策之一,不会对农产品价格和农产品贸易形成扭曲。因此,农业保险是保障粮食长期稳定生产的重要路径之一。

在大国小农的基本国情、基本农情之下,当前以及未来一段时期,分散从事农业生产经营活动的农户仍然是中国当前和未来一段时期内粮食生产的主体。对此类分散经营的农户进行农业保险方面的支持进而保障粮食安全具有重要的实践意义。具体而言,农业保险的重要作用主要体现在以下几个方面。第一,分散农业生产主体的务农风险,减少其农业经营可能面临的损失。农业生产经营活动面临各种风险,各类风险都会影响粮食产量进而影响农业生产主体的种粮收益及其种粮积极性。农业保险可以将这些自然风险在广大的生产主体内部进行分散,或者在损失实际发生后通过其他投保人的保金对遭受损失的农业生产主体进行补偿,减少其可能遭受的损失,为粮食长期稳定生产夯实基础。第二,促进农业生产主体的农业投资。参加农业保险之后,农业生产中的风险和不确定性会有所降低,这会给农业生产主体提供相对稳定的心理预期和收益预期,从而鼓励他们增加粮食生产方面的投资。第三,维护农业生产的可持续性。通过分散农业生产主体的种植风险,减少其种植粮食可能面临的收益损失,农业保险可以大大降低农业生产主体因农业生产各环节的风险的存在而放弃农业活动,从而保障粮食生产的可持续性,进而促进粮食的长期稳定生产。

一、农业保险制度的施行措施

2002 年修订的《中华人民共和国农业法》首次提到"政策性农

业保险"。此后,农业保险开始受到政府部门的高度关注。自2004年以来,我国农业保险进入了新的试点阶段。2004年的中央"一号文件"指出,要加快建立政策性农业保险制度。政府部门鼓励各种类型的商业保险公司积极开展农业保险相关业务。然而,除了安信、安华、阳光农业等几家专业农业保险公司之外,其他商业性保险公司对农业保险仍持十分谨慎的态度,农业保险的发展依然缓慢。2007年以来,政府扩大了政策性农业保险的试点,明确要求各级财政部门要对参加农业保险的各类农业经营主体给予一定幅度的保费补贴。财政部在2007年首次增加了"农业保险保费补贴"这一预算科目,并列支了10亿元的支持资金。同时,国家从六个省份选择了五种农作物(小麦、水稻、玉米、大豆和棉花),率先进行政策性农业保险的探索和试点。此后数年,政府部门不断总结试点经验,逐步扩大试点范围,适当增加保险种类,政策性农业保险的试点力度不断加大。2012年,在总结前几年试点经验的基础上,国务院颁布了《农业保险条例》,我国农业保险政策实施逐步规范化。以2019年中央"一号文件"的出台为标志,包括水稻、小麦和玉米完全成本保险和收入保险在内的保险试点工作全面铺开,农业保险体系日益体现出多层次性。与此相适应,中央财政对保险保费进行补贴的范围和金额不断扩大和提升。2019年,财政部、农业农村部、银保监会和林草局四部门联合印发了《关于加快农业保险高质量发展的指导意见》。《意见》指出,我国的农业保险制度要满足乡村振兴和农业农村现代化的需要,我国的农业保险进入高质量发展阶段。

当前,我国的农业保险取得了良好的进展,为发挥农业保险在保障农业经营主体收益中的作用,党和政府在很多方面部署了相

关举措,这些举措主要包括以下几个层面的内容:

第一,不断完善农业保险的政策体系,持续创新农业保险体制机制。农业保险制度的有效落实离不开更加完善的体制机制设计,完善的政策体系是农业保险制度充分发挥作用的前提条件。近年来,我国政府出台了一系列与农业保险相关的政策文件和指导意见。例如,《关于加强政策性农业保险各项政策措施落实工作的通知》《农业保险条例》《关于加快农业保险高质量发展的指导意见》等。此外,几乎每年的中央"一号文件"都会提到农业保险,党和政府对农业保险的重视程度是毋庸置疑的。我国农业保险的政策体系不断完善,与农业保险相关的体制机制也逐步完备,为推动我国农业保险的快速发展做了充分的顶层设计,为基层推动农业保险的合法合规合理运行提供了全面的政策指导,为保障粮食安全发挥应有的作用。

第二,持续加大农业保险力度,扩大农业保险的覆盖范围。广义的农业不仅包括种植业,也包括养殖业。提高农业保险的保障能力,不能忽视任何一个领域。我国高度重视各个细分领域的农业保险,农业保险的覆盖范围不断扩大。一是加大对水稻、小麦等主粮作物的保险力度,探索种粮收入保险等新的农业保险模式,以进一步确保粮食安全。二是针对我国居民普遍消费的猪肉及其可能的各类疫畜风险,在生猪保险方面进行了探索,开展了"保险+期货"试点工作,通过稳定生猪养殖户的预期来稳定生猪的供给水平。三是针对特色农产品,设计专门的保险产品,如设立特色农产品目标价格保险、实施特色农产品保险的以奖代补措施等,为特色农产品的生产经营提供一定程度的保障。四是开展渔业部门的互助保险等探索,实现农业保险对渔民的广泛覆盖。

第三,推动技术创新与农业保险的结合。农业保险需要对风险有一定程度的预判,这样才能有针对性地设计相关保险产品、保费率以及赔付比率等,而对风险的相对精准的判断离不开先进技术的支撑。随着数字技术等的快速发展,科技在农业保险领域的应用范围不断拓展。各地政府的有关部门尤其是金融部门和监管部门相继建立了农业保险服务平台,不断推动农业保险的无纸化、线上化和智能化运营。数字技术以及其他信息技术在农业保险领域的不断创新既有助于对农业保险相关信息的分享和传播,也能够推动农业保险相关部门之间的合作与沟通,提高农业保险的精准性,进而以此为基础使农业保险更好地发挥降低农业损失、保障农业经营主体收益等作用。

第四,不断加大国家层面对农业保险的支持力度。参与农业保险的基本条件是要支付一定数额的保费。然而,由于对农业保险的认识不足,很多农户不愿意为此而支付保险费用。对参与农业保险的农户进行保费补贴,可以提高其购买保险产品的可能性,降低因风险而引发的损失,进而稳定其农业生产行为。自 2007 年我国启动中央财政农业保险保费补贴政策以来,政府层面对农业保险的补贴力度不断提高。根据相关的统计数据,2023 年,中央财政农业保险保费补贴 477. 7 亿元,是 2007 年的 22. 2 倍。① 保费补贴的实行,一方面提高了农户对农业保险的购买率;另一方面也推动了农业保险行业的快速发展,二者形成良性互动,共同推动了农业的稳定生产,为保障粮食安全作出了一定的贡献。

---

① 田琪永:《2023 年中央财政累计下达农业保险保费补贴 477. 66 亿元》,央视新闻客户端,2023 年 9 月 28 日。

二、农业保险制度的施行绩效

通过对既有研究成果的分析发现,农业保险制度可以在一定程度上保障粮食安全,有助于粮食的长期稳定生产。

(一)保险政策的调整或针对性施策有助于实现保障粮食安全的目标

聂荣等[1]的研究表明,政策性农业保险具有广泛的作用。一方面,政策性农业保险能够帮助广大农户平滑消费、规避农业风险,从而提高其福利水平;另一方面,实行政策性农业保险可以提高农业经营主体的农业产出规模。张伟等[2]考察了农业保险补贴与粮食生产效率的关系。在他们看来,对农业保险进行补贴可以明显提高粮食类农作物的产量。具体而言,包括两个渠道:一是收入效应。即为生产主体提供较高的收入,通过稳定其收入,促进其在农业生产各环节加大要素投入力度,进而实现生产规模的扩张以及单位土地面积的粮食生产率。二是结构调整效应。作为一种制度安排,保费的补贴标准存在一定的差异,而这种差异无形之中起到了引导作用。对粮食作物和经济作物实施差异化的保险费率补贴标准,引导农业生产主体改变农作物的种植结构和种植面积,即向粮食类作物倾斜,进而扩大粮食作物的种植规模,促进粮食的长期稳定生产。罗向明等[3]的研究指出,参加农业保险可以显著

---

① 聂荣、闫宇光、王新兰:《政策性农业保险福利绩效研究——基于辽宁省微观数据的证据》,《农业技术经济》2013年第4期。

② 张伟、易沛、徐静等:《政策性农业保险对粮食产出的激励效应》,《保险研究》2019年第1期。

③ 罗向明、张伟、丁继锋:《收入调节、粮食安全与欠发达地区农业保险补贴安排》,《农业经济问题》2011年第1期。

提高农民的粮食播种面积,提高粮食单产水平,因而一定程度上有助于保障粮食的长期稳定生产。在肖攀等(2019)[1]看来,对农业保险进行财政方面的补贴,可以通过替代效应保障粮食安全。具体而言,对高产粮食作物更高程度的保费补贴,可以引导农业经营主体自发地生产更多的高产粮食作物,减少低产粮食作物的种植面积,实现粮食内部种植结构的替代,进而提高粮食作物的总体种植面积以及稻谷、玉米、小麦等粮食作物的种植面积和产量。

(二)保险市场和期货市场的联动可以强化农业保险保障粮食长期稳定生产的效果

孙蓉和李亚茹[2]讨论了农产品期货价格保险对保障粮食安全的作用。通过预先设定目标价格,如果粮食作物在市场上的交易价格低于目标价格,则相关的承保公司可以补偿这一价格差额。在这样的保险制度安排下,对投保人而言,在种植农作物之前就已经预先锁定了最低的预期收益,减少因无法估计未来损失而不愿意种植农作物的情况,从而稳定其从事粮食作物生产的预期。对作为农业现代化重要主体的新型农业经营主体而言,参加农产品期货价格保险,可以进一步确保其预期收益的相对稳定,降低市场价格下降对其进行农业再生产能力的损害,增加其扩大粮食作物种植规模的信心,从而稳定粮食产量。方蕊等[3]的研究同样表明,

---

① 肖攀、刘春晖、苏静:《粮食安全视角下农业保险财政补贴政策效果评估》,《统计与决策》2019年第23期。

② 孙蓉、李亚茹:《农产品期货价格保险及其在国家粮食安全中的保障功效》,《农村经济》2016年第6期。

③ 方蕊、安毅、刘文超:《"保险+期货"试点可以提高农户种粮积极性吗?——基于农户参与意愿中介效应与政府补贴满意度调节效应的分析》,《中国农村经济》2019年第6期。

"保险+期货"试点的推行,可以显著提高农户种植粮食作物的积极性,保障粮食安全。

（三）农业保险以及相应的保费补贴政策有助于保障粮食的长期稳定生产

江生忠和朱文冲[1]指出,农业保险的确能够起到保障国家粮食安全的作用,然而农业保险对三大粮食功能区的粮食安全则存在明显差异化的影响。周坚等[2]在分析中指出,农业保险具有风险保障和风险防范功能,然而,由于当前保费补贴比例仍然较低,无法起到应有的保障功能,因而农业保险在提高粮食产量方面的作用并不明显。在华坚和杨梦依[3]看来,农业保险在粮食主产区可以有助于保障粮食生产安全,因此,要进一步提高中央财政对农业保险保费的补贴比例,不断提高农业大省发展农业保险的积极性。

第四节　完善农村金融制度

农村金融可以从狭义和广义角度进行理解。狭义的农村金融,是指乡镇及以下地区的农村金融机构及其开展的各项农村信

---

① 江生忠、朱文冲:《农业保险有助于保障国家粮食安全吗?》,《保险研究》2021 年第
10 期。
② 周坚、张伟、陈宇靖:《粮食主产区农业保险补贴效应评价与政策优化——基于粮食安全的视角》,《农村经济》2018 年第 8 期。
③ 华坚、杨梦依:《乡村振兴背景下粮食主产区农业保险发展对粮食生产安全的影响》,《农林经济管理学报》2023 年第 5 期。

贷活动。广义的农村金融还可延伸到设在县(市)以上金融机构涉农金融业务。发展农村金融对于保障粮食长期稳定生产具有重要意义。一是提供农业生产所需的资金支持。加强农村金融体系建设,可以为各类农业生产经营主体提供从事农业生产所需要的资金方面的支持,帮助其购买种子、化肥、农机具等农业生产资料。二是为农业科技创新提供资金保障。农业科技创新行为具有一定的不确定性,需要大额的资金投入。发展农村金融,可以为农业科技创新和研发活动提供资金支持,鼓励农业经营主体采用先进的农业技术和管理模式。通过引进和应用先进的农业生产技术,有助于增强农业的抗灾能力,降低甚至避免病虫害对粮食等农作物的损害。三是延长粮食产业链。农村金融可以为农产品的加工、流通和储藏等环节提供资金支持。通过发展粮食的加工产业和仓储等设施,保障粮食的稳定生产,减少粮食生产、运输和流通过程中的浪费和损失。因此,加强农村金融体系建设可以在很大程度上缓解资金对发展现代农业的制约,提高粮食生产主体的资金可得性,保障其粮食生产经营活动能够顺利开展,从而保障粮食安全,助力实现粮食的长期稳定生产。

金融是经济的血液,对农业农村发展而言同样如此。伴随农业生产的市场化、社会化程度不断提高,农村金融需求日益增长。与这种需求相匹配,农村信贷资金的供给规模也大幅提升。2007年,我国全口径涉农贷款金额仅为 6.1 亿元,2023 年增长到 56.6亿元。农户贷款总金额在 2007 年仅为 1.3 亿元,2023 年增长到16.9 亿元(见表 4-2)。从绝对数量看,二者都保持着不断增长的态势,这说明我国农村金融的活跃程度正在不断提升。然而,在绝对数额的增长之外,涉农贷款金额和农户贷款总金额的增长率却呈逐年下降趋势。在 2013 年之后,两个指标的增长速度有了明显的下降。这些结果间接表明,农村金融的发展可能陷入了瓶颈期,亟须通过体制机制等的创新与改革,进一步激发农村金融的活力,使金融真正为农服务,为我国的社会主义现代化强国建设服务。

表 4-2　2007—2023 年我国涉农贷款情况

年份	全口径涉农贷款		农户贷款	
	本期金额(亿元)	增长率(%)	本期金额(亿元)	增长率(%)
2007	6.1	—	1.3	—
2008	7.0	14.8	1.5	15.4
2009	8.0	14.3	2.0	33.3
2010	11.8	47.5	2.6	30.0
2011	14.5	22.9	3.1	19.2
2012	17.4	20.0	3.6	16.1
2013	20.9	20.1	4.5	25.0
2014	23.6	12.9	5.4	20.0
2015	26.4	11.9	6.1	13.0
2016	28.2	6.8	7.1	16.4
2017	31.0	9.9	8.1	14.1
2018	35.7	15.2	9.2	13.6
2019	35.2	-1.4	10.3	12.0
2020	39.0	10.8	11.8	14.6
2021	43.2	10.8	13.5	14.4
2022	49.3	14.1	15.0	11.1
2023	56.6	14.8	16.9	12.7

资料来源:中国人民银行调查统计司。

一、构建农村金融体系的相关措施

农村金融系统是我国金融系统的重要组成部分,中央对其发展和建设给予了高度的重视,并对农村金融带给农村经济的积极影响予以高度肯定。在农村金融体制机制设计方面,持续推进农村金融体系的健康发展,不断完善农村金融体系,创新各类农村金融产品,提高农村金融服务农业农村经济的能力。目前,我国已将农村地区的金融服务体系纳入全国的金融服务和市场体系之中,金融保险、融资担保、个人和组织征信等活动都在有序展开。农村金融服务的规范程度不断提高,农村金融相关产品品种丰富,农村金融服务农业农村发展的能力日益增强。为了更好地发挥金融资本在农业农村现代化过程中的积极作用,国家推出了专门针对农村金融的补贴政策,例如税收减免、以奖代补等,以吸引更多的金融机构参与到农村金融体系中来。1996 年《国务院关于农村金融体制改革的决定》奠定了农村金融体制改革的基础。在各级政府部门以及各类农村金融机构的不懈努力下,适应我国农业农村发展实际的农村金融体系基本已经形成,农村金融日益发挥出缓解农业经营主体信贷约束、推动农村经济社会发展等作用,一定程度上促进了我国经济上的发展和国民生活水平的提高。

本节将基于既有研究成果,分析我国建立健全农村金融政策体系、提升农村金融发展水平等方面的政策措施。

(一)建立健全农村金融政策体系

提高农村金融发展水平和金融服务能力是党和国家的重要施政目标。制度可以为行为主体提供行动预期、为其行为划定边界。进入新时代,在全面推进乡村振兴的背景下,农村金融被赋予了重要的历史使命,农村金融的发展也得到了政府部门的高度重视,有关农村金融的政策体系不断完善,实现农村金融快速发展也具有了更加坚实的基础。

1. 提高对农村金融机构的扶持力度

农村金融的核心是提供农业贷款,然而提供贷款本身也是有成本的,包括对借款人特征的识别、对借贷风险的判断等,这些交易成本的存在都会降低各类金融机构参与农村金融的积极性。为鼓励各类金融机构积极参与农村的信贷活动,中国人民银行通过存款准备金率、再贷款、再贴现等多种方式为金融机构提供补贴支持和政策松绑,从而提高了金融机构对普通农户、新型农业经营主体以及农业龙头企业等的关注度,并积极为其提供生产经营所需贷款。具体而言,在存款准备金率方面,将针对小微企业等的定向降准政策拓展至普惠金融领域;调整定向降准的标准,将施策重点集中于授信额度在 500 万元及以下的小微企业和普通农户。在再贷款、再贴现方面,逐步放宽可以用于支农、支小再贷款的抵押品的范围,降低农村金融服务的抵押品门槛,进一步提高农村金融服务可得性;优化相关利率政策,不断降低农业企业和其他农业经营主体的融资成本;适度降低支农、支小再贷款的利率标准,延长此类贷款的最长贷款期限。在贴现率方面,允许民营企业的相关票据、小微企业的相关办理再贴现,且贴现利率低于同期贴现加权平均利率,以此推动农村金融的不断发展。

2. 持续完善金融扶贫政策体系

农村金融不仅是发展经济的重要工具,也是脱贫攻坚时期的重要政策工具。在金融参与脱贫攻坚方面,相关的措施主要集中在以下三点。一是优化对扶贫再贷款的管理制度。我国于 2018

年拓展了农业再贷款定价机制改革的试点范围,扩大后,包括河南省、云南省在内的 12 个省(自治区)被纳入试点。在试点过程中,各试点地区的金融机构根据自己评估的贷款风险、自身预期盈利水平等,自主确定通过扶贫再贷款方式所发放的扶贫贷款的具体利率水平。而在非试点地区,尽管没有进行大刀阔斧的改革,但此类地区扶贫再贷款的利率也由不超过央行规定的一年内贷款基准利率转变为不超过同期限贷款的基准利率。二是加大对资本市场的支持力度,形成层次多元、渠道多样的金融资源参与扶贫的格局。由证监会主导,强化了对上市公司的管理,相关部门要求将公司的扶贫情况纳入上市公司进行信息披露的范围,各类上市公司要在其公司年报和半年报中介绍参与扶贫开发的情况;加大对贫困地区金融服务的支持力度,对新疆、甘肃等贫困地区的企业,在其通过股市进行融资方面给予优惠,此类企业可以经由"即报即审、审过即发"的绿色通道快速筹集到所需资金,融资效率更加高效;对于企业注册所在地位于贫困地区的企业,国家有关部门则对其发行债券和 ABS 给予相关的专门服务,由专门人员进行对接,由专人进行审核,而且能够做到"即报即审",大大提高了这些企业融资需求被充分满足的概率。三是完善小额信贷政策。小额信贷往往面临所贷资金不按原本用途使用、贷款发放流程粗糙、对贷款风险的评估与管理缺位等问题,一定程度上制约了小额信贷的发展规模。小额信贷的另一个难题是对信贷对象资质的审查与筛选,只有识别出真正合格的借贷者,小额信贷才不至于因为大规模的违约而濒临破产。为此,我国加强了对资金需求方的审查力度,贫困户进行贷款要由县、乡、村三级机构予以公示。这样,既强化了对借款人的管理力度,也在无形中通过基层政府对借款人施压,督促其有效、合规地利用所贷资金,并且按时还贷。

3. 全面开展农村普惠金融业务

农村普惠金融与一般金融的差异突出表现在其普惠性上。理论上讲,普惠金融对任何借款人都是开放的。在广大农村地区,由于农户资金借贷规模普遍较低,因而普惠金融业务可满足其资金需求。在推广和普及普惠金融相关业务方面,我国不断推进数字基础设施建设,基本实现了普惠金融在农村地区的全面覆盖。而且,数字技术的发展,使农户参与普惠金融的门槛更低,手续也更加简便,大大提高了金融资源在农村地区的可得性。2021 年,中央"一号文件"提出"发展农村数字普惠金融",农村数字普惠金融首次以政府文件的形式进入公众视野。2022 年的"一号文件"则首次将"强化乡村振兴金融服务"单列为一项重要的施政内容。2023 年,中国人民银行、金融监管总局、中国证监会等多个部门联合印发《关于金融支持全面推进乡村振兴加快建设农业强国的指导意见》,为农村金融的发展提供了具有可操作性的指导意义。

(二)加大财税支持和监管力度

1. 出台多项税收优惠政策

多数农村金融机构是企业,盈利仍然是其主要目的。而作为独立的市场主体和法人,金融机构也要纳税。如果税收负担过重,则将大大挤压各类金融机构参与农村金融的积极性。为鼓励各类金融机构"下沉"到农村,我国出台了多种类型的税收优惠和税收减免政策,农村金融机构可以在企业增值税、企业所得税等税种方面享受一定程度的税收减免。可以预见,在这些鼓励措施的激励下,金融机构参与农村金融的积极性将有一定程度的提升。

2. 设立普惠金融发展专项基金

普惠金融是农村金融体系的重要组成部分，为了推动普惠金融的发展，我国政府设立了专项支持基金，这些基金主要用于以下方面：第一，奖励参与涉农贷款的县级金融机构。此类资金以金融机构发放农业贷款的增长幅度为补贴标准。如果金融机构本年度所发放农业贷款的增长幅度超过 13%，则会得到相应的奖励。第二，针对农村金融机构的定向费用补贴。此类费用补贴是一种直接的成本补贴或补助，主要的补贴对象是西部地区农村金融发展相对落后地区的金融机构。金融机构所发放的农业贷款越多，所获得的此类补贴金额越高。第三，创业担保贷款贴息。贷款贴息也是一种鼓励措施，它主要是担保贷款所进行的利息补贴，补贴对象通常是小微企业，因为小微企业既不具备足够的资金实力，也缺乏合适的、金额足够大的抵押品。第四，以奖代补。此类政策是对积极响应政府号召的各类农村金融机构所给予的一定数额的奖励。

3. 加强监管体系建设

农村金融的良好发展离不开各类金融机构的大力支持，但是，也同样离不开有关部门的监督。否则，可能会引发系统性金融风险，危及农村的社会稳定。在对金融机构的监管方面，我国实行差异化的监管制度，根据金融机构的类型、贷款的规模、贷款的领域和对象等，进行分类监管。具体而言，我国在强化对金融机构的监管方面主要采取了以下举措：一是将金融机构参与普惠金融的情况纳入对金融机构的监管评价体系之中。二是细化考核目标。例如，《关于做好 2018 年银行业三农和扶贫金融服务工作的通知》明确了对各类金融机构普惠金融方面业务的考核目标。三是提高风险容忍度。对生产过程会受到自然风险和市场风险双重影响的农业而言,农业贷款的风险相对更高,也更加分散。考虑到农业生产的特点以及由此引发的农村金融的独特性,我国相对提高了对农村金融领域贷款的不良率标准。具体而言,金融机构所开展的业务中,与其他各项贷款不良比率相比,不良涉农贷款的比率高出前者2个百分点(含)以内,即可视为考核合格。

(三)不断提高农村金融基础设施建设水平

农村金融的发展不仅面临潜在资金供应和服务主体少的难题,金融相关基础设施的缺乏和落后,也大大地限制了农村金融的发展空间。推动农村金融健康发展,提高金融基础设施建设水平是重要一环。我国在完善农村金融基础设施方面的做法,主要包括以下几点。

1. 稳步发展农村金融机构

随着农村金融的不断发展,我国目前已经形成了以农村合作金融机构(农村信用合作社、农村商业银行和农村合作银行)为主体,以中国农业银行和中国农业发展银行、邮政储蓄银行等为重要补充的农村金融体系。从借贷资金的规模看,我国农村金融的供给主体主要是中国农业银行、农村合作金融机构、中国邮政储蓄银行、国家开发银行和中国农业发展银行。按照金融机构的正式程度划分,这些银行均属于正规金融机构。此外,我国的农村金融体系还包括非正规金融机构,例如农村合作基金会、民间集资中介等。不同种类的农村金融机构的侧重点有所不同,但都在一定程度上满足了各类农业生产经营主体的融资需求。由于分散经营的小农户仍然是农村信贷的主体,因而农村信贷需求的显著特点是资金需求较为分散,且所需资金数额相对较低。与上述特征相对应,农村的合作金融和小微金融发展较为迅速。根据《全国农村中小银行机构行业发展报告(2023)》显示,截至 2022 年,全国农村合作金融机构总资产规模达 47.6 万亿元,村镇银行资产规模达 2.2 万亿元;农合机构贷款总额 26.4 万亿元,近三年复合增长率达 12%,村镇银行各项贷款 1.5 万亿元,户均贷款余额 28.7 万元。另外,全国农村合作金融机构涉农贷款余额超 13.4 万亿元,同比增长 8.8%,涉农贷款余额超过贷款总额的一半,普惠型小微贷款余额 70277 亿元,增长 16.1%;村镇银行贷款中农户和小微企业贷款合计占比达 90.7%,进一步加大了"三农"服务力度。[①]

2. 稳步推进农村信用体系建设

从本质上讲,金融是信用关系在资金领域的体现。社会信用水平越高,金融的活力就越强。可以认为,信用与金融,是一枚硬币的两面。信用是金融的基础。没有无信用的金融,因为这样的金融体系是不可持续的。因此,推进农村内部的信用体系建设,有助于推动农村金融的高质量发展。然而,由于居住分散,农业生产不同于工业生产等特点,农村信用体系建设严重滞后于城市。我国高度重视农村信用体系建设,既采取了一系列举措,也取得了一定成效。一是建立国家金融信用信息基础数据库(俗称"央行征信系统"),并使其与农村信用体系进行对接,实现信用体系的全国一盘棋。截至 2019 年年末,央行征信系统已经基本覆盖了全国的主要农村金融机构。二是建设动产融资统一登记公示系统。在不动产抵押之外,以预期收益为基础的质押同样是可行的融资担

---

① 中国银行业协会:《全国农村中小银行机构行业发展报告(2023)》,中国金融出版社 2024 年版。

保形式。这一登记公示系统能够提供多种查询服务,用于应收账款的质押、存货和仓单质押等活动,为资金需求者提供更加丰富的融资形式。三是完善农业融资担保体系。农村金融发展缓慢的重要原因之一是缺乏合适的抵押品,或者说缺乏足够的担保。为解决这一问题,成立国家农业信贷担保联盟有限责任公司和各省级城市农业信贷担保公司。截至2023年,全国农担体系累计担保金额超过1.4万亿元,在保余额占全国涉农融资担保余额达55%,对全国主要农业大县及160个国家乡村振兴重点帮扶县实现业务全覆盖。其中全国农担体系粮食种植累计担保金额超过2700亿元。[①] 并且逐步推动农业信贷担保由省级覆盖逐步向市级、县级机构延伸。

3. 加快农村支付体系建设进程

随着数字经济的到来,移动支付手段日益先进,非现金支付的覆盖率逐渐提高。在农村支付体系建设方面,我国也采取了多项举措。一是为农村支付活动提供配套服务。提高企业开户审核效率,逐步推出线上开户服务,缩短企业开户所需时间。目前,我国小微企业开户的最短时间仅为3天,开户效率大大提高。二是完善农村地区支付基础设施。国家大力优化ATM机布局,扩大农村地区ATM机的放置范围。目前,基本实现了每个乡镇都有ATM机。进一步扩大农村银行营业网点的设立范围,提高农村金融可及性。三是创新支付服务工具。持续推动农村的支付体系由现金支付逐步向刷卡、扫码等电子支付转变,鼓励农户开通网上银行、手机银行等数字化金融设施,提高农村支付的便利程度。

---

① 曲哲涵:《全国农担体系着力服务国家重点、支农政策目标(财经短波)》,《人民日报》2024年7月15日。

4. 不断提高农村金融覆盖率

一方面,根据中国人民银行农村金融服务研究小组发布的《中国农村金融服务报告》,截至 2016 年年底,全国金融机构空白乡镇数量已从 2009 年 10 月的 2945 个减少至 1296 个。尽管没有最新的统计数据,但可以预见的是,这一数量仍在快速下降。另一方面,根据中国人民银行的《中国普惠金融指标分析报告(2017—2020 年)》,截至 2020 年,我国银行类金融机构在乡镇层面的覆盖率高达 97%,基础金融服务在行政村一级的覆盖率更是高达99.31%。以上数据充分表明,农村普惠金融正在蓬勃发展,方兴未艾。

二、农村金融体系改革的绩效评估

随着农村金融服务体系的不断完善和农村金融实践的不断推进,我国在宏观政策环境、财政税收监管政策和基础设施建设等方面加大了对农村金融发展的支持力度。本部分将梳理现有农村金融制度改革的成效,重点关注其在保障粮食安全方面的作用和效果。

(一)农村金融模式不断创新

由于所经营作物种类、所种植土地规模等的差异,各类农业经营主体对资金的需求也存在明显的异质性。只有从差异化需求出发,设计差异化的信贷产品,进行金融模式的不断创新,才能够满足各类农业经营主体的现实需要,真正实现农村金融对农业农村发展的推动作用。我国各个地区进行了不断的创新,已经探索出多种金融模式。一是担保方式的创新。为了充分满足各类农业经营主体的农业信贷需求,各个地区探索出了多种符合当地实际发展需要的担保方式。例如,福建省宁德市霞浦县农信联社为当地海产品养殖户量身打造了"养殖贷",允许养殖户利用仓单进行质押贷款,解决了部分养殖户因缺乏抵押品而无法借到所需资金的问题。① 二是农业"小额信贷"模式的创新。对于广大分散经营的农户而言,其资金需求量通常并不大,因而小额信贷便能够满足其日常生产经营对资金的需求。推动信贷过程中各方利益主体的激励兼容是缓解普通农户资金约束的关键。安徽省灵璧县创新性地推出"一自三合"的金融模式,通过明确放贷银行、农业信贷保险公司、乡镇、村以及农户的责任,在当地掀起了创业热潮。三是融资模式的创新。部分地区开展了组合抵押担保模式,例如江苏省宿迁市的自然人保证担保、山东省寿光市的禽舍抵押、宁夏回族自治区的互保小组担保。

(二)农村金融基础设施建设持续完善

一是农村信用体系不断完善。近年来,随着中央"一号文件"对农村金融体制机制建设的高度重视,中国人民银行与各地金融机构开展了密切合作,共同推进了农户的信用档案建设。在部分地区,通过中国人民银行征信中心的数据库,金融机构便能够方便快捷地查询到农户的相关信用信息,既为其降低信贷风险提供参考,也提高了对农户等借贷主体守信的正向激励。此外,由中国人民银行、银保监会等部门共同联合,推动了信用信息的共享。这些举措大大缓解了农村金融领域的信息不对称问题。二是农业担保

---

① 《创新金融服务　助力海洋产业发展》,霞浦新闻网,2022 年 3 月 3 日。

体系日益完善。如果农业经营主体自身缺乏足够的抵押物,从而无法从金融机构获得生产经营所需资金,那么,通过外部第三方机构的担保,可以在一定程度上缓解其有效抵押品不足的困境,实现金融资源的可得性。在中央的大力支持下,各个地区相继建立了不同层级的农业担保公司。根据相关的统计数据,2020年年底,用于为农业融资提供担保的资金总规模达到了2118亿元[①],为自身缺乏抵押品的农业经营主体提供了足够的担保。三是各类农村金融机构覆盖率持续提高。要想充分发挥农村金融对农业生产经营的推动作用,必须尽可能提高金融资源的可得性和覆盖率。近年来,农村信用社、农村商业银行、乡镇银行、中国邮政储蓄银行、农业发展银行等均加大了对农村金融的支持力度,并分别设置了专门用于农业生产经营的各类具体的信贷模式,农村金融可及性进一步增强。

(三)粮食安全保障水平持续提升

我国的农村金融体系除了在金融模式创新、金融基础设施建设等方面取得了突出进展外,农村金融自身的发展也为保障粮食安全作出了突出贡献。刘洋和颜华[②]考察了县域范围内的金融集聚对粮食生产的影响。结果表明,县域范围内金融集聚程度的提高可以促进农业的技术进步和农业的资本深化,引发要素相对价格的变化,从而提高农业部门资本要素对劳动力要素的替代程度,增加粮食生产中的亩均资本(技术)投入水平,因而有助于实现粮

---

① 中国人民银行农村金融服务研究小组:《中国农村金融服务报告2020》,中国金融出版社2021年版。

② 刘洋、颜华:《县域金融集聚、要素配置结构与粮食生产供给——来自中国县域的经验证据》,《财贸研究》2022年第9期。

食的稳产、增产。凡迎[1]以河南省为例,探讨了农村金融的发展与粮食产量间的关系。根据其研究结果证明,农村金融的发展水平越高,平均而言粮食产量就会越高。这意味着,扩大农村金融的发展规模,提高农村金融的发展效率,可以直接且显著地提高粮食产量。

随着数字经济等的不断发展,农村金融的形式也在不断创新。丁毅等[2]的研究表明,农村金融创新有助于提高农户的粮食生产率。不过,农户自身的一些特征(例如,所获取信息的质量、人力资本水平)会影响其对金融创新的接纳和使用能力,进而影响其粮食生产行为。有必要根据农户的特征差异,进行针对性的金融创新。

农村金融覆盖范围广泛,不同的农业生产经营主体对资金的需求也存在明显差异,因而也形成了不同种类的金融供给模式。张欣等[3]研究了不同的金融供给模式对粮食生产能力的差异性影响。结果表明,政策性金融可以明显改善一个地区及其周边地区粮食的综合生产能力。合作性金融虽然也可以促进周边地区的粮食生产,但其促进效果与政策性金融相比幅度较低。田红宇和祝志勇[4]的研究同样证实,政府的金融支农资金(政策性金融)在长期来看可以提高粮食的单产水平,进而保障粮食安全。

但是,需要注意的是农村金融的创新要与农业生产主体的需

---

① 凡迎:《河南省农村金融发展对粮食产量的影响分析》,《现代食品》2022年第8期。

② 丁毅、刘颖、张琳等:《金融创新对粮食生产率的影响研究——基于微观家户数据的倾向得分匹配分析》,《价格理论与实践》2021年第6期。

③ 张欣、王卓林、王子泰:《农村金融对粮食安全的空间溢出效应实证检验》,《统计与决策》2020年第17期。

④ 田红宇、祝志勇:《农村财政金融支农投入与粮食单产的动态关系——基于1952—2013年的经验验证》,《三峡大学学报(人文社会科学版)》2017年第4期。

求和能力相匹配,否则就会引发金融排斥,阻碍粮食生产。根据张志新等①的研究成果,如果农村金融的排斥水平过高,不仅会直接降低粮食的生产能力和供给水平,还会降低农业部门采纳先进技术的能力,进而间接影响粮食的生产和供给情况。因此,在通过体制机制设计不断推动金融创新的同时,也要尽可能降低农村金融的排斥水平,提高广大农户的金融可得性。

(四)保障种粮大户扩大再生产

种粮大户的粮食生产规模大,粮食生产质量高,是保障我国粮食安全的重要主体。李欣怡和赵翠萍②探讨了粮食安全背景下种粮大户的借贷问题,认为种粮大户进行资金借贷的意愿和实际需要均要远高于普通农户,满足种粮大户在粮食生产经营过程中的金融需求可以在很大程度上保障我国的粮食安全。陈新建和康晨③分析了金融支持对农户粮食规模经营的影响。他们的分析结果表明,改善农户在粮食规模经营过程中面临的风险和资金约束,将会大大提高农户从事粮食规模化生产的意愿,有助于保障粮食安全。蔡键等④梳理了农村金融市场发育对种粮大户形成的可能影响,认为农村金融市场的不完善会大大阻碍粮农通过资本市场获得生产所需各项生产资料尤其是现代农业生产要素的能力,阻

---

① 张志新、李成、靳玥等:《农村金融排斥、农业技术进步与粮食供给安全》,《科研管理》2023 年第 2 期。

② 李欣怡、赵翠萍:《粮食安全视角下种粮大户借贷问题及对策研究——基于河南省 27 个种粮大户的分析》,《地域研究与开发》2019 年第 5 期。

③ 陈新建、康晨:《农户粮食规模经营的政策支持:风险分担与资金约束缓解——基于农业保险、金融信贷与政府补贴的交互效应研究》,《江苏农业科学》2018 年第 13 期。

④ 蔡键、许淑娟、米运生:《农村金融市场发育对种粮大户形成的影响——文献回顾与理论梳理》,《中国农业大学学报》2019 年第 10 期。

碍农业部门的要素替代过程,不利于扩大粮食生产规模。此外,农村金融的发展不仅对农业规模经营主体有明显的正向影响,也对普通农户的粮食生产行为有重要的推动作用。在宋玉玲[1]看来,农户的借贷行为可以显著增加农户在粮食作物生产过程中的投资规模,而后者有助于提高粮食生产效率,保障粮食安全。

第五节 构建新型农业经营体系

农民种粮积极性不高的主要原因之一是狭小的土地经营规模所导致的较低的种粮收入。韩朝华[2]的研究认为,推动土地规模经营主要的意义或者说本质目的其实是通过生产经营规模的扩大提高务农收入,而不是提高农业生产效率。换句话说,农业规模经营或土地规模经营更多的是绝对收入问题,而非生产效率问题。2012年,新型农业经营主体这一概念被正式提出,2013年的中央"一号文件"指出,大力培育和壮大新型农业生产经营组织并积极探索多种形式新型农民合作组织的形成。随后两年的中央"一号文件"就新型农业经营主体体系构建给出了更为全面和完善的指导意见。2020年3月,农业农村部发布《新型农业经营主体和服务主体高质量发展规划(2020—2022年)》。《规划》旨在提高我国新型农业经营主体发展质量,为我国农业发展指明了方向。在各项政策的大力指导下,新型农业经营主体不断引领农业发展新方向。

新型农业经营体系之所以"新",源于与传统农业生产经营模

---

[1] 宋玉玲:《农村金融对农户粮食作物生产的影响研究》,《南方农机》2019年第18期。

[2] 韩朝华:《从务农收入视角看农业规模化经营的本意》,《经济学动态》2023年第3期。

式相比具有更"新"的生产技术,更先进的生产资料投入,更有效率的农业生产组织模式等。因而,在新型农业经营体系下,与仍采用传统生产组织模式等的经营主体相比,这些农业生产经营主体在市场上会更具有优势。新型农业生产经营主体既是新型农业经营体系的重要组成部分,也是推动农业经营体系建立和完善的重要主体力量。由于兼具组织化、规模化、产业化、科技化和市场化特点,新型农业经营主体是现代农业的主要经营者,因而对保障粮食的长期稳定生产具有重要意义。一是创新农业生产模式。新型农业经营主体通常会采用更加科学和高效的农业生产模式,通过引入更加先进的种植技术、农业科技和管理经验,提高农产品的产量和质量,降低粮食等农作物的生产成本。二是提升粮食类农作物的生产效率。新型农业经营主体通常具备较强的管理能力和市场意识,能够更好地组织生产要素和市场资源,提高土地利用率和劳动生产率。这样,既可以降低单位面积的粮食生产成本,也可以提高粮食产量。三是延长粮食产业链条。延长粮食产业的产业链,有助于提高种植粮食所能获得的收益,因而也就能够提高粮食生产主体的种粮积极性。通过整合产业链条上的各个环节,新型农业经营主体还可以提高农产品的附加值,相对较高的收益会激励其继续从事农业生产。四是推动农业的可持续发展。新型农业经营主体具备相对雄厚的资金实力和科技实力,在引入先进的农业生产技术和管理经验的同时,也会更加注重对农业生产环境的保护以及对农业资源的可持续利用,有助于实现农业的可持续发展。

一、新型农业经营主体的发展现状

本章所说的新型农业经营主体,主要是指在所经营土地规模、生产的科技化、标准化等方面具有一定优势的各类主体,例如专业大户、家庭农场、农民专业合作社、农业龙头企业以及农业社会化服务组织。

1. 专业大户

主要是指种植或养殖规模明显大于当地传统农户的专业化农户。从名称即可看出,专业大户的优势在于既大且专。具体而言,"专"体现在主要从事某类农作物的生产方面,"大"则体现在具有一定的市场规模方面。由于对专业大户的界定没有严格的标准,因而其边界较为模糊。加之各地区对专业大户判别标准的差别较大,因此,部分地区所谓的专业大户,有相当一部分仅仅是经营规模大,农业集约化经营的水平其实并不高。

2. 家庭农场

家庭农场最初是指欧美发达国家从事大规模土地经营的农户。在我国,家庭农场是指以家庭成员为主要劳动力,从事农业规模化、集约化、商品化生产经营,并以农业收入为家庭主要收入来源的新型农业经营主体。其中,家庭成员是家庭农场的主要劳动力供给主体,家庭农场所从事的是农业的规模化、集约化经营。在这一前提下,家庭农场的收入主要来源于农业,与以务工收入为主的兼业农户存在明显差异。2008年,党的十七届三中全会报告第一次将家庭农场列为农业规模经营主体。2013年中央"一号文件"再次提到家庭农场,鼓励和支持承包土地向专业大户、家庭农场农民合作社流转,方便其规模化经营。与一般的农业大户相比,家庭农场在农业生产的集约化、经营管理水平的现代化和生产经营的稳定性等方面都有更高的要求。

"十三五"期间,家庭农场呈现良好发展势头。一是整体数量快速增长。截至 2022 年年底,全国家庭农场数量已接近 393.4 万个,成员数量 1234.2 万个,经营收入为 12949.6 亿元(见表 4-3),分别是 2013 年的 11.5 倍、5.3 倍和 15.2 倍。二是适度规模经营稳步发展。2015—2019 年,全国家庭农场经营土地面积由 0.52 亿亩增长到 1.85 亿亩,约增长 2.6 倍,其中,家庭农场经营耕地由 4310.9 万亩增长到 9524.1 万亩,约增长 1.2 倍。截至 2023 年 10 月,种粮家庭农场场均种粮面积 148.8 亩。三是经营水平不断提升。家庭农场的经营范围逐步多元化,从粮经结合,到种养结合,再到种养加一体化、一二三产业融合发展,经济实力不断增强。2019 年,种植业、畜牧业、渔业、种养结合、其他类家庭农场分别为 53.3 万个、14.8 万个、3.8 万个、10 万个、3.4 万个,其中种养结合类家庭农场占比较 2015 年提升 2.7 个百分点。2019 年,拥有注册商标和通过农产品质量认证的家庭农场分别为 32645 个和 21002 个,分别比 2015 年增长 1.9 倍和 3 倍;各类家庭农场年销售农产品总值 2243.9 亿元,较 2015 年增长 78.1%,平均每个家庭农场 26.3 万元。[①]

表 4-3　我国家庭农场发展情况

年份	家庭农场数量(万个)	成员数量(万个)	经营收入(亿元)
2013	34.1	234.4	853.4
2014	17.3	108.9	460.2
2015	34.2	224.4	1260.1
2016	44.4	265.6	1481.8

① 农业农村部政策与改革司:《农业现代化辉煌五年系列宣传之二十:家庭农场加快培育》,农业农村部发展规划司,2021 年 6 月 15 日。

年份	家庭农场数量（万个）	成员数量（万个）	经营收入（亿元）
2017	54.9	297.9	1765.5
2018	60.0	360.1	1946.2
2019	85.3	433.1	2243.9
2020	348.1	——	8896.3
2021	391.4	1056.1	11947.6
2022	393.4	1234.2	12949.6

资料来源：笔者整理。

3. 农民专业合作社

农民专业合作社是指在坚持土地家庭联产承包责任制的基础之上，农产品生产经营者或农业生产服务的提供者、利用者，基于自愿、民主的原则，所成立的合作经济组织。农民专业合作社以其成员为主要服务对象，主要从事农业生产资料的购买和使用、农产品的生产、加工、销售等活动，是发展多种形式适度规模经营、全面推进乡村振兴、建设农业强国的重要载体和关键抓手。自 2006 年 10 月 31 日我国颁布《中华人民共和国农民专业合作社法》以来，农民专业合作社保持良好的发展势头，呈现出服务水平提升、产业结构优化、规范水平提高、社会功能强化等发展趋势。截至 2021 年年底，全国登记在册的农民专业合作社数量为 203.1 万个，成员数量为 6006.0 万个，出资总额为 6523.7 亿元（见表 4-4）。另外，农民专业合作社重视扩大经营规模，截至 2023 年年底，组建的农民专业合作社联合社为 1.5 万个。[1]

---

[1]　高杨、魏广成、曹斌等：《2023 中国新型农业经营主体发展分析报告（一）》，《农民日报》2023 年 12 月 27 日。

表4-4　我国农民专业合作社发展情况

年份	农民专业合作社数量（万个）	成员数量（万个）	出资金额（亿元）
2007	2.6	35	311.7
2008	11.1	141.7	880.2
2009	24.6	391.7	2461.4
2010	37.9	715.6	4545.8
2011	52.2	1196.4	7245.4
2012	68.9	2373.4	11018.2
2013	98.2	2951.0	18934.2
2014	128.9	3745.9	27293.6
2015	133.6	4159.5	34235.6
2016	156.3	4485.9	41013.1
2017	175.4	6794.3	5889.6
2018	189.2	7191.9	8182.5
2019	193.5	6682.8	6945.1
2020	201.2	6277.2	6422.6
2021	203.1	6006	6523.7

资料来源：笔者整理。

4. 农业龙头企业

农业龙头企业是指以农产品加工或流通为主要经营活动，主要通过订单农业的方式从事农业生产经营活动，聚焦于农产品的产加销，在经营规模和经营指标上达到规定标准并经政府相关部门认定的农业企业。根据《农业农村部办公厅关于开展第八批农业产业化国家重点龙头企业申报工作的通知》要求，我国龙头企业认定标准主要有综合实力、联农带农、履行社会责任等条件，其中综合实力方面又分为资产规模(东部地区企业资产总额1.8亿元以上,中部地区1.2亿元以上,西部地区5500万元以上;东部地区固定资产总额6000万元以上,中部地区3600万元以上,西部地区2200万元以上)、经营收入(东部地区年营业收入2.4亿元以上,中部地区1.56亿元以上,西部地区6600万元以上;农产品专业批发市场年交易额东部地区18亿元以上,中部地区12亿元以上,西部地区8.8亿元以上;农产品电商企业年营业收入12亿元以上)、企业效益(总资产报酬率应高于当年1年期贷款市场报价利率平均水平)、市场竞争力,企业创新能力、产品科技含量在同行业处于领先水平等内容。联农带农方面包括利益联结机制紧密,企业应与农户建立契约型、分红型、股权型等合作模式,让农民分享更多全产业链增值收益。例如东部地区企业直接或紧密联结带动农户数量4800户以上,中部地区4200户以上,西部地区1650户以上。农产品电商企业带动农户数量需达到4200户以上等要求。目前,我国龙头企业可分为国家级、省级、市级、县级。根据发展效果的差异,又可以分为示范社和非示范社。农业龙头企业是我国农业现代化过程中的主要载体,依托农业龙头企业形成了"公司+农户""公司+合作社+农户""公司+基地+农户"等新型农业组织模式,既在一定程度上将原本分散经营的小农户组织了起来,也提高了农产品的附加值。

5. 农业社会化服务组织

农业社会化服务组织是指在农业生产的各个环节(产前、产中、产后)开展专业化服务的组织。这些组织为农业经营主体提供单一或多元的专业服务,如喷洒农药,各类农业社会化服务组织的主要服务对象是小规模分散经营的农户。农业社会化服务组织的出现,既在一定程度上缓解了农业部门青壮年劳动力缺乏的问题,也以专业化的分工经济提高了农业生产的效率。2017年开始,中央财政安排专项转移支付资金用于支持农业生产社会化服务。同时,各级政府农业支持政策逐步从补主体、补装备、补技术向补服务转变。这些措施有效扶持引导小农户接受社会化服务,营造了良好的政策环境。截至2023年,我国中央财政累计投入270亿元,实施农业生产社会化服务项目,面向小农户和粮油作物推广农业生产托管。2021年8月,农业农村部以促进小农户和现代农业有机衔接为主线,以培育农业服务业战略性大产业为目标,在全国选择100个县(市、区)和100个服务组织,开展为期三年的农业社会化服务创新试点工作。同时,还开展了"农服进万家"等丰富多彩的活动。这些举措推动了农业社会化服务迅速发展,使农业社会化服务成为现代农业高质量发展的重要牵引力量。截至2023年10月,全国各类服务组织总数超过107万个,服务面积超过19.7亿亩次,服务小农户9100多万户,对保障粮食和重要农产品稳定安全供给、促进小农户和现代农业发展有机衔接、推动农业现代化发展发挥出越来越重要的引领支撑作用。[①]

二、构建新型农业经营体系的举措

农业农村现代化的实现离不开新型农业经营体系的构建。尽管新型农业经营体系的内涵十分丰富,但是,推动土地的规模化经营,缓解信贷约束对农业农村发展的制约,发展各类新型农业经营主体是其题中应有之义。为了加快构建和完善新型农业经营体

---

① 《新型农业经营主体保持良好发展势头》,中华人民共和国农业农村部,2023年12月19日。

系,有必要从土地制度改革、土地流转、鼓励农民专业合作社发展等方面施策。

(一)深化土地制度改革

土地是财富之母,对土地的有效利用既可以推动经济社会的发展,也有助于乡村振兴的全面实现。要确保粮食的长期稳定生产,以及乡村的全面振兴,必须在原有制度安排的基础上,进一步深化土地制度改革。具体而言,一是要注重土地分配的公平与效率之间的关系。一方面,随着农民工的市民化,在城市定居的农民享有土地承包权但并不实际从事土地生产经营;另一方面,从事现代农业生产经营活动的新型农业经营主体在土地规模化过程中面临较高的交易成本。土地分配的公平一定程度上与土地配置的高效形成了矛盾。在土地二轮承包即将到期的当下,亟须制定新一轮土地承包的办法,在切实保障进城农民土地权益的同时提高农村土地的配置效率。二是集体建设用地的公平入市问题。尽管国家一直主张农村集体建设用地与国有土地"同地同权同价",但在实际操作层面仍面临很多障碍。要进一步深化集体建设用地入市改革,赋予农村集体建设用地与国有土地同等的权利。三是承包地和宅基地的退出问题。世界各国的发展经验表明,城市化是不可逆转的趋势,随着人口向城市的进一步迁移,这些转移出去的人口的承包地和宅基地如何处置成为一个重要问题。从提高土地资源的配置效率的角度讲,有必要探索承包地和宅基地的退出问题,以便实现土地和劳动力的直接结合,提高本就稀缺的土地资源的利用率。

(二)完善"三权分置"制度

在我国现行的土地制度安排下,农村土地由农民集体所有,集体享有土地的所有权,承包户则享有土地的承包经营权。随着"三权分置"制度的实施,土地承包经营权被进一步细分为土地承包权和土地经营权。经营权的释放和分离为土地规模化经营奠定了更加便利的条件。"三权分置"的核心在于在保持村集体土地所有权不变、稳定农户土地承包权的前提下,不断释放土地经营权,增强其流动性,进而推动土地的规模化经营。一方面,随着青壮年劳动力外出务工,部分农民选择将所承包土地流转给本村的其他主体或者农业龙头企业等新型农业生产经营主体,土地流转的频率和参与流转的土地面积均明显增加;另一方面,"三权分置"的实施,赋予了土地经营权相对独立的法律地位,为各类新型农业经营主体转入土地进而实现土地规模化经营奠定了制度基础。农业农村部政策与改革司的数据显示,2020 年,全国土地流转面积为 5.32 亿亩。此外,农业农村部在答复政协提案时指出,2022 年,全国土地的流转面积已达 5.55 亿亩。然而,由于承包权分散在广大农户手里,实现土地规模化经营必须与数量众多的农户打交道,交易成本十分高昂。在农村内部,与农户联系最为密切的组织通常是基层政府及村集体。村集体具有一定的组织力和动员能力,且与农户彼此熟悉,由他们出面组织土地流转将大大降低土地流转的交易成本。① 为降低土地集中连片过程中的交易成本,可以积极探索以村集体、合作社等为中介的土地流转模式,尽

---

① 洪银兴、王荣:《农地"三权分置"背景下的土地流转研究》,《管理世界》2019 年第10 期。

可能降低土地流转过程中的交易成本,实现土地的规模化、集约化经营。

(三)发展生产环节的农业社会化服务

分工与专业化程度的提高可以提高生产效率。农业社会化服务组织恰恰是此类专业化组织,积极推进农业社会化服务组织的发展,可以充分发挥分工优势,提高农业生产效率。例如,土地托管服务组织在一定程度上有助于缓解农业劳动力不足的问题。与土地托管类似,其他农业社会化服务(如植保、无人机喷药等)同样是分工经济的重要体现。政府部门要大力支持各类农业社会化服务组织的发展,为其提供税收方面的减免、农业信贷方面的支持等优惠政策,推动其快速发展。

(四)大力发展农民合作经济组织

构建新型农业经营体系离不开各类新型农业经营主体的积极参与。在各类新型农业经营主体中,农民专业合作社等被视为组织带动农户,进而使小农户与现代农业有机衔接的重要载体,由各类主体领办的合作社对农村发展、农民增收和农业现代化起到了重要的推动作用,这些合作社也成为新型农业经营体系的重要组成部分。政府要积极鼓励和引导农民自发组织成立农民专业合作社等农业规模化经营组织,并为其提供注册登记、信用评级、市场准入等方面的便利条件。农户之间自发组织起来成立农民专业合作社等组织形态面临高昂的组织成本,这也是诸多农民专业合作社是由龙头企业、村庄能人等领办的原因所在。因此,政府要充分发挥中介作用,利用村"两委"的组织动员能力,将农户真正组织起来,共同为保障粮食安全而努力。

三、新型农业经营体系的效果评价

评估新型农业经营体系与粮食生产之间的关系,有助于进一步明确完善新型农业经营体系的意义,为更好推动新型农业经营主体的发展奠定坚实的基础。

(一)新型农业经营体系与农业农村现代化

农业高质量发展离不开新型农业经营体系的支撑。诸多学者考察了新型农业经营体系与农业农村现代化的关系,普遍认为构建新型农业经营体系是挖掘农业发展新动能、提高农户生计可持续性、引领小农户与现代农业发展有机衔接的重要方式。周庆元[1]的分析表明,新型农业经营体系下的农业经营主体具有更高的收益水平,可以通过将产前、产中、产后各个环节有效联结,提高农业分工与专业化水平,为农业发展提供新的动能。吴嘉莘和杨红娟[2]利用2014—2020年的农户层面的面板数据,实证检验了新型农业经营体系对农户生计的影响。结果表明,新型农业经营体系可以显著提高农户的生计水平及其可持续性。在张建雷和席莹[3]看来,分散的、小规模经营面临十分高昂的交易成本,通过在

---

[1]　周庆元:《构建新型农业经营体系的动力机制与协同路径》,《内蒙古社会科学》2020年第3期。

[2]　吴嘉莘、杨红娟:《乡村振兴背景下新型农业经营体系对农户生计的可持续影响研究——基于准自然实验数据》,《云南民族大学学报(哲学社会科学版)》2022年第3期。

[3]　张建雷、席莹:《关系嵌入与合约治理——理解小农户与新型农业经营主体关系的一个视角》,《南京农业大学学报(社会科学版)》2019年第2期。

新型农业经营主体和小农户之间建立紧密且稳定的合约关系，一定程度上可以实现小农户与现代农业的有机衔接，进而推动农业农村现代化进程。

（二）数字技术与推动新型农业经营体系建设

随着信息技术的不断发展，数字技术已经渗透到经济社会的各个领域和农业生产经营活动的诸多环节。根据学术界的研究结论，对数字技术的采用可以推动新型农业经营体系的完善，以及农业经营主体的进一步发展。在陈卫洪和王莹[1]看来，数字技术既可以实现要素供给与要素需求的精准匹配，也能够更有效地组织各类生产要素，提高生产要素的利用效率，从而不断提高各类农业经营主体的收益水平，进而助力新型农业经营体系的形成。高杨等[2]的研究表明，推进农业数字化，不仅有助于促进新型农业经营主体的发展，还能够推动新型农业经营主体农业种植结构"趋粮化"。而且，以上作用在非粮食主产区、革命老区和民族地区更强。新型农业经营主体是农业农村现代化的重要力量，是乡村产业融合发展的重要主体。陈一明等[3]的分析认为，数字金融能够推动新型农业经营主体在乡村进行产业的融合发展，进而提高农业生产的附加值。

---

[1] 陈卫洪、王莹:《数字化赋能新型农业经营体系构建研究——"智农通"的实践与启示》，《农业经济问题》2022年第9期。

[2] 高杨、王寿彭、韩子名:《农业数字化与新型农业经营主体发展》，《中南财经政法大学学报》2023年第5期。

[3] 陈一明、温涛、向栩:《数字金融能促进新型农业经营主体的乡村产业融合发展吗?——以湖南省实地调研为例》，《农村经济》2022年第9期。

（三）不同种类的新型农业经营主体的农业生产效率

佟光霁和李伟峰[1]以山东省、安徽省、河南省和辽宁省4个省份的玉米种植为例，比较了不同种类新型农业经营主体的玉米生产效率。根据他们的测算结果，在玉米生产上，农业企业的效率是最高的，农民专业合作社和家庭农场的生产效率则低于农业企业。相比之下，专业大户的平均生产效率相对最低。朱继东[2]基于信阳市的调研数据，比较了不同的新型农业经营主体在不同种类的农产品生产上的效率差异。测算结果表明，在小麦、玉米和生猪的生产方面，家庭农场的综合效率最高；在油料和蔬菜的生产方面，农业龙头企业的综合效率最高；在小麦和生猪的生产方面，农民专业合作社的综合效率最低；在玉米的生产方面，专业大户的综合效率最低；在油料和蔬菜的生产方面，家庭农场的综合效率最低。

除了对单一新型农业经营主体农业生产效率的分析，张德元和宫天辰[3]的研究考察了"家庭农场"与"合作社"这两类新型农业经营主体之间的合作与粮食生产之间的关系。结果表明，合作社的核心社员在粮食生产方面有最高的技术效率，非合作社家庭农场（非核心成员）的粮食生产技术效率最低。由此可见，在规模经营基础上的进一步联合可以大大提高粮食的生产效率，有助于保障粮食安全。

---

[1] 佟光霁、李伟峰：《新型农业经营主体生产效率比较研究——以4省玉米种植经营主体为例》，《东岳论丛》2022年第4期。

[2] 朱继东：《新型农业生产经营主体生产效率比较研究——基于信阳市调研数据》，《中国农业资源与区划》2017年第2期。

[3] 张德元、宫天辰：《"家庭农场"与"合作社"耦合中的粮食生产技术效率》，《华南农业大学学报（社会科学版）》2018年第4期。

（四）新型农业经营主体的种粮倾向

各类新型农业经营主体的农业经营重点存在差异，突出体现在农地"非粮化"与否的选择上。钱煜昊和武舜臣[1]考察了各类农业经营主体的行为特征，他们认为，在从事粮食生产中的各类经营主体之中，只有大中型家庭农场和专业种粮大户具有稳定的粮食种植倾向，其他农业经营主体则在一定程度上都具有很强的"非粮化"倾向。此外，销售型合作社的建立能够有效提高粮食种植者的经营稳定性，确保粮食"有人生产"，降低农地的"非粮化"倾向。杨朔[2]等的研究表明，龙头企业、专业大户和家庭农场等农业规模经营主体在大田作物的生产上具有明显的优势。然而，各类新型农业经营主体在经济作物的生产中还没有占据绝对优势，农户小规模生产与规模化经营将会长期并存。

---

[1]　钱煜昊、武舜臣：《新型农业经营主体发展模式的选择与优化——基于粮食安全和吸纳劳动力视角的经济学分析》，《农业现代化研究》2020 年第 6 期。

[2]　杨朔、郭春香、赵国平等：《种植业不同经营主体耕地生产效率研究——基于关中 24 个旱作农业高产县（区）的调查数据》，《干旱区资源与环境》2018 年第 12 期。

第五章 做好储备调节,确保粮食稳定供应的路径和策略

本章主要从粮食供应角度出发,考察保障粮食安全的"供给侧"路径。笔者认为,保障粮食安全,不仅要在生产过程中发力,通过生产技术的提高、生产效率的改善等尽可能提高粮食的产量,也要在粮食的供应环节精准施策,降低粮食从生产者向消费者转移过程中的损失。与此同时,要将目光放长远,即进行一定规模的粮食储备,以应对外部环境变化对我国粮食供应情况的可能冲击。此外,保障粮食安全不能将目光局限在国内,还要充分利用国际粮食市场,使其"为我所用"。基于上述认识,本章将保障粮食安全的可行路径概括为以下四个方面:减少粮食损失和浪费,完善粮食储备制度,利用国际粮食市场和资源,农业对外投资。尽管这些措施的实施过程各有不同,但其核心均在于尽可能提高我国的粮食供应水平和能力,保障我国粮食安全。

从理论层面来看,粮食安全的内涵十分丰富,包括数量安全、营养安全、生态安全、能力安全等多个维度的具体内容。本章认为,从实践的角度看,保障粮食安全、确保粮食稳定供应可以从以

下两个大的方面着手。一是不断提高粮食生产能力,确保粮食的长期稳定生产。只有这样,才能把中国人的饭碗牢牢端在自己手中,真正掌握粮食安全的主动权。这是从生产角度出发对粮食安全的理解。对于中国这样一个既具有庞大的经济体量也具有庞大的人口规模的发展中大国而言,解决粮食问题或者说吃饭问题是首要的,只有生存下来了,才能在此基础上谋求发展。因此,自身的粮食生产总量和粮食生产能力是保障粮食安全的关键,实现粮食的稳定供应,一是要实现国内粮食的稳定生产。二是从供给角度看,必须确保粮食供给的长期稳定,要充分利用国内国际两个市场,充分发挥国际市场的作用。既要做好粮食储备以供应不时之需,也要加大与世界各国的经济贸易往来,尤其是与农业大国、农业强国的经济贸易往来,对国内粮食供给形成必要的补充。综上所述,本章将从减少粮食的损失与浪费、粮食储备、推动粮食进口和农业对外投资四个方面分别论述确保粮食稳定供应的可行路径。

第一节　减少粮食损失和浪费

一、粮食损失与浪费的现状

根据联合国粮农组织的数据,全球每年约有 13 亿吨粮食被浪费,粮食浪费的数额相当于全球粮食产量的 1/3[①],这种浪费规模对于一个仍然存在饥饿问题的世界来说是不可想象的。粮食是人

---

① 《联合国粮农组织:全球每年约 13 亿吨的粮食被浪费》,《国际商报》2021 年 10 月 18 日。

类生存的必需品。从田间生产到餐桌食物的整个过程包含诸多具体环节，每一个环节都存在因为客观原因或主观原因而导致的损失与浪费。据相关学者的测算，在粮食的储藏、运输、加工等环节，我国每年因为浪费而损失的粮食数量就相当于 2 亿人一年的口粮。[①] 另有学者的研究表明，我国的粮食在储藏、运输和加工等产后环节的损失量每年在 700 亿斤以上（蒋和平、朱福守，2015）[②]，粮食产后环节的损失规模巨大，减少粮食各个环节的损失与浪费无异于建设大片肥沃良田。武拉平（2022）[③]通过 2016—2017 年全国范围内的实地调查，估计了我国粮食损失和浪费的基本情况。分析结果表明，就全国层面而言，我国三大主粮的综合损失浪费率约为 20.0%。如果能够加以适当地控制，便可以降低粮食的损失和浪费数量，进一步确保粮食的稳定供应。根据武拉平的测算，我国三大主粮具有一定的减损潜力（约为 7%），如果能够完全实现这一减损潜力，则我国三大主粮的综合损失率可以由实际的20.02%降到 12.96%。如果将这一减损潜力根据同期的粮食产量进行换算，那么总计大概可以节约 4292 万吨粮食，占最初损失量（12170 万吨）的 35.3%。

我国各个环节的粮食损失和浪费的情况有以下三个特点。第一，不同品种的粮食作物，损失率存在一定差异。以小麦、水稻和玉米三类农作物为例，小麦的综合损失率最小，为 13.4%，水稻的

---

① 詹琳、杜志雄：《统筹食品链管理推动粮食减损降废的思考与建议》，《经济纵横》2021年第 1 期。

② 蒋和平、朱福守：《我国粮食储备管理现状和政策建议》，《中国农业科技导报》2015 年第 6 期。

③ 武拉平：《我国粮食损失浪费现状与节粮减损潜力研究》，《农业经济问题》2022 年第11 期。

综合损失率最大，为 30.3%，玉米的综合损失率则居于另两类粮食作物之间。小麦的综合损失率之所以很低，主要是由于小麦收割过程中的机械化率很高，约为 98.0%。而且，小麦的收割多为联合收割，与一个一个分散的收割环节相比，联合收割能够大大降低收割环节造成的小麦损失。同时，小麦的加工、储藏和运输等技术也相对成熟。与小麦相比，水稻收获的机械化率较低。同时，水稻加工过程中的副产物比较多，出米率低，也增加了水稻的损失比率。与小麦和水稻相比，玉米的机械收割比率虽然也较低，但其储藏环节对环境的要求不是很高，既可以整穗储藏，也可以将其加工为颗粒后储藏，所以玉米的综合损失率在小麦和水稻之间。第二，在不同的生产经营环节，各类粮食作物的损失浪费情况也存在明显的差异。在诸多可能存在一定程度的粮食损失、浪费的环节中，加工环节造成的粮食损失量最大，储藏、运输和销售环节的粮食损失率则相对较低。第三，粮食损失和浪费的总量较大。根据各环节的损失率和粮食产量，可以推算各环节粮食损失和浪费的数量。中国农业科学院发布的《2023 年食物与营养报告》显示，我国每年损耗浪费食物总量达到 4.6 亿吨，其中包括粮食、蔬菜、水果、肉蛋禽类等。这些浪费造成的经济损失高达 1.88 万亿元，相当于农业总产值的 22.3%。

我国在粮食各个环节的损失和浪费比较严重，一定程度上影响了粮食的稳定供给。应高度重视粮食在收获、储藏、运输、加工、流通以及消费环节的损失与浪费，将这些环节的损失减少作为确保粮食稳定供应的重要举措。为此，既要做好粮食生产、储备、运输等方面的体系建设，更要遏制住粮食在各个环节的巨大浪费，因为后者，在很多情况下是可以避免的。

二、减少粮食浪费的对策措施

（一）减少粮食浪费的意义

研究认为，减少粮食浪费对保障粮食安全具有重要的意义，主要体现在以下几个方面。一是保障粮食的稳定供给。粮食的损失和浪费主要源于生产、加工、流通和消费等环节，而这些损失可能对粮食市场供需平衡产生影响。净收益等于收益减去成本。对粮食而言，减少粮食浪费的另一面就是提高粮食的净产量，其最终效果就是在未产生其他成本的前提下可以增加粮食的有效供给。因此，通过减少各个环节的粮食浪费行为，可以提高粮食供给的稳定性，确保粮食的稳定供应。二是缓解粮食市场的供需压力。粮食是必需品，是人类维持生存所必需的基本物质之一。随着全球人口数量的不断增长，对粮食的需求的绝对数量也会随之增加。然而，粮食生产受到土壤肥力、灌溉状况、气候条件等多重因素的影响。加之农业生产是一种有机生产，其他生产要素的成倍增加在达到一定程度后并不会实现粮食生产的同等程度的增加，即粮食生产存在土地边际产出量的递减。在对粮食的需求不断增长以及粮食的供给水平在一定技术条件下相对有限的事实下，减少粮食浪费有助于缓解粮食供需压力，保障粮食安全。三是粮食价格剧烈波动的风险。粮食价格的大幅波动对农民的收入和粮食市场的稳定会产生重要影响。而且，粮食价格的大幅波动会误导粮食生产经营主体的行为，甚至使其陷入"蛛网困境"，既不利于提高农业经营主体的种粮积极性，也不利于粮食市场的稳定，甚至会影响整个社会的稳定。在其他条件不变的情况下，粮食的浪费相当于减少了粮食的供给，其结果便是粮食价格的上涨。由于粮食是必需品,其价格虽然上涨,但对其的需求量不会大幅减少。这样,消费者在粮食消费上会付出更大的成本,不利于市场的稳定。通过减少粮食浪费,一定程度上可以维持粮食供给量的稳定,避免因粮价大幅波动引发的损失。四是实现资源的永续利用和发展。在现有技术条件下,大面积的粮食生产仍无法摆脱对土地的依赖,土地、水资源和生态环境等仍会制约粮食生产。从生产要素角度讲,粮食浪费意味着消耗了过多的土地等自然资源和能源,不符合永续发展的要求。减少粮食浪费,也就相应地降低了粮食生产对土地、水等自然资源的消耗,有利于实现资源友好型生产,以具有可持续性的发展模式确保粮食的稳定供应。五是降低整个社会的负担。粮食是人类的基本生活资料,粮食的损失和浪费不仅是生活资料的浪费,更是对生产粮食过程中所投入的诸多资源的浪费,这些资源本可以用于生产更多的粮食,或用于其他有价值的用途之中。因此,减少粮食浪费,可以节约各类资源,一定程度上也能够降低整个社会的负担,推动社会稳定发展。

(二)减少粮食损失和浪费的对策措施

粮食损失和浪费不仅是最终消费者的事,而是与从田间到餐桌的整个食品供应链的所有主体,包括政府、农户、生产经营企业和广大消费者密切相关。从粮食生产环节看,产业链前端的损失主要是技术原因导致的,而在产业链末端,造成粮食浪费的主要原因则是思想意识等认知层面的因素。目前,我国对食物浪费的治理主要集中在消费环节。① 目前,我国基本形成了以相关法律为

---

① 李雪梅:《我国反餐饮浪费立法完善研究》,西北民族大学 2022 年硕士学位论文。

支撑，以地方相关政策作辅助，全方位制止粮食浪费的格局。

一方面，是社会各界对粮食浪费的不断重视。针对粮食浪费的现状，以及粮食的至关重要性，我国各个部门和各类主体开展了一系列活动，旨在提高对粮食浪费的认知，进而树立节粮意识，主动节约粮食。2013年1月17日，习近平总书记在新华社《网民呼吁遏制餐饮环节"舌尖上的浪费"》材料上作出重要批示，要求厉行节约、反对浪费。2013年1月29日，发布《商务部、国家旅游局关于在餐饮业厉行勤俭节约反对铺张浪费的指导意见》，文件发布以后，各个地区相继开展了制止餐饮浪费的行动。

另一方面，是相关部门的立法工作。2013年11月，中共中央、国务院发布《党政机关厉行节约反对浪费条例》，该条例就党政机关的领导干部和工作人员在消费节约方面进行了严格的要求，尤其是在公款吃喝、公款消费方面，作出了严厉规定。2020年8月，习近平总书记就制止餐饮浪费、严厉打击粮食浪费行为再次作出重要指示，此后，有关部门在餐饮浪费方面加紧了相关规范性法律法规的制定工作。2021年4月29日，《中华人民共和国反食品浪费法》（以下简称《反食品浪费法》）正式颁布实施，这意味着，我国针对食品浪费、粮食浪费，在法律法规层面进行了全面部署，对食品浪费的治理步入了法治时代。

三、反食品损失和浪费相关对策的绩效评估

《反食品浪费法》出台之前，我国在制止餐饮浪费方面所采取的主要措施是人民群众自身的道德约束，以及政府有关部门的倡导和相关文件。然而，这种方式具有倡导性、非严格规定式特征，缺乏法律和制度层面的刚性约束。因而，制止食品浪费的最终效

果也具有不可预测性。《反食品浪费法》出台使我国在法律层面有了针对食品浪费、粮食浪费的专门性法律,各地高度重视、积极行动,采取大量举措,群众的勤俭节约意识不断增强,主动"量力而食"、自觉"光盘行动"成为主流,浪费粮食的现象得到有效遏制,科学、文明、健康的餐饮消费观念基本形成。同时,反食品浪费方面的有关政策仍然不能与实际需要相匹配,尚未形成严格的制度体系,还存在一定的不足。

(一)反食品浪费工作协调机制初步建立

《反食品浪费法》出台后,我国各地通过对标国家层面的法律法规和制度安排,初步建立起本地的反食品浪费多部门协调机制。同时部分地区组织行政部门陆续出台有关反餐饮浪费的行动方案、实施方案、管理办法、工作通知、倡议书、评估制度、行业规范、指导意见、行为公约等,全面推动反餐饮浪费工作。在此基础上,部分地区注重反浪费行动的部门协调性,不断完善工作机制,初步形成全链条各环节相互衔接、针对性突破重点的反浪费政策体系。

(二)节约适量逐渐成为行业自觉

《反食品浪费法》出台后,各地政府通过建立全省机关食堂名录库,构建省、市、县三级机关食堂工作成效评估管理工作体系,开展机关食堂反食品浪费成效评估和通报制度试点。部分地区要求广大党员干部从自身做起,逐渐向社会树立简餐、节约、反浪费样板,还制定了反食品浪费工作成效评估标准、细则,确定具体的考核内容和标准,并严格执行考核评价,将反食品浪费纳入部门绩效考核。例如,湖北省宜昌市将反餐饮浪费纳入全市节约型机关创建、各地综合目标考评的重要内容,纪委监委加强各级机关、党员领导干部和公职人员反餐饮浪费日常监督,组织开展党政机关食堂"三推一禁"专项行动督导会、城区文明餐饮"五要五不"专项行动联席会等,通过不定时督查与常态化自查,引导各单位积极落实工作安排。

(三)形成对重点环节的常态化监督执法

《反食品浪费法》出台后,各地区有关部门根据法律规定,开展反食品浪费执法工作,通过日常检查、专项检查对不按规定进行反餐饮浪费提示、不提供打包服务、餐饮企业主体责任意识薄弱等行为予以查处和纠正,逐步规范餐饮行业经营行为。例如,四川省市场监管局编印《制止餐饮浪费执法检查指引手册》《制止餐饮浪费专项行动资料选编》,为各地案件查处提供指引参考。

(四)逐渐形成节约爱粮的社会氛围

《反食品浪费法》出台后,各地将教育作为反食品浪费的重要方式,通过张贴摆放宣传画、贴、册、标语,播放电视专题片、网络公益宣传片、网络短视频,推送微信公众号文章、开辟报纸专栏、发布倡议书,举行节约比赛、组织实地体验等多种方式开展宣传。同时,将反食品浪费与主题党日、团日活动,国庆、"五一"等节日庆典,世界粮食日、食品安全周等重要节点活动相结合,在全社会营造节约光荣、浪费可耻的风尚。例如,湖北省广播电视局制作《拒绝舌尖上的浪费》等公益宣传片,并在节假日等重点时段的热点频道轮播6000余次。四川省在四川电视台播放"制止餐饮浪费专项行动"专题节目,在《中国食品安全报》专刊宣传各地制止餐饮浪费经验做法等。

(五)探索激励与约束并重的价格机制

《反食品浪费法》出台后,各地有序探索非居民餐厨垃圾超额累进计价方式,利用价格杠杆作用倒逼非居民主体主动减少餐厨垃圾,提高食品利用率。例如,四川省发展和改革委员会同住房城乡建设厅印发《关于推进四川省非居民厨余垃圾计量收费的通知》,选取成都市双流区、隆昌市进行试点,进行非居民厨余垃圾计量收费改革,引导厨余垃圾源头减量,促进节约。又如,湖北省宜昌市在餐馆等经营服务性单位统一配备垃圾储存容器,并稳步推进与非居民餐厨垃圾收、运、处体系相配套的计量收费改革,研究建立定额管理和超定额累进加价机制。

第二节　完善粮食储备制度

粮食作为在使用价值上有着特殊重要性的商品,其再生产过程有如下两个鲜明的特点:一是粮食的季节性生产与常年消费相对应;二是自然再生产和经济再生产交织在一起,由此决定了粮食再生产受客观环境变化的影响较大。其中,第一个特点决定了为确保粮食常年消费而建立粮食周转储备的必要性;第二个特点则决定了为调节粮食年度之间和地区之间丰歉余缺和应对突发事件而建立粮食专项储备的必要性。因此,建立周转性粮食储备制度是确保粮食稳定供给,解决居民一日三餐无后顾之忧的"蓄水池"。按照联合国粮农组织的测算,粮食周转储备量应不低于全年粮食消费总量的 12% 这道安全线。从维护粮食供给稳定的视角出发，由政府承担周转性粮食储备是各国通行的做法。

一、我国粮食储备制度建设历程与现状

我国在古代就极为重视粮食的储备工作。那时候自然灾害对农业生产的影响通常是致命的，旱灾、涝灾等频繁发生的直接后果就是使部分家庭家破人亡。因此，通过储备一定的粮食，来降低自然灾害对人民温饱的影响，成为古代政府十分重视的工作。"准平""平粜""平籴""常平仓"等都是对古代社会粮食储备行为方法的形象概括。

新中国成立以来，尤其是改革开放以来，尽管我国在经济社会等方面取得了举世瞩目的成就，但是所面临的农业生产和粮食供应形势远非古代社会可比，解决亿万人民的吃饭问题始终是第一位的重大民生问题，只有解决好温饱问题才能保障实现更快更好发展，因此进行一定的必要的粮食储备，仍然不容忽视。我国粮食储备制度重要性主要体现在以下几个方面。一是保障粮食安全。进行粮食储备的目的就是在粮食产量很高的年份将"多余"的粮食储藏起来，在自然灾害、战争、经济危机等突发事件发生时，储备的粮食可以保障国家的粮食供应，避免因粮食短缺而引发的社会动荡和政治危机。二是稳定经济和维护社会治安。粮食市场波动常常导致物价上涨和社会不稳定。通过储备粮食，国家可以更好地调控和稳定粮食市场，防止通胀、食品价格过高，保持社会的稳定和谐。储备粮食也有助于平衡供需关系，支持农民的种植活动，促进农业和农村经济的发展。三是降低社会的储粮成本。粮食储备对仓储、物流等设施具有较高的要求，如果达不到既定标准，则

所储存的粮食会变为无法使用的陈粮,此时,粮食收储行为非但达不到战略性储备、平抑物价等的设定目标,反而成为政府部门的负担。而由政府进行粮食收储,可以充分地集中力量办大事,改分散储粮为集中储粮,节约粮食收储成本。

我国的粮食储备制度由省级和县市级两级构成,粮食功能区的不同,各个地区所承担的责任、在进行粮食储备方面的能力也存在明显差异。其中,省级储备粮食根据相关规定,1997年,省级储备粮食2.5亿斤(折原粮食局3.4亿斤)、食油5000吨。2004年,省委、省政府决定,新建省级储备粮食6亿斤(含食油5000吨),对原有省级储备粮食进行了处理;省级储备粮油的所有权、动用权属省政府,未经省政府同意,任何地区、部门和企业都不得动用;储备库点必须具备国家储备库的条件并拥有自主产权的粮食储备库;粮油补贴之中的保管费用、利息补贴、轮换费用和价差亏损、损失损耗由省政府对省粮食局包干,包干金额从省级粮食风险基金中列支,超支不补,节余由省粮食局按有关政策规定掌握使用,并按一定的比例建立省级储备粮风险补偿金,在农发行实行专户管理,省财政厅实行监督;粮食轮换实行滚动储备、动态管理,承储企业每年必须按储备粮食规模的1/3进行轮换,但当年10月至次年3月,必须保证6亿斤的储备。对储备粮油的轮换费用及价差盈亏由省粮食局及承储企业自行负责。另外,县市储备粮食储备数量由省政府规定,通常县市储备粮食12亿斤,其中部分市为5亿斤,其他县市7亿斤;县市储备粮食所有权、动用权属当地政府,其储备粮食的补贴、轮换等由各地制定,比照省级储备粮油的管理办法进行。另外,对于粮食主销区(例如,北京市、上海市、广东省等经济相对发达的地区)而言,由于其自身生产的粮食无法满足本地人口的实际需要,因而需要从外地调粮。对这些地区而言,由于自身的粮食供应压力始终存在,因而进行粮食储备具有相对于粮食主产区而言更大的重要性。

据统计,截至2023年,全国粮食标准仓房完好仓容超7亿吨,较2014年增长36%;低温准低温储粮仓容2亿吨、气调储粮仓容5500万吨;国有粮库粮食储藏周期内综合损失率控制在1%以内。我国的粮食自给率很高,而且已经做到口粮的完全自给。①

二、加快推进粮食储备制度改革的相关措施

新中国成立以来,我国就高度重视粮食储备的制度建设。根据国际国内形势的变化及粮食生产规模、粮食市场的供求关系变动等情况,曹宝明等的研究将我国的粮食储备体系划分为四个阶段。② 第一阶段,粮食储备制度基本形成(1949—1952年)。在这一时期,粮食的储备主要是以征收公粮形式进行的。第二阶段,粮食储备体系基本确立(1953—1984年)。为优先发展重工业战略提供充足的资本积累,我国实行了农产品统购统销制度,以农业剩余支援工业部门尤其是重工业的发展。这一时期,我国的粮食储备主要包括国家储备和农村集体储备两个部分。第三阶段,建立专项粮食储备制度(1985—1999年)。随着我国的发展转向以经济建设为中心,粮食领域的市场化改革也逐步推进。粮食的统购统销制度转变为"合同收购"。1990年,我国正式建立粮食的专项储备制度。这一时期,政府粮食储备是我国粮食储备的最重要来

---

① 陈晨:《我国粮食市场供应充足、保障有力》,《光明日报》2024年1月9日。
② 曹宝明、黄昊舒、赵霞:《中国粮食储备体系的演进逻辑、现实矛盾与优化路径》,《农业经济问题》2022年第11期。

源,包括中央和地方的两级粮食储备。第四阶段,粮食储备体系完善阶段(2000年至今)。新的历史时期,粮食储备的目标和任务也不断变化,国际国内形势也为我国的粮食储备提出了新的要求。因而,这一时期的主要目的是完善粮食储备的细节,解决储备过程中储备、经营、管理、监管等方面的问题。

不同的历史时期,我国面临的国际国内形势不同,粮食储备制度自身及其所承担的功能也要不断调整。党的十八大以来,中央加快了粮食储备制度的改革进程。2019年,中央审议通过《关于改革完善体制机制加强粮食储备安全管理的若干意见》,对我国的粮食储备管理制度等作出了全面而细致的部署,粮食储备制度框架已经基本形成。

2021年1月4日,国务院第121次常务会议修订通过《粮食流通管理条例》,并于2021年4月15日起施行。其主要内容包括,一是在粮食经营主体、经营方式日益多元化背景下,对其充分发挥市场配置资源的决定性作用和更好发挥政府的宏观调控职能,提出了新的要求。二是对政策性粮食流通管理采取有针对性的措施。三是对地方出现的粮食污染、变质等问题提出了管制措施,防控粮食流通环节面临的质量安全风险。四是对流通环节粮食损失损耗的问题提出综合治理方案,并建立长效机制。

2021年1月27日,粮食和储备局发布《政府储备粮食仓储管理办法》,明确了以下几点:一是政府储备承储单位"一符""三专""四落实"的具体要求,强化政府储备粮食仓储管理,确保承储安全。二是对现行仓储管理制度标准中涉及具体操作的有关内容作了展开,便于实践中更好理解和操作,例如储存年限的起算方法、损耗定额、装粮合理上限等。三是顺应技术发展,提出了控温储藏、因地制宜配备多参数(多功能)粮情测控技术、储粮有害生物综合防治等,体现了技术进步和储备安全升级的要求,引领在更高水平上保障政府储备粮食储存安全。

从当前改革方向来看,确保"口粮绝对安全"必须持续加大改革力度,短期改革目标是优化粮食储备结构,提高储备质量,减少亏损,降低财政负担。长期改革目标必须治本,放开放活市场,为小农户联结大市场,推动产加销存一体化,确保能产能销,让市场发挥决定性作用。目前,我国粮食库存的构成主要有三个来源:政府储备、政策性库存和企业的商品库存。当然,在部分地区,还存在农户的存粮现象,但是农户存粮的规模远低于前述三个来源,因而可以忽略不计。中央粮食储备和地方粮食储备兼而有之的粮食储备体系不断完善。

三、粮食储备制度改革的成效

粮食储备能力是国家粮食安全的重要支撑,粮食储备制度在粮食供求平衡关系中发挥了"蓄水池"和"调节器"功能。根据学术界以及相关部门的统计资料,本章将粮食储备制度实施以来所取得的成效概括为以下几点。

(一)粮食储备体系不断完善

近年来,我国在粮食收储制度方面进行了一系列改革,统一开放、竞争有序的粮食市场体系已经基本形成。一方面,"现代食品加工及粮食收储运技术与装备""现代粮仓绿色储粮科技示范工程"等重点项目逐步开展,大数据等现代信息技术不断应用于粮食收储行为,使粮食储备技术水平不断提高,粮食储备的现代化能力也大幅提升。另一方面,财政资金对粮食收储行为提供了大力支持,强化了财政对粮食的保障作用。粮食风险基金制度逐步完善,优质粮食工程项目推进步伐加快。此外,我国建立了粮食安全的省长责任制和"菜篮子"的市长负责制等制度,这些制度的设立进一步加强了粮食储备调控能力,粮食购销市场化稳步推进。

(二)区域调配能力进一步增强

粮食运输是粮食收储的前提,在粮食物流运输的软硬件配套方面,我国的步伐不断加快,高效率的响应机制逐步建立。一方面,粮食流通体制改革力度加大。我国实施了《粮食流通管理条例》,对粮食流通过程中的一系列环节进行系统性修改和完善,进一步提升了粮食流通效率。另一方面,粮食收储基础设施投资不断增多,粮食流通网络建设初见成效,粮食运输成本大幅降低,粮食运输效率大大提升。

四、粮食储备制度有待改进和完善的方向

(一)库存合理化调整

依据联合国粮农组织所定标准,粮食储备量占年消费量17%即可,其中周转储备占12%—13%,后备储备占5%—6%,依此计算我国合理粮食总储存量应为1亿吨,但当前储备总量远超该数值,国际谷物理事会数据显示我国粮食库存占消费额比例高达100%,远超世界17%的平均水平。这虽保障了短期内我国粮食安全无虞,但从长远经济与资源配置角度看,有必要对粮食库存进行合理化调整,使其逐步趋近于科学合理的储备量标准,避免过度储

备带来的资源闲置与浪费,同时优化库存结构,确保储备粮的周转效率和质量安全。

(二)成本效益优化

粮食储备成本随规模攀升,当前高储备态势下,资金投入不断增大,粮食损耗加剧,为维持高储备还刺激了更高的粮食生产,进而导致高额补贴支出,形成不良循环。有文献表明,我国每年粮食收购、保管、轮出、利息补贴、陈化损耗、出库损失等费用总计超1000亿元,如玉米临储各项费用高昂,以2.5亿吨玉米库存量计,国家每年库存成本费用达630亿元左右,三年后轮出财政支出约2000亿元,加上陈化损失与轮出差价,潜亏可达5000亿元,而农民受益占比不足10%,粮食企业也面临潜亏与生存困境。因此,急需优化粮食储备成本效益,从收购、储存、轮出各环节着手,探索降低成本的新模式,如采用更高效的仓储技术减少损耗、优化补贴机制提高资金使用效率等,确保财政支出能带来更大的经济效益和社会效益,保障农民与企业的合理利益,提升整个粮食储备产业链的效益水平。

(三)品种与布局均衡化

在粮食生产、市场价格、种植成本等因素作用下,我国政府储备规模持续增长,与此同时,工业化与城市化进程加快使农户离乡比例上升,家庭粮食储备意识淡化。且储备粮品种结构失衡,玉米库存量占比超半数,小麦占比偏低,原粮储备主导而成品粮库存不足;在地域布局上,31个省、自治区、直辖市中,粮食主产区储备规模过剩,主销区则储备短缺,空间布局失衡严重。为增强粮食储备体系的稳定性与应急保障能力,应着力推动储备粮品种多样化发展,依据市场需求和消费结构合理确定各类粮食储备比例,加强成品粮储备建设;同时,优化储备空间布局,综合考虑各地区人口分布、粮食供需状况、物流运输条件等因素,合理分配主产区与主销区的储备任务,构建均衡协调的粮食储备格局,确保在不同情况下粮食供应的及时性和稳定性,提升应对各类粮食供应风险的能力。

(四)体制机制革新

我国粮食储备体制目前仍以政府主导并受较多干预,虽经改革如中储粮成立开启垂直管理模式取得一定进展,但中储粮兼具企业属性与盈利诉求,而政府储粮旨在保障民生,这一矛盾导致中储粮单纯依靠轮出难以盈利甚至亏损,仅偶尔兼顾社会利益,整体储备体制滞后。鉴于此,亟待对粮食储备体制机制进行深度革新,一方面,进一步厘清政府与储备企业的职能边界,完善相关法律法规和政策体系,使政府监管更科学有效,企业经营更具活力与自主性;另一方面,探索建立多元主体参与的粮食储备模式,鼓励社会力量参与粮食储备,引入市场竞争机制,提升储备效率和效益,同时加强储备粮的质量监管、信息公开透明等制度建设,构建更加适应市场经济发展需求、保障粮食安全的现代化粮食储备体制,确保粮食储备在保障民生、稳定市场、应对危机等方面发挥关键作用。

第三节 稳妥扩大利用国际粮食市场和资源

通过国际市场进口粮食,能够确保在国际市场上粮食供应渠道的稳定和确保国际粮食供应链的稳定。中国虽然是全球第一大粮食进口国,但在粮食进口来源国比较集中大背景之下,跨国粮食供应链断裂的风险始终存在。其主要原因,一是自然灾害会使粮食出口中断。频繁发生的极端气候是导致国际粮食供应链中断的重要影响因素,特别是干旱、洪涝、暴风雪等极端恶劣天气的出现,直接恶化粮食的生产条件,对粮食产量产生重大不利影响。为了维护本国的粮食安全,确保本国国内粮食的稳定供给,原粮食出口国会大幅压缩甚至中断粮食出口,导致国际粮食价格大幅上涨,使许多国家粮食安全面临巨大风险。二是突发事件会引发供应链中断危机。例如,2007 年 8 月,国际油价的直线上涨趋势不仅直接导致了农业生产成本的激增,而且还大大提高了粮食跨国运输的成本,引发全球粮食价格的飙升。又如,2020 年 1 月开始并在全球迅速蔓延的新冠疫情,导致一些国家封锁港口,甚至禁止粮食出口,使全球粮食供应链随之中断。三是逆全球化思潮导致全球粮食供应链断裂。在逆全球化可能发生的背景下,仅仅依靠个别粮食生产大国的进口粮食保障国内的粮食安全,具有很大的风险。当前,我国正面临世界百年未有之大变局,单边主义、贸易保护主义的抬头对全球粮食安全治理带来复杂的影响。四是粮食供应链合作企业的违约。企业是理性的"经济人",以实现其自身利益最大化为目标,在上述宏观经营环境发生变化时往往以自身利益为导向,终止已签订的协议谋取最大利益。历次灾害证明,面对类似新冠疫情的风险,跨国粮食供应商将会违约导致全球粮食供应链断裂。

目前,全球虽然面临乌克兰危机等问题,但各国的经济贸易往来仍然很频繁。总体来看,经济全球化的好处仍然要大于其弊端,全球化在很大程度上仍然是未来世界各国的发展趋势。学术界也普遍认为国际粮食市场会对我国国内的粮食供给形成有利的补充，一定程度上有助于缓解我国可能面临的国内粮食安全压力。因此，除了通过保障国内粮食的长期稳定生产来确保粮食安全的方式外，充分利用国际粮食市场，从国际粮食市场适度进口相应的粮食，对保障我国粮食长期稳定供给具有重要意义。具体如下：一是有利于实现粮食的多元化供给。根据经济学的基本原理，当要素投入增加到一定程度时，总产出的边际增量会逐渐降低，即边际递减原理。这意味着，即便土地资源极其丰富，但在既定的农业生产技术条件下，一国所能生产出来的粮食仍然是有限度的。通过参与国际粮食市场，我国从国际粮食市场上进口粮食，通过粮食供给来源多样化缓解国内粮食生产之不足，或者为一段时期内的粮食储存做准备。即国际粮食市场上有众多的供给者，按照风险的概括分布情况，众多国家的粮食生产同时出现问题的概率极低，因此，在国际粮食市场上获得相对稳定的粮食供给的风险很低。粮食供给来源的多元化也可以降低我国对国内粮食生产的依赖性，当国内农业生产面临风险时，可以及时从国际粮食市场得到相应的补充，从而确保国内粮食供给的稳定性。二是有利于满足国内日益增长的粮食需求。随着我国人口绝对数量的增长和经济水平的不断发展，对粮食的需求也日益增加。在短期内，粮食生产技术无法取得更大程度飞跃的情况下，必须依靠国内国际两个粮食市场，才能确保国内粮食的稳定持续供给。三是有利于优化国内粮食生产和储备规模。在国际粮食市场上，存在众多的粮食供应主体和需求主体，粮食的交易规模十分庞大。由国际粮食市场上的供求关系所形成的粮食价格具有重要的信号作用，我国可以根据国际粮食市场供给波动情况，及时调整国内粮食生产计划和粮食储备策略，调整国内粮食生产和储备的规模，降低粮食储备成本。四是有利于稳定国内粮食价格。国际粮食价格频繁波动，反映全球层面粮食生产成本变化情况。通过参与国际粮食市场，我国可以根据国际粮食价格的变动适时调整粮食进口规模，保持国内粮食价格的平稳，稳定粮食生产经营主体的预期，维持住我国粮食生产的基本盘。

当前，随着我国粮食进口规模的不断增长，国外进口粮已经成为我国粮食市场的重要组成部分，对保障我国国内粮食供给起到了必要的补充作用。我国正面临着世界百年未有之大变局，且已经开始施行全面建成社会主义现代化强国的新政策。继续深化与国际粮食市场的合作，发挥粮食进口的重要调节作用，对保障粮食稳定供应具有重要意义。

一、我国粮食进口现状

随着我国消费水平的上升，人们对进口粮食的需求不断上升，如表5-1所示，2021年之前，我国粮食进口量呈上升趋势，但2022年我国谷物与大豆总共进口1.27亿吨，较上年减少了0.12亿吨，同比下降超过8.4%，我国粮食进口量有小幅度下降，但是对国外市场的依赖程度上升了1.8个百分点。

（一）粮食进口规模的变化

以谷物为例，根据中国统计年鉴和海关总署相关统计数据，2007年我国谷物进口量为59万吨，截至2022年，进口量达到3677万吨；而且，这一增速在持续提高。2002年我国大豆进口关税降为 1%，随之进口大豆的规模持续扩大；2021 年，我国大豆进口量出现明显下降，占全球市场比例为 65%；2018 年的中美贸易摩擦使我国大豆的进口关税大幅提高，受此影响，我们从美国进口大豆的数量直线下降，但是总的大豆进口量仍居世界首位。2020年，受新冠疫情的影响，我国谷物进口量大幅上升，2021 年达到 4306 万吨，之后，随着国际市场供给日趋稳定，进口量开始减少，2022 年减少到 3677 万吨，进口量较上年相比下降 14.6%。

表 5-1　2007—2022 年我国主要粮食的进口情况　（单位：万吨）

年份	进口量				
	小麦	玉米	大米	大豆	合计
2007	8	4	47	3082	3141
2008	3	5	30	3744	3781
2009	89	8	34	4255	4387
2010	122	157	37	5480	5796
2011	125	175	58	5245	5603
2012	369	521	234	5838	6962
2013	551	326	224	6338	7439
2014	297	260	256	7140	7953
2015	297	473	335	8169	9274
2016	337	317	353	8391	9399
2017	442	281	402	9556	10681
2018	311	353	306	8806	9776
2019	351	480	255	8859	9945
2020	836	1129	296	10032	12293
2021	977	2834	495	9654	13960
2022	996	2062	619	9110	12787

注：进口量使用海关总署数据，粮食总产量使用国家统计局数据。

资料来源：国家统计局，海关总署，Wind。

（二）粮食进口市场的结构变化

我国的粮食主要以小麦、玉米和稻米为主,我国的进口长期依赖于较少几个国家,它们之间所占市场份额此消彼长。根据表5-2,我国小麦进口国主要是美国、澳大利亚和加拿大,在2009年之前,我国小麦的进口主要来自澳大利亚,之后则以美国、加拿大和澳大利亚为主。2018年中美贸易摩擦产生后,我国减少了从美国的进口,从法国的进口明显增多。2021年小麦总进口数量占比之中,澳大利亚为28.2%、美国为28.1%、加拿大为26.1%、法国为14.6%。

表5-2 我国粮食进口国变化 （单位:%）

年份	小麦		玉米		大米		大豆	
	国别	比例	国别	比例	国别	比例	国别	比例
2014	澳大利亚	46.8	美国	39.5	越南	52.9	巴西	44.8
	美国	29.0	乌克兰	37.1	泰国	28.5	美国	42.1
	加拿大	13.8	泰国	11.1	巴基斯坦	15.9	阿根廷	8.4
	哈萨克斯坦	8.5	保加利亚	5.6	柬埔寨	1.6	乌拉圭	3.4
	合计	98.1	合计	93.3	合计	98.9	合计	98.7
2017	澳大利亚	44.1	乌克兰	64.1	越南	53.5	巴西	53.3
	美国	36.3	美国	27.1	泰国	30.8	美国	34.4
	加拿大	12.2	老挝	5.3	巴基斯坦	6.48	阿根廷	6.9
	哈萨克斯坦	7.0	缅甸	3.3	柬埔寨	4.5	乌拉圭	2.7
	合计	99.6	合计	99.8	合计	95.28	合计	97.3
2020	法国	29.2	乌克兰	55.7	缅甸	28.1	巴西	64.1
	加拿大	28.2	美国	38.5	越南	26.8	美国	25.8
	美国	20.3	保加利亚	2.3	巴基斯坦	14.8	阿根廷	7.4
	澳大利亚	15.0	俄罗斯	1.2	泰国	15.3	乌拉圭	1.7
	合计	92.7	合计	97.7	合计	85.0	合计	99.0

续表

年份	小麦		玉米		大米		大豆	
	国别	比例	国别	比例	国别	比例	国别	比例
2021	澳大利亚	28.2	美国	70.0	印度	20.9	巴西	60.2
	美国	28.1	乌克兰	29.0	越南	22.1	美国	33.5
	加拿大	26.1	保加利亚	0.5	巴基斯坦	18.5	阿根廷	3.9
	法国	14.6	俄罗斯	0.3	缅甸	15.2	乌拉圭	0.9
	合计	97.0	合计	99.8	合计	76.87	合计	98.5

资料来源:联合国粮食及农业组织(FAO)。

我国玉米进口主要来源于美国和乌克兰等国。2008—2009年玉米的进口来源国主要以美国、缅甸和老挝为主,但在2010年之后我国主要从美国进口玉米,占据玉米进口市场比例高达90%。直到2013年,"丝绸之路经济带"的提出带动了沿线国家的发展,从2014年开始我国玉米的进口市场由美国转移到乌克兰,从乌克兰的玉米进口量直线上升到了37.1%,2015年后,乌克兰成为我国第一大玉米进口来源国,2015年进口量增加到了81.4%,2019年增加到86.0%,继而是美国等国家。之后随着中美贸易变化以及新冠疫情影响,2021年我国从乌克兰的玉米进口量下降到了29.0%,美国重新成为我国第一大玉米供应国。

我国稻米主要从越南等东南亚国家进口,2014年起越南始终是我国最大的大米进口国,占总进口量的比例为52.9%。随着"一带一路"倡议的施行,我国积极从巴基斯坦、缅甸等国家进口大米,新冠疫情前曾分别达到24.5%和19.1%。2021年印度跃升为我国第一大大米供应国,占总进口量的比例为20.9%。

我国大豆的进口市场主要可以划分为巴西、美国和阿根廷。近几年,从美国进口大豆的数量在下降,巴西已经超越美国跃居我国大豆进口国首位,即便如此,我国大豆来自美国的进口量仍然数额巨大。但随着中美贸易关系变化,我国进口大豆格局中美国所占市场比例出现下降趋势,2021年美豆占我国大豆总进口量的比例下降到了33.5%,而巴西上升到了60.2%。

(三)粮食进口品种的结构变化

近年来,随着我国粮食进口数量的增加,各主要粮食品种的进口量都呈上升趋势,但是整体来看,中国粮食进口的品种结构性问题比较突出。据海关总署统计数据(见表5-3),2007—2022年,小麦、玉米和大米的进口比例呈上升趋势,而大豆的进口比例则趋于下降。但是,需要注意的是,大豆进口比例的下降并不意味着大豆进口量的减少,而是因为小麦、玉米和大米这三个主粮品种进口量的增加幅度更大。从各个粮食品种来看,近年来,小麦、玉米和大米三个主粮品种的进口比例在新冠疫情暴发之后出现了较大程度的上升,2019年分别为3.5%、4.8%和2.6%,2022年上升到了7.8%、16.1%和4.8%。大豆的进口比例却一直居高不下,基本都维持在90%左右。

表5-3　我国主要粮食品种的进口比例变化　　　　(单位:%)

年份	小麦	玉米	大米	大豆
2007	0.3	0.1	1.5	98.1
2008	0.1	0.1	0.8	99.0
2009	2.0	0.2	0.8	97.0
2010	2.1	2.7	0.6	94.6
2011	2.2	3.1	1.0	93.6
2012	5.3	7.5	3.4	83.9

续表

年份	小麦	玉米	大米	大豆
2013	7.4	4.4	3.0	85.2
2014	3.7	3.3	3.2	89.8
2015	3.2	5.1	3.6	88.1
2016	3.6	3.4	3.8	89.3
2017	4.1	2.6	3.8	89.5
2018	3.2	3.6	3.1	90.1
2019	3.5	4.8	2.6	89.1
2020	6.8	9.2	2.4	81.6
2021	7.0	20.3	3.5	69.2
2022	7.8	16.1	4.8	71.2

资料来源:国家统计局,海关总署,Wind。

(四)粮食进口依存度变化

中国的粮食种类较多,如果只考虑谷物的范围,我国粮食产品的进口规模并不大,如表5-4所示,虽然粮食自给率近年来持续下跌,2021年降低到80.9%,但仍然保持在较高的水平。然而大豆在我国的进口市场中占据着大部分,依靠进口来满足国内需求,也确实给国内产业带来了风险和竞争。粮食进口依赖加深意味着国际市场动荡更易传导到国内市场,进而降低粮食供给的安稳性并威胁国内产业安全。

表5-4 我国主要粮食作物的进口依存度   (单位:%)

年份	小麦	玉米	大米	大豆	粮食自给率
2007	0.1	0	0.3	242.2	93.7
2008	0	0	0.2	240.9	92.9

年份	小麦	玉米	大米	大豆	粮食自给率
2009	0.8	0.1	0.2	284.0	91.7
2010	0.1	0.9	0.2	363.3	89.4
2011	0.1	0.9	0.3	362.1	90.2
2012	3.1	2.5	1.2	447.4	88.2
2013	4.5	1.5	1.1	530.4	87.6
2014	2.4	1.2	1.2	587.5	86.9
2015	2.3	2.1	1.6	693.2	85.1
2016	2.6	1.4	1.7	671.3	84.8
2017	3.3	1.1	2.8	628.7	83.8
2018	2.4	1.4	2.1	553.8	85.5
2019	2.6	1.8	1.7	489.7	86.1
2020	6.2	4.3	2.0	511.8	82.8
2021	7.1	10.4	3.3	588.7	80.9
2022	7.2	7.4	4.2	449.2	82.7

资料来源:国家统计局,海关总署,Wind。

谷物进口方面,由净出口变为净进口,且进口依存度逐年提高,2022年小麦、玉米和大米分别为7.2%、7.4%和4.2%,谷物已经趋近于平衡状态。

大豆进口方面,在2001年加入世界贸易组织后,我国对大豆一直实行保持高度开放的贸易政策,进口关税已降至3%,此时的进口数额为1394万吨,2022年,大豆进口量上升到9112万吨,增长率呈直线增长,是最大的大豆进口国。随着经济的发展,国内对大豆的需求不断增长,国内大豆产量在1500万吨左右浮动。当前,我国大豆依存度提升到了449.2%,虽然近年来存在小幅下降趋势,但仍然高度依赖进口。

二、我国的粮食贸易政策

(一)我国粮食贸易的发展历程

改革开放以来,我国粮食贸易的发展历程可划分为三个阶段,其中改革开放后到加入世界贸易组织之前,我国粮食基本自给,净进口与净出口交替出现呈现出波动性的特征;2001 年加入世界贸易组织起,我国粮食就呈现净进口的特征,且进口增长快速;2015年之后粮食净进口量和产量双下降,说明我国粮食适度进口战略开始取得成效。①

1. 调剂余缺阶段(1978—2000 年)

改革开放以后,政府高度重视粮食生产,先后采取了一系列政策措施来提高农民生产积极性和粮食产量。我国的粮食产量从1978 年的 3 亿吨增长到 1998 年的 5.1 亿吨,30 年间增长了 70%,粮食基本实现自给。由于粮食需求增长刚性和生产具有波动性的特征,这个时期,当国内粮食供不应求时,国家通过进口来满足国内粮食需求以实现粮食安全,但是我国的粮食净进口量并不大,最大净进口量为 1995 年的 1967 万吨;当出现阶段性粮食过剩,我国通过扩大粮食出口来减少超额供给。从具体品种来看,小麦常年为净进口,但是净进口量呈现出波动下降的趋势;玉米多数年份为净出口,且出口量较大;大米绝大多数年份也为净出口,其出口量小于玉米;大豆在 1996 年前大部分年份都为净出口。1996 年起

---

① 王文涛、肖琼琪:《改革开放以来中国粮食贸易从调剂余缺到适度进口的战略演变》,《湖南师范大学社会科学学报》2018 年第 6 期。

我国主动开放大豆市场，大豆进口关税由114%降为3%之后，由大豆净出口国变为净进口国，大豆进口量增长迅速。1996年大豆净进口量为92万吨，2000年我国大豆进口量增长到1021万吨，4年间进口量增长了10倍。

2. 进口快速增长阶段（2001—2013年）

2001年，我国加入世界贸易组织，大幅度降低农产品进口关税，平均关税为世界平均水平的1/4，对大米、小麦、稻谷三个粮食品种实行关税配额制度，配额内关税为1%，配额外关税为65%，大豆关税仅3%，并放弃了使用特殊保障措施应对农产品进口激增的权利；同时放弃了出口补贴制度，并取消了粮食贸易的国有企业垄断制度，粮食进口快速增长。2004年我国粮食净进口量就达到2492万吨，超过了入世前的历史最高值。2013年进口高达8402万吨，而且仍然呈现出快速增长的趋势。从品种来看，谷物由净出口变为净进口，但总的趋势是净出口量越来越小，净进口量越来越大，净进口快速增长的趋势明显。大豆作为我国粮食贸易中主要和关键品种，其进口量一直呈现出快速增长的特征。2003年我国大豆进口量高达2047万吨，首次超过国内产量1539.3万吨，并取代欧盟成为世界第一大豆进口国。随着进口增加，粮食进口快速增长的消极作用越来越大。一是粮食三量齐增现象日益严重，非需进口突出，库存达到极限，原有的粮食收储制度无法持续。二是粮食产业受进口冲击日益严重，从大豆受冲击扩展到谷物即粮食产业受到全面进口冲击。三种主粮（谷物）的平均成本利润率也不断下降，由2011年的31.7%降为2013年的7.11%。

3. 适度进口阶段（2017年至今）

为应对粮食进口和安全形势发生的变化，2013年年底中央农村工作会议上,国家就确定了"以我为主、立足国内、确保产能、适度进口、科技支撑"战略,首次提出适度进口战略。由于政策制定和实施的时滞性等原因,2015年起我国粮食进口量首次下降,这标志着适度进口战略开始取得成效,粮食贸易进入适度进口阶段。

(二)我国主要的粮食贸易政策

1. 关税(配额)政策

通过高关税来确保国内粮食产业安全,是世界各国通行的做法。挪威、瑞士、日本等国农产品平均关税水平都非常高,进口价格"天花板效应"并不突出。我国粮食国际竞争力弱,国内外粮价长期倒挂,一旦完全放开,势必会冲击国内粮食产业安全。对三大主粮实行进口关税配额管理,相当于为国内粮食市场竖起了一道"防火墙",有效限制了主粮进口规模,保护三大主粮产业免受进口粮食冲击,从而保护了种粮农民积极性。2001年,我国加入世界贸易组织后,对农产品进口管理体制进行了重要改革,制定了《农产品进口关税配额管理暂行办法》,对小麦、玉米、大米、豆油、菜籽油、棕榈油、食糖、棉花、羊毛及毛条10种农产品进口实行关税配额管理。根据加入世界贸易组织的议定书,取消大豆的配额管理并执行3%的单一进口关税,导致在国内需求增加、内外价格倒挂背景下,大豆进口节节攀升、屡创新高,国产大豆逐渐被边缘化。近年来,我国重视使用关税(配额)政策抑制粮食进口,2016年1月12日我国商务部对来自美国进口的DDGS发起了反倾销反补贴调查并最终征收反倾销税和反补贴税;2018年对美国大豆提高了进口杂质检验标准;2018年我国对来自美国进口的大豆、谷物加征25%的关税。新冠疫情期间,2020年三大主粮进口激增,玉米进口创纪录达到 1130 万吨,首次超过全年关税配额,在 2021 年全球玉米价格高涨的情况下,配额外进口玉米关税高达 65%,进口玉米价格与国产玉米相比,已经没有了价格优势,这在一定程度上会提振国产玉米价格,保护种粮农民利益。一些国家和国内部分学者希望我国扩大粮食进口关税配额,但是我国始终坚持粮食关税不减让、配额不扩大的基本原则,对稳定国内粮食生产发挥了重要作用。

2. 出口关税制度

2007 年,面对全球性的粮食危机,为确保国内的粮食稳定供给,各国设置了出口壁垒,一些国家还取消了进口限制。由于我国独特的经济政策背景以及农产品市场的独特性,我国政府对全球粮食危机作出快速的反应,制定一系列反周期的措施,确保了国内的粮食安全。2007 年 12 月 20 日起取消小麦、稻谷等 84 类原粮及制粉产品的出口退税之后,从 2008 年 1 月 1 日至 12 月 31 日,我国对小麦、玉米等原粮及其制粉产品开始征收一定比例的出口关税,达到了稳定国内粮食价格的目的。新冠疫情期间,我国也收紧了粮食出口,出口量显著下降。

3. 价格形成政策

粮食价格形成机制改革是在降低政府对价格的干预力度,价补分离,市场定价或降低粮食支持价格,以缩小国内外价差,主要包括临时收储政策和价格补贴政策。一是临时收储政策,其目的是保障生产者的正常收益,属于提高农产品价格的支持政策。在玉米临时收储方面,2004—2008 年我国玉米产量实现五连增,但由于养殖业不景气,加上玉米深加工产业受到控制,整体需求疲软,价格出现下滑行情,农民面临"卖粮难"困境。在这种背景下,我国于 2008 年下半年对玉米实施临时收储政策。收储时间为新粮上市至次年的 4 月底；收储地区为黑龙江、吉林、辽宁和内蒙古三省一区；临时收储价格根据玉米生产成本的变化和确保种植农户合理收益的原则确定。2016 年，国家在内蒙古和东北三省地区，将玉米的临时收储政策改变为"市场化收购+补贴"的形式，玉米价格由市场形成。2016 年之后，临储收购政策被取消，临储抛储不再坚持顺价销售，临储开始降价去库存。主要方式包括央储轮出如中储粮包干销售、临储拍卖、定向销售等。在大豆临时收储方面，为保护豆农收益，我国出台了对内蒙古自治区、辽宁省、吉林省和黑龙江省的大豆等粮食品种实行临时收储政策。二是价格补贴政策，我国于 2014 年起进行大豆目标价格补贴政策试点。[①] 2018 年起国家将配套建立稻谷生产者补贴制度。[②] 农业供给侧结构性改革是 2015 年中央农村工作会议上提出、2016 年开始实施的，2017 年中央"一号文件"进一步指出"推进农业供给侧结构性改革，要在确保国家粮食安全的基础上，紧紧围绕市场需求变化，以增加农民收入、保障有效供给为主要目标，以提高农业供给质量为主攻方向"，其目的在于提升我国粮食国际竞争力[③]，来实现适度进口。

4. 国际粮商培育政策

2014 年中央"一号文件"指出"培育具有国际竞争力的粮棉油

① 王文涛、张秋龙：《大豆目标价格补贴政策的理论分析及整体性框架建议》，《湖南师范大学社会科学学报》2016 年第 2 期。

② 《农业农村部 财政部发布 2018 年财政重点强农惠农政策》，中华人民共和国农业农村部，2018 年 4 月 3 日。

③ 邓义：《供给侧改革下提高中国居民粮食产品消费质量的实证研究——基于全国 27 个省市区粮食产品消费行为的调研》，《消费经济》2018 年第 1 期。

等大型企业"，2016 年中央"一号文件"又指出"支持我国企业开展多种形式的跨国经营，加强农产品加工、储运、贸易等环节合作，培育具有国际竞争力的粮商和农业企业集团"。2000 年，我国把"培育国际大粮商和农业企业集团"写入"十四五"规划。另外，针对中国粮食企业走出去面临的融资难、融资贵的问题，人民银行、银保监会等六部门联合发布《关于金融支持巩固拓展脱贫攻坚成果　全面推进乡村振兴的意见》，明确提出要支持培育具有国际竞争力和定价权的大粮商。2021 年《财富》发布的世界 500 强排行榜榜单之中，我国中粮集团不仅排名高居第 112 位，而且以 76855.6 百万美元的营收位列国际粮商之首，打破国际四大粮商长期垄断世界粮食贸易的格局。同时，北大荒、首农等国内大型粮油企业也在积极走出去，向国际大粮商的目标迈进。[1]

5. 进口多元化制度

2014 年中央"一号文件"提出"优化进口来源地布局，建立稳定可靠的贸易关系"，2016 年中央"一号文件"进一步提出"优化重要农产品进口的全球布局，推进进口来源多元化，加快形成互利共赢的稳定经贸关系"。在此政策影响下我国采取以下措施拓展进口渠道，一是积极建立自由贸易区，截至 2022 年年底已与 24 个国家或地区签订了 16 个自贸协定。二是加强农业对外投资，如在国外直接租用农田，种植粮食返销国内，以及加强对国际粮食产业链和价值链的投资与控制。截至 2023 年，我国农业对外投资存量超过 200.2 亿美元，其中农业投资占 27.5%、林业占 18.1%、渔业

---

① 刘慧：《培育具有国际定价权的大粮商》，《经济日报》2021 年 8 月 26 日。

占 10.9%、畜牧业占 3.6%、农林牧渔专业及辅助性活动占 39.9%。[①] 三是签订政府间进口协议,如中国与泰国政府间签署了高铁换大米计划。四是参与全球粮食安全治理。积极参加联合国粮农组织、G20 和亚太经合组织等倡议建立的治理机制,维护全球粮食贸易市场秩序,特别是向联合国粮农组织捐赠 5000 万美元开展农业南南合作,支持发展中国家解决粮食安全问题,有效缓解国际粮食危机;农业部等四部委发布《共同推进"一带一路"建设农业合作的愿景与行动》,以"一带一路"共建国家和最不发达国家为重点,加强农业对外投资和援助,促进农业技术交流与合作,提升全球粮食生产能力。

三、我国粮食贸易政策的绩效分析

一是形成了统一的粮食安全思想。2013 年习近平总书记考察山东省时提出,保障粮食安全是一个永恒的课题,任何时候都不能放松。[②] 2021 年,第十三届全国人民代表大会第四次会议明确提出:"提高粮食和重要农产品供给保障能力。"会议报告进一步提出:"解决好吃饭问题始终是头等大事,一定要下力气也完全有能力保障好 14 亿人的粮食安全。"2022 年 3 月 6 日,习近平总书记在看望参加政协会议的农业界社会福利和社会保障界委员时讲话指出,粮食安全是"国之大者"。在党中央、国务院的高度重视下,全国自上而下初步形成了"以我为主、立足国内、确保产能、适度进口、科技支撑"的国家粮食安全思想,各部门齐心合力推动粮

---

① 中华人民共和国商务部、国家统计局、国家外汇管理局联合发布的《2023 年度中国对外直接投资统计公报》。

② 《汇聚起全面深化改革的强大正能量》,《人民日报》2013 年 11 月 29 日。

食生产和粮食进口均衡发展。截至2023年,全国粮食总产量6.95亿吨,比上年增长1.3%,连续9年稳定在6.5亿吨以上[①],人均粮食占有量超过490公斤,高于人均400公斤的国际粮食安全标准线。另外,同年,我国进口粮食1.6亿吨,虽然同比增长11.7%,但主要还是大豆,全年进口量为0.99亿吨,占全部粮食进口量的六成以上。[②]

二是实现了粮食贸易的逆差可控。加入世界贸易组织以来,我国粮食贸易逐步由贸易顺差转变为贸易逆差,且贸易逆差逐步扩大。根据海关总署数据,在2002年我国粮食净出口量为97万吨,而到2006年我国粮食贸易由顺差转逆差,截至2022年,我国粮食净进口量已达到14367.1万吨。与此同时,我国粮食进口依存度已由2000年的2.69%扩大至2022年的17.81%。其中,大豆的进口依存度尤为高,近年来每年均在60%以上,这反映出我国粮食进口结构性问题突出。但是在我国"谷物基本自给,口粮绝对安全"口粮观的指导下,我国在进口的同时,一方面坚持"口粮绝对自给",始终将大米、小麦进口数量控制在一定数量之内,防止进口国数量变化对我国市场的冲击。另一方面,发挥粮食储备的调节和蓄水池功能,始终保障中央储备粮稻谷与小麦库存均能满足一年以上的消费需求。据国家粮食和物资储备局与农业农村部的数据统计,库存消费比远高于联合国粮农组织提出的17%—18%水平,2022年我国进一步增加粮食收购量,籼稻、粳稻收购量约为2000万吨和3000万吨,对于保障我国短期内小麦、玉米、稻

---

① 邱海峰:《2023年全国粮食总产量13908.2亿斤,比上年增长1.3%——中国粮食生产再获丰收》,《人民日报(海外版)》2023年12月12日。

② 刘克洪:《农业农村部:2023年我国进口粮食1.6亿吨,大豆占比超6成》,《羊城晚报》2024年1月23日。

谷的正常供给以及稳定国内粮食价格起到了关键性作用。因此，即便国际粮食市场出现波动，现有库存将能极大地缓解各类风险对国内粮食市场的冲击。

三是把牢了粮食进口主导权。我国积极推行多元进口战略，根据2017—2022年海关总署数据显示，豆类的主要进口来源国是巴西和美国，占我国豆类进口总额的90.69%；薯类主要的进口来源国是泰国和加拿大，占我国薯类进口总额的70.78%；谷类主要的进口来源国是美国、乌克兰、澳大利亚和加拿大，占我国谷类进口总额的70.72%。由此可见，豆类的进口国最为集中，薯类次之，谷类的进口国最为分散。由于多元出口国的存在，使我国在遭受贸易政策不确定性冲击时，能够及时替换进口国，保障粮食供给安全。另外，虽然理论上来看，我国豆类、薯类进口集中度较高，但美国等出口国对我国的出口依存度也处于高位，在中美贸易摩擦过程中，我国将减少来自美国的大豆进口作为重要的角力筹码。这意味着，虽然中国当前的粮食安全体系紧密依赖于国际贸易，但仍牢牢地把握住了一定的主导权。

第四节　农业对外投资与粮食稳定供应

土地是各个国家、各个社会不可或缺的资源，不仅是物质资源，也是影响一国发展的战略资源。一言以蔽之，土地是民生的根本，耕地数量、质量会直接影响一个国家或地区的粮食生产状况和经济安全状况。在世界早已互联互通的现代社会，自给自足的粮食供应方式既不适合时代的发展，也不符合各个国家或地区的比较优势。特别是,对典型的人多地少的国家而言,"吃饭"与"发展"的矛盾始终存在。主要原因就在于,土地不仅是农业生产和粮食生产至关重要的生产要素,也是工业部门、服务业部门发展所不可或缺的要素资源。当然,由于不同部门生产性质的不同,它们对土地的需求程度存在明显差异,但土地都是这些部门生产经营活动不可或缺的要素之一。

除了充分利用国际粮食市场确保本国粮食的稳定供应这一种方式外,农业对外投资是另一种可行方式。它同样有助于保障本国的粮食安全,同时在国际粮食贸易中也具有更大的粮食安全自主权。在农业对外投资中,海外耕地投资是重要的投资方式。最早开始的海外耕地投资活动发生于19世纪末期,日本对美洲大陆进行的大规模农业人口输出。20世纪初,日本又先后对中国、巴西、哥伦比亚和巴拉圭等国家进行了农业扩张。然而,日本这些海外耕地投资带有"农业殖民"的色彩,虽然在一定程度上保证了日本国内粮食供给的稳定,但这种做法本身是不可取的。因此,更加可取的方式是通过市场的方式,以农业对外投资的形式,公开、公正、平等地利用国外的农业资源,而不是以掠夺、剥削等形式强制地、违背其他国家意愿地在其他国家进行农业投资。

本章所说的农业对外投资,便是建立在平等互惠基础上的,通过市场的方式所进行的。中国的基本国情是人多地少,因此可以以农业对外投资的形式实现土地经营规模等的间接扩大,即在平等互利的基础上,利用其他国家相对丰富的土地等自然资源,实现对我国国内粮食市场的有力补充。因此,农业对外投资对保障我国的粮食稳定供应同样意义重大,理应对此展开充分的研究。

一、中国农业对外投资现状

改革开放以来，党和政府对农业对外直接投资的重视程度不断提升，依据不同时期的国情农情制定了相应的农业对外直接投资政策，并对投资主体、投资区域、投资产业、投资环节等具体支持政策做了重要部署。总体来看，中国农业对外直接投资政策演进可分为三个阶段（见表5-5）。

表5-5　中国农业对外投资的阶段性特征

科目	理念萌芽阶段 （1978—2000 年）	起步阶段 （2011—2012 年）	深化阶段 （2013 年至今）
投资管理	审批管理制度	核准制度	以备案为主、核准为辅
投资产业	林业、渔业	种植业	种植业、畜牧业、林业、渔业、农资
投资环节	生产环节	生产和加工环节	生产、加工、仓储、物流、科研品牌
投资主体	国有企业	以国有企业为主，民营企业为辅	央企、国企、民企等多元化主体参与
投资区域	非洲、美洲、大洋洲	亚洲、大洋洲、欧洲	亚洲、欧洲、大洋洲

资料来源：仇焕广、雷馨圆、冷淦潇：《中国农业对外直接投资的政策演进与策略选择》，《改革》2023年第9期。

（一）理念萌芽阶段，初步形成投资雏形

改革开放前期，中国积极参与国际分工，1979年8月国务院颁布了关于经济改革的15项措施，其中第13项提出"允许出国办企业"，并于1985年出台《关于在国外开设非贸易性合资经营企业的审批程序和管理办法》，为中国的对外投资打开制度大门。1992年，党的十四大报告提出"建立和完善社会主义市场经济体制"，并提出"积极扩大我国企业的对外投资和跨国经营"，"走出

去"战略的雏形开始形成。之后，中国农业"走出去"大多依托国家对外援助项目，主要由国有企业承担，海外投资的重点集中于林业资源和渔业资源的开发性项目。

（二）起步阶段，形成了"走出去"政策支持保障体系

进入 21 世纪，经济全球化、世界一体化趋势不断加强，中国在诸多领域具备参与国际分工与竞争的能力，农业"走出去"也上升到国家战略的高度。2006 年，商务部、农业部和财政部等对加快农业"走出去"提出了指导性意见；2007 年中央"一号文件"中提出加快实施农业"走出去"战略；2008 年党的十七届三中全会决定扩大农业对外开放。2008 年发布的《国家粮食安全中长期规划纲要（2008—2020 年）》提出，"实施农业'走出去'战略"，农业"走出去"首次与粮食安全战略相联系。之后，中国农业对外投资制度不断完善，投资流量不断提高，截至 2012 年投资存量为 37.13 亿美元，主要分布于亚洲、大洋洲、欧洲。农业对外直接投资国家和地区数共 71 个，投资覆盖率达 28.98%，共成立境外企业 379 个。[①]

（三）深化阶段，形成全方位、多层次布局的"走出去"战略

党的十八大以来，中国的农业发展和粮食生产进入全方位对外开放的新阶段，中国融入全球农业价值链的程度日益加深，中国开始积极参与全球的粮农治理，中国农业的国际影响力不断增强。其中，农业对外投资对提高我国在全球粮农治理中的话语权作出了重要贡献。本节将简要总结我国农业对外投资的现状及其基本

---

① 仇焕广、雷馨圆、冷淦潇：《中国农业对外直接投资的政策演进与策略选择》，《改革》2023 年第 9 期。

特点,在此基础上进一步分析实现农业高水平对外开放、利用农业对外投资保障我国国内粮食稳定供应的策略选择。

一是中国农业对外投资的资金规模逐年增长。根据《中国农业对外投资合作分析报告(2022年)》显示,截至2019年,中国对外农业投资流量和存量分别从2003年的0.86亿美元和3.32亿美元增长到24.36亿美元和196.69亿美元,分别是2003年的28.3倍和59.2倍,投资流量额和投资存量额相比于2003年显著增加。从不同阶段变化来看,近几年,受到全球范围内贸易保护主义抬头的负面影响,导致对外投资活动风险增加,使中国农业对外投资流量呈现出负增长趋势;加上新冠疫情的影响,2020年中国农业对外投资流量减少55.78%,投资存量同比下降1.19%(见表5-6)。

表5-6　2003—2020年中国农业对外投资和同比增速情况

年份	投资流量(亿美元)	增幅(%)	投资存量(亿美元)	增幅(%)
2003	0.86	—	3.32	—
2004	2.89	238.1	8.34	151.20
2005	1.05	−63.67	5.12	−38.61
2006	1.85	76.19	8.17	59.37
2007	2.82	47.03	12.06	47.61
2008	1.72	−36.76	14.68	21.72
2009	3.43	99.42	20.28	38.15
2010	5.34	55.69	26.12	28.80
2011	7.89	49.44	34.17	30.82
2012	14.61	83.12	49.64	45.29
2013	18.13	24.07	71.79	44.61

年份	投资流量(亿美元)	增幅(%)	投资存量(亿美元)	增幅(%)
2014	20.40	12.51	96.90	34.97
2015	25.70	25.98	114.80	18.47
2016	32.90	28.02	157.60	37.28
2017	25.08	-23.78	165.62	5.09
2018	25.63	2.19	187.73	13.35
2019	24.36	-4.81	196.69	4.77
2020	10.79	-55.78	194.35	-1.19

资料来源:笔者根据农业农村部国际合作司、农业农村部对外经济合作中心编著:《中国农业对外投资合作分析报告(2022年)》,中国农业出版社2023年版整理。

二是农业对外投资的领域多样化特征明显。中国农业对外投资覆盖了多个农业细分领域,根据表5-7相关数据可以发现,除了在传统的农业种植(粮食作物和经济作物)和畜牧业领域进行投资外,中国的农业对外投资还涉及林业、渔业、农资产业等领域,这种多元化的投资方向有助于提高农业产业链的完整性和附加值。不过,种植业和畜牧业仍然是我国农业对外投资的主要领域,这两个领域的投资存量总额在全部农业对外投资存量中的占比达到66.28%。此外,粮食作物领域的投资规模占比最高,说明粮食类农作物对我国的重要性,也暗示通过农业对外投资,在国外发展粮食产业,是保障我国国内粮食稳定供应的重要方式。

表5-7　2021年我国农业对外投资存量的产业分布情况

产业类别	投资存量(亿美元)	占比(%)
粮食作物	81.39	30.02
经济作物	55.14	20.33

续表

产业类别	投资存量（亿美元）	占比（%）
畜牧业	43.19	15.93
林业	16.94	6.25
渔业	14.75	5.44
农资产业	12.11	4.47
其他	47.62	17.56

资料来源：农业农村部国际合作司、农业农村部对外经济合作中心编著：《中国农业对外投资合作分析报告（2022年）》，中国农业出版社2023年版，第86—87页。

三是农业对外投资区位主要集中在亚洲。《中国农业对外投资合作分析报告（2022年）》的最新统计数据显示（见表5-8），除个别年份略有下降外，中国农业对外投资的国家（地区）数量总体上呈持续增长态势。截至2021年达到117个，是2012年的1.6倍。此外，中国农业对外投资的投资覆盖率总体上也表现出鲜明的递增趋势，2021年达到了50.21%。说明中国农业对外投资取得了重要发展，投资覆盖率稳步上升。

表5-8 2012—2021年中国农业对外投资国家（地区）数及其覆盖率

年份	投资的国家和地区数（个）	投资覆盖率（%）
2012	71	28.98
2013	80	34.69
2014	85	38.30
2015	95	42.40
2016	107	47.80
2017	100	44.82
2018	102	43.78
2019	106	45.49

续表

年份	投资的国家和地区数(个)	投资覆盖率(%)
2020	108	46.35
2021	117	50.21

注:由于2018年世界上的国家(地区)总数与2017年相比有所增加,故2018年的投资覆盖率略低于2017年。

资料来源:农业农村部国际合作司、农业农村部对外经济合作中心编著:《中国农业对外投资合作分析报告(2022年)》,中国农业出版社2023年版,第88页。

　　在进行农业对外投资时,出于对投资风险和东道国政治经济环境的高度不确定性等因素考虑,中国在全球农业对外投资活动区域较为集中。由表5-9数据可知,2021年,中国对亚洲的对外投资流量、投资存量和企业数量分别为8.00亿美元、116.98亿美元和609个,分别占总数的48.13%、43.14%和54.38%。其中蕴含丰富的自然资源和农业发展相对落后的现状使东盟成为我国从事农业对外投资的重点区域,中国在该地区投资流量占比超一半。

　　中国对欧盟和美国等发达国家和地区的农业投资相对较少。2021年,中国对欧洲的对外投资流量、投资存量和企业数量分别为4.98亿美元、76.02亿美元和140个,分别占总数的29.96%、28.04%和12.50%。虽然占到了近1/3的比重,但是由于欧美等发达国家投资保护色彩较为浓厚,尤其是关系到国家发展根基的农业投资领域,普遍通过行业协会等组织抵抗,或者采取限制措施,加上部分西方媒体对中国企业正常投资活动的恶意抹黑,使中国农业企业面临不友好的营商环境与较高的投资风险和经营成本支出。

表 5-9　2021 年中国农业对外投资的区域分布及其占比

洲名	投资流量（亿美元）	占比（%）	投资存量（亿美元）	占比（%）	企业数量（个）	占比（%）
亚洲	8.00	48.13	116.98	43.14	609	54.38
欧洲	4.98	29.96	76.02	28.04	140	12.50
大洋洲	2.97	17.87	38.30	14.13	89	7.95
非洲	0.39	2.35	17.00	6.27	176	15.71
南美洲	0.11	0.66	17.50	6.45	36	3.21
北美洲	0.17	1.02	5.35	1.97	70	6.25
总计	16.62	100.00	271.15	100.00	1120	100.00

资料来源:农业农村部国际合作司、农业农村部对外经济合作中心编著:《中国农业对外投资合作分析报告(2022 年)》,中国农业出版社 2023 年版,第 8 页。

　　随着数字经济的发展,世界各国早已互联互通,数字技术更是成为各国的沟通纽带。在诸多国际合作中,中国与"一带一路"共建国家的合作独具特色。它既是对历史上各国之间联系的一种传承,也是对新时期各国发展的一种有力推动。依靠中国与"一带一路"共建国家既有的双多边机制,借助既有的、行之有效的区域合作平台可以实现双方的合作共赢。从对外农业投资流量看,中国企业对"一带一路"共建国家的农业投资总流量占对外农业投资总量的 58.98%。由此可见,"一带一路"共建国家无疑是我国农业对外投资的重点区域。表 5-10 进一步列出了中国在"一带一路"共建国家进行农业投资的细分领域,可以发现,中国在这些国家的农业投资以种植业和畜牧业为主,二者合计占比达 80%。而且,在种植业领域投资的企业总数占比近一半。可以认为,与"一带一路"共建国家的合作在很大程度上保障了中国国内粮食和畜产品的稳定供应。

表 5-10　2021 年中国在共建"一带一路"国家的农业投资产业分布情况

产业类别	投资流量 (亿美元)	占比(%)	投资存量 (亿美元)	占比(%)	企业数量 (家)	占比(%)
种植业	3.86	39.39	59.060	42.12	390	44.93
畜牧业	3.76	38.37	16.630	11.86	49	5.65
林业	0.29	2.99	16.690	11.9	28	3.23
渔业	0.10	1.02	11.690	8.34	127	14.63
农资产业	0.05	0.51	2.810	2.00	57	6.57
其他	1.74	17.76	33.342	23.76	217	25.00
总计	9.80	100.00	140.210	100.00	868	100.00

资料来源:农业农村部国际合作司、农业农村部对外经济合作中心编著:《中国农业对外投资合作分析报告(2022 年)》,中国农业出版社 2023 年版,第 17—18 页。

　　四是非国有企业成为农业对外投资的主要企业类型。按照从事农业对外投资企业所有制形式划分,可分为国有企业和非国有企业两种组织形式。国有企业拥有雄厚的资金及丰富的投资经验,是改革开放以来对外投资的主力,在中国农业对外投资中占据主导地位。党的十八大以来,非国有企业在中国农业"走出去"战略支持下,凭借自身灵活性和对政策的敏锐度等优势积极拓展国外市场,发挥着重要作用。如表 5-11 所示,2021 年,中国农业对外投资企业之中,非国有企业之中的有限责任公司数量为 547 个,占全部投资主体的 67.53%,已经远远超过国有企业,其数量是国有企业的 14.03 倍。另外,中国农业对外投资方式也越来越灵活多样。除了直接投资独资企业之外,中国还通过在投资目标国设立农业产业园区、合作农场、农产品加工基地等形式在国外开展农业投资活动。据相关数据,2020 年,中国在国外投资农业企业共1010 个,其中独资企业数量为 601 个,占比最大,为 59.51%;合资企业与合作企业相对数量较少,分别为 324 个和 49 个,占比分别上升到了 32.08% 和 4.85%。

表 5-11　2021 年我国境内投资主体类型分布情况

企业类型	企业数量(个)	占比(%)
有限责任公司	547	67.53
股份有限公司	105	12.96
私营企业	90	11.11
国有企业	39	4.81
股份合作企业	6	0.74
外商投资企业	9	1.11
港澳台商投资企业	4	0.49
集体企业	1	0.12
其他企业	9	1.11

资料来源:农业农村部国际合作司、农业农村部对外经济合作中心编著:《中国农业对外投资合作分析报告(2022 年)》,中国农业出版社 2023 年版,第 104—105 页。

二、促进农业对外投资的措施

农业"走出去"是中国国家"走出去"的重要组成部分。随着中国的综合实力提升为扩大农业"走出去"奠定了较好的基础,农业日益成为政治外交的优质资源。为促进中国农业对外投资,自改革开放以来,中国先后采取的主要措施如下。

(一)完善管理体制机制

2014 年农业部牵头多部委成立了农业对外合作部际联席会议制度。2016 年国务院办公厅出台《关于促进农业对外合作的若干意见》,首次在国家层面对农业对外合作进行系统部署。2017

年以来，《共同推进"一带一路"建设农业合作的愿景与行动》《"十四五"农业农村国际合作规划》等文件印发，标志着中国农业对外投资体制机制基本形成。

（二）改善外部投资环境

近年来，随着投资企业增加，对国外信息获取难问题日益突出，中国商务部、对外贸易促进中心等机构为了降低企业在目标投资国的信息搜寻成本，先后发布《对外投资合作国别（地区）指南》《对外投资国别产业导向目录》等文件，对于中国投资企业充分了解国外地区的投资环境发挥了重要作用。自 2018 年以来国家税务总局先后发布不同国家（地区）的投资税收指南，2023 年 6 月，根据各国（地区）税收法规变化，及时修订该指南。这些制度层面的改善，大大提高了企业参与对外农业投资的积极性，也以更加全面的信息等，提高了企业在外国投资的成功概率。

（三）简化对外投资审批程序

为保障资金安全和获取资金流向，中国要求投资企业在对外投资时要获得相关政府部门审批。在这一前提下，审批流程的长短、审批效率的高低，很大程度上决定了企业对外进行农业投资的成败。2003 年，我国在北京等 12 个地区试点扩大地方外贸部门的审批权限。2004 年，国务院发布《关于投资体制改革的决定》，国家发改委随后发布《境外投资项目核准暂行管理办法》，将原有对外投资管理的"审批制"改为"核准制"，即依据投资的规模和类型由国家发改委或地方发改委核准，重大项目核准后还应向上级单位报备核准。2009 年商务部颁布《境外投资管理办法》，进一步下放核准权限、简化核准程序，对外投资管理制度不断便利化。2014 年，国家发改委出台《境外投资项目核准和备案管理办法》，对一般境外投资项目普遍施行"备案制"，核准范围和程度大幅缩小和简化。

（四）规范对外投资监管

为防止"个别企业或个人通过对外投资渠道来转移资产"的行为发生，2017 年，国务院发布《关于规范企业海外经营行为的若干意见》《关于改进境外企业和对外投资安全工作的意见》，要求规范企业经营行为，建立统一高效的境外企业和对外投资安全保护体系。同年，国务院发布《关于进一步引导和规范境外投资方向的指导意见》，明确鼓励、限制和禁止这三类境外投资活动，限制房地产、酒店、影城、娱乐业、体育俱乐部等领域的境外投资。之后，国家发改委、商务部、人民银行等纷纷发文，不断加强对企业境外投资真实性、合规性审查和监管，控制非理性投资，持续规范中国对外投资。

（五）放宽对外投资的外汇管理

对外投资涉及币种的转换，因而与国家的外汇管理政策有关，后者会影响企业的对外投资收益率，进而影响其积极性。2006 年，外汇管理局发布《关于调整部分境外投资外汇管理政策的通知》，部分取消了境外投资外汇资金来源审查和购汇额度的限制，标志外汇管理由审批制向核准制转变。2009 年，中国进一步放松对企业对外投资的外汇管理事项，规定开展对外投资的企业，可以使用国内外汇贷款等多种方式，大大拓宽了企业对外投资的资金来源。2015年，为了进一步放松相关约束条件，国家外汇管理局发布《关于进一步简化和改进直接投资外汇管理政策的通知》，取消了26项行政审批项目，还允许企业将所获得的利润直接用于境外投资，大大降低了企业对外投资在外汇事务方面的时间成本和其他成本。同年，中国人民银行提出"人民币国际化"。2022年，党的二十大报告提出"有序推进人民币国际化"。截至2024年6月，人民币在国际支付中占比达4.61%，已成为全球第四大支付货币。[1]

(六) 设立产业投资基金

由国家开发银行、进出口银行等牵头，设立了针对对外投资企业的产业投资基金。根据有关规定，上述金融机构在对外投资企业进行一定的资格审查后，会对符合相关条件的企业给予一定的支持。该基金的目的就是通过补贴，鼓励其积极地"走出去"，降低其对外投资的成本，保障其对外投资利益，进而推动中国企业对外投资可持续发展。

(七) 提升信贷融资支持水平

金融是经济流动的血液，没有一定规模的资本，便无法成立企业，或者说无法使企业长期运转。为确保对外投资的企业能够顺利融资，积极参与国际市场上的竞争，中国政府制定了一系列融资支持政策，一是对于国家重点支持的对外投资项目，给予融资上的

---

[1]　陈四清：《健全跨境金融服务体系　助力高水平对外开放》，《人民政协报》2024年8月3日。

利率优惠。二是设立了境外投资专项贷款,专门针对有开展对外投资意向的企业,缓解其对外投资过程中可能面临的资金困境。三是不断完善境外网络,截至2023年6月,中资银行在境外71个国家和地区设立了295家一级机构,为"走出去"中资企业提供便捷金融服务。而且,中国金融机构深度参与国际经贸合作,发起成立"一带一路"银行间常态化合作机制(BRBR)、"一带一路"绿色投资原则(GIP)等,开展多层次跨境金融合作,拓宽中资企业境外投融资渠道。四是搭建国际融资平台。部分金融机构推出供应链融资平台(UOB Infinity FSCM),企业即使在中国,也可以通过此类数字平台国外的供应链融资,直接实现跨区域的融资统筹,帮助中国企业在国外市场取得先机。

(八)完善投资保险服务

中国企业"走出去"不可避免地面临诸多波澜与挑战。保险企业主动融入国家发展战略,积极探索创新保险服务,充分发挥风险管理和保障功能。为切实维护中国海外利益,中国再保构建独有的"一带一路"全球服务体系,在北京、新加坡、英国三地牵头组建"一带一路"保险再保险行业平台,搭建起遍及136个国家和地区的战略合作。人保财险发展短期出口信用险、进出口货运险等服务外贸稳定和外贸企业发展;发展跨境电商保险、海外仓保险等创新产品支持对外投资企业发展。根据人保财险发布的《2023可持续发展报告》数据显示,截至2023年年末,人保财险贸易信用险累计服务客户1.3万家,承保金额突破5781亿元,为9270家中小微企业提供1215亿元出口信用风险保障。另外,中国人寿开发"一带一路"系列保险产品,包括国寿"一带一路"团体定期寿险、国寿"一带一路"团体意外伤害保险、国寿"一带一路"团体医疗保险等，为中国企业的海外人员提供因疾病和意外导致的身故、伤残、医疗费用及境外紧急救援等服务。2024 年 7 月，商务部、中国人民银行、金融监管总局、国家外汇局联合印发《关于加强商务和金融协同　更大力度支持跨境贸易和投资高质量发展的意见》，明确鼓励银行保险机构深化合作，积极发展保单融资。推动商业性保险机构聚焦进出口重点环节，完善保险和理赔服务。进一步降低了中国企业的对外投资风险。

（九）加大税收优惠力度

税金是企业成本的组成部分，降低对外投资企业的税收负担，能够有效增加其投资前期收益，提升投资成功的可能性。2010 年 6 月，国家税务总局发布《关于进一步做好"走出去"企业税收服务与管理工作的意见》，根据该《意见》的相关规定，对外投资企业境外所得，可享受税收抵免；符合条件的企业还可以享受出口退税政策。2011 年，财政部、国家税务总局发布《关于高新技术企业境外所得适用税率及税收抵免问题的通知》规定居民企业抵免限额部分，可在 5 年内，用每年度的抵免限额抵免当年应抵免税额后的余额进行抵补。对外投资种子研发、农技研发等高新技术企业，可享受 15% 的优惠税率缴纳企业所得税等细则，进一步有针对性地加大了扶持力度。①

---

① 国家税务总局：《税收优惠助力企业"走出去"——企业所得税篇》，国家税务总局网站，2015 年 10 月 22 日。

三、农业对外投资绩效评估

一是弥补资源劣势，实现了优势互补。中国人口众多，粮食需求总量十分庞大。尽管中国已经初步实现了"谷物基本自给，口粮绝对安全"的基本目标，但中国可耕地面积与庞大的粮食需求相比仍然十分稀缺，为了确保粮食的长期稳定供应，必须寻求足够数量的粮食供给渠道，这对土地提出了新的需求。通过对外农业投资，利用目标投资国家的土地、水资源等中国国内较为稀缺的农业生产要素，有效地弥补了中国国内资源不足。

二是降低了粮食供应链断裂风险。农业生产虽然面临诸多的自然风险，但自然灾害往往具有一定的区域性，由于国与国之间的空间距离通常要大于国内地区与地区之间的距离，并不是所有的国家都会在同一时间、发生同一类型的自然灾害。因此，国与国之间是否发生农业自然灾害这一事件是彼此独立的，在多数国家同时发生农业自然灾害的概率要远小于在一个国家内部发生农业自然灾害的概率。这就意味着，通过对外农业投资，既可以实现国内粮食供给来源的多样化，避免国内粮食生产受自然灾害影响后国内粮食供应水平的下降；也可以打破农业生产的季节性限制。在我国冬季，部分地区的粮食生产会中断。而在并不处于冬季的其他国家，则粮食生产不会受到我国国内季节的影响，由此一定程度上实现了平抑季节或气候因素对国内粮食平稳供应的问题。另外，当我国粮食产量受到自然灾害、气候变化等因素的不利影响时，还可以通过对外投资使我国轻松地获得来自其他国家的粮食供应，既实现了稳定国内粮食市场价格的作用，也确保了国内粮食的稳定供应。

三是提高了国内粮食生产效率。世界粮食市场是残酷的，只有通过不断地提高科学技术水平和粮食生产效率，才能在世界粮食市场上占有一席之地。通过在国际市场开展农业投资，我国农业企业不断加强与世界各国的交流，特别是与农业现代化水平很高的发达国家的密切交流与合作，吸收其先进的种植技术、高效农机装备、先进的管理制度，促进了农业技术的转移和推广进程，使农业对外投资提升了企业的市场竞争力、对国内的粮食生产产生了正向外溢性，推动国内粮食生产效率的提高，保障了我国粮食安全。

四是促进了目标投资国的社会发展。中国在境外所设立的农业企业不仅满足了自身需求，还为促进当地社会发展作出了重要贡献。由表5-12可知，2012—2021年，中国投资企业在投资地所雇佣的当地员工数量总体上保持着上升趋势，2012年为8.8万人，2021年增加到了18.30万人，增加了108.0%，且未来进一步提高的趋势十分明显。而拉动就业的同时还能够产生一系列的连锁反应，例如提高当地人民的收入水平，带动当地经济发展等，整体促进当地社会发展。

表5-12　2012—2021年中国投资企业雇佣当地员工数量情况

年份	雇佣当地员工数量（万人）	增长率（%）
2012	8.80	—
2013	5.97	−32.16
2014	12.59	110.89
2015	11.07	−12.07
2016	14.73	33.06
2017	13.40	−9.03
2018	15.14	12.99

续表

年份	雇佣当地员工数量（万人）	增长率（%）
2019	15.71	3.76
2020	17.85	13.62
2021	18.30	2.52

资料来源:农业农村部国际合作司、农业农村部对外经济合作中心编著:《中国农业对外投资合作分析报告(2022年)》,中国农业出版社2023年版,第6页。

第六章　保障我国粮食安全的
难点与对策建议

　　本章对保障我国粮食安全提出了全方位的对策建议。研究发现,当前我国保障粮食安全面临耕地保护形势依然严峻、资源环境约束持续偏紧、粮食生产受自然灾害影响较大、科技创新能力依然存在短板、农民种粮积极性持续降低、粮食市场体系不够完善和粮食储备和应急能力不足 6 处难点。建议从"藏粮于地""藏粮于技""藏粮于民""藏粮于改""藏粮于备""藏粮于贸"6 个方面加强体制机制建设,加大财政投入力度。

　　粮安天下,农稳社稷。粮食事关国运民生,粮食安全是国家安全的重要基础。自新中国成立以来,我国始终把解决人民吃饭问题作为治国安邦的首要任务。在中国共产党的领导下,我们在农业基础设施薄弱、人民生活水平极度贫困的困境下,凭借自身的力量实现了粮食的基本自给。这不仅成功解决了 14 多亿人口的基本生活需求,而且显著提高了居民的生活质量和营养水平,粮食安全取得了举世瞩目的巨大成就。[①] 党的十八大以来,以习近平同

---

① 中华人民共和国国务院新闻办公室:《中国的粮食安全》,《人民日报》2019 年 10 月 15 日。

志为核心的党中央把粮食安全作为治国理政的头等大事,提出了确保"谷物基本自给、口粮绝对安全"的新粮食安全观,确立了以我为主、立足国内、确保产能、适度进口、科技支撑的国家粮食安全战略,走出了一条我国特色粮食安全之路。2023 年 8 月 29 日,十四届全国人大常委会第五次会议分组审议国务院关于确保国家粮食安全工作情况的报告。报告显示,我国粮食产量连续 8 年稳定在 1.3 万亿斤以上,2022 年粮食产量 13731 亿斤,粮食单产每亩386.8 公斤,较 5 年前分别提升了 498 亿斤和 13 公斤/亩;人均粮食占有量达 486.1 公斤,高于国际公认的 400 公斤的粮食安全线。①

虽然我国在保障粮食安全方面取得了举世瞩目的巨大成就,但保障粮食安全任务依然艰巨。根据第三次农业普查数据,2016 年我国耕地面积为 134921 千公顷。假设耕地面积不变,按照 2022 年我国总人口 141175 万人计算,当前我国人均耕地面积约为 955.7 平方米,即 1.43 亩。在人多地少的基本国情下,我国粮食安全问题依然严峻。历年中央"一号文件"均将"确保粮食安全"作为重中之重。总体而言,我国的粮食安全问题与基本国情有着密切关系,这是由我国的资源环境、人口数量、经济社会发展水平、农业发展状况和农业政策等多方面因素共同决定的。在未来,粮食安全问题仍将是我国面临的重要挑战之一。

---

① 郑栅洁:《国务院关于确保国家粮食安全工作情况的报告——2023 年 8 月 28 日在第十四届全国人民代表大会常务委员会第五次会议上》,《中国产经》2023 年第 18 期。

第一节　藏粮于地:保障耕地红线

一、统筹建立粮食产销区省际横向利益补偿机制

为充分提高主产区"抓粮"的积极性,建议将"藏粮于地"战略与粮食主产区利益补偿机制相衔接,健全粮食主产区利益补偿机制,确保主产区抓粮不吃亏、有动力。考虑到粮食主产区为保障国家粮食安全所付出的成本和作出的贡献,政府应持续加大对粮食主产区的转移支付和政策支持力度,统筹建立粮食产销区省际横向利益补偿机制。应统筹考虑中央和地方、产区和销区等关系,考虑效率和公平、激励和约束等政策取向,兼顾粮食生产、流通、消费等相关因素影响,兼顾区域发展实际和财力条件,认真研究该机制中的责任和贡献划分,解决补偿对象、补偿标准、补偿方法等现实问题,尽快出台相关政策,推动在主产区利益补偿上迈出实质步伐,使在保障国家粮食安全过程中作出重大贡献的粮食主产区获得充分奖励。

二、"藏粮于地"与国内经济政策相衔接

"藏粮于地"战略不是单独存在的一个政策,而是需要处于中国整个政策系统中。"藏粮于地"战略只有与其他经济政策相衔接,才能发挥出更好的作用。加强"藏粮于地"战略与经济政策的协调性,构建政策联动机制。"藏粮于地"战略牵涉农业农村部、自然资源部、国家发展改革委、财政部等诸多部门。这些部门要围绕保障粮食安全这个大的战略,相互协调配合,才能把"藏粮于

地"战略做到实处。例如,高标准农田建设需要巨大的建设资金保障,要求财政部门与农业部门协调配合,强化政府投入引导和撬动作用,鼓励金融和社会资本投入。

三、加强农田水利设施建设

(一)提高农田水利设施的建设标准和要求

科学设计农田水利设施,确保新建农田水利设施能够适应未来的气候变化和农业生产的需求,具有一定的抗旱涝能力。在设计和建设农田水利设施时,要充分考虑到地方的气候特点、农作物的生长需求,以及农民的实际需求。建造时要注重农田水利设施的质量,确保它们能够长期稳定地运行,为农业生产提供持续稳定的水源。

(二)加大对农田水利设施的投入

水利设施对于粮食稳产增产至关重要。政府应将农田水利设施建设作为农业农村发展的重要内容,纳入年度财政预算中,保证其投入的稳定性和连续性。同时,政府也应该通过财政补贴、金融支持等方式,鼓励社会资本参与到农田水利设施建设中来。

(三)加强农田水利设施的管理和维护

建立健全农田水利设施的管理制度,确保设施的正常运行,及时发现和解决设施运行中的问题。对于老旧且无法满足农业生产需要的农田水利设施,及时进行改造和升级,保障水利设施正常运行。

四、因地制宜推进耕地流转和耕地整治

完善土地流转制度。鼓励农村土地有序流转,不搞"一刀切"和强迫流转,让土地资源更加集中,以适应现代农业生产的需要。在土地流转过程中,要保护农民的利益,确保农民在土地流转中得到足够的补偿,并有足够的机会参与到现代农业生产中来。加大土地整治力度,通过合并,提高土地的利用率。通过工程、生物、施肥等措施加以改造,完善农田基础设施,改善生产条件,改良土壤,提高土地旱涝保收、稳产高产的能力。

第二节　藏粮于技:加强粮食科技
及相关产业支撑

一、提高粮食生产的科技含量

(一)加大农业科研资金投入

进一步建立健全农业科研支持政策,加大力度支持农业科研发展,包括优化科研项目审批流程、提高科研成果转化效率、加大科研成果奖励力度等。在资金方面,国家和地方政府应当增加对农业科研的财政扶持和配套支持,同时也可以通过各种方式吸引社会资本投入农业科研,如公私合营、股份合作等。

(二)加强农业科研队伍的建设

引导和扶持更多科研人员投身农业科研,重视对农业科研队伍的培养和激励。建立健全农业科研人员职业发展体系,在申请

课题、表彰奖励方面适度向农业科研人员倾斜,保障农业科研人员科研热情和创新动力。

(三)加强农业科研的国际合作

农业是全球性的问题,应当加强与其他国家和国际组织的农业科研合作,共享科研资源,共同解决农业问题。建立国际农业科技交流平台,促进国内外科研机构、企业和个人之间的交流和合作。加强国际农业科技引进和转化,设立特殊基金支持引进国外先进农业科技。促进涉农专业学生与国际农业研究机构、高等学府等进行联合培养,加大农业科研人员与国际农业研究机构、高等学府以及企业等合作与人员交流支持力度。聚焦农业科技研发国际合作范围。优先在现代种业和土壤健康、推进生物技术产业化、气候智慧型农业、农业绿色可持续发展、粮食安全和粮食援助、节粮减损和能力建设以及数字农业技术等方面开展合作。

二、完善农业种质资源保护和育种创新机制

加强农业种质资源保护和育种创新,夯实农业现代化基础。种子是农业的芯片,种业是农业生产的起点。

(一)加强种质资源收集保存和新品种选育机制

抓住全国第三次种质资源普查机遇,加大粮食作物种质资源的收集保存力度,有序有效引进国外优异种质资源。在粮食功能区建设一批种质资源保存基地和鉴定评价基地,在特殊生态功能区建设一批野生资源原生境保护监测基地,加大对资源的评价利

用,为作物种质创新和重大品种选育提供保障机制。建立种质创新与生物育种重点实验室,加快利用分子生物学技术,创制一批抗逆、优质的粮食作物种质资源作为战略储备,为未来粮食数量和质量安全保驾护航。整合科研力量,加快选育具有自主知识产权的重大新品种,把培育高产、优质、抗逆、抗病虫、耐盐碱、栽培轻简化和适宜机械化的重大新品种,作为提升粮食生产潜力和藏粮于技的主要抓手。深入实施现代种业提升工程,开展种源"卡脖子"技术攻关,突出种业创新,坚持育繁推一体化,加强种质资源保护和利用,加快建设国家级大豆种子基地,加强种子库建设投入机制。

(二)构建现代种业体系

实现种业科技的自主创新和种源的自我控制不仅是农业现代化的关键路径,更是与国家粮食安全息息相关的战略决策。深入实施种业振兴行动,全面推进生物育种重大项目,加速培育高产水稻、耐盐碱作物、高产高油大豆和短生育期油菜等新品种。近年来,我国高度重视种业发展,启动实施种业振兴行动。国家级良种繁育体系进一步健全,第三次全国农作物种质资源普查基本完成,国家农作物种质资源库和海洋渔业种质资源库已建成运行,供种保障能力由 3 年前的 70% 提升至当前的 75%。目前种业振兴正处在夯实基础的关键阶段,要高度重视种业发展对于保障粮食安全的作用,重点开展种源关键核心技术攻关,快速弥补豆类、水果、蔬菜和畜禽等品类的种源短板和育种技术,为种质资源的发现、保护和研发建立行之有效的长久机制。

（三）优化粮食作物良田改良与种植制度

一是加快中低产田改良制度，提升土壤质量保障抗灾机制。加强耕地构建和熟化，加快撂荒地的复垦和地力提升培育机制。通过强化新技术集成应用，提升耕地质量和粮食生产能力；优化组合品种、配方平衡施肥、新型缓控释肥、土壤改良剂、水肥一体化、病虫害防控、坡耕地改梯田和田间管理等技术，推进高产田创建，提高单位面积土地产出效率；加强旱地农田覆膜集水种植、立式深旋耕作技术和全程机械化技术、灌区垄作沟灌、垄膜沟灌、膜下滴灌、智能化机械化技术的集成应用，大力推进高标准农田建设。二是加快建设粮食作物种植制度与布局优化机制。应该结合全国各区域资源禀赋，集成创新一批区域性间作、套种和复种技术，优化种植制度。在热量和水分充足的陇东和陇南等地区，发展粮豆复种技术、果/豆间作技术和麦后马铃薯复种技术等，在河西灌区和沿黄灌区发展绿肥复种技术，在缓解豆类严重匮乏造成的压力、稳定经济作物播种面积、保障粮食产量、支撑农牧高效结合的基础上，稳步提高土壤肥力，进一步提升全国粮食产能。

三、健全农业机械化水平和农业社会化服务机制

根据国务院印发《国家中长期科学和技术发展规划纲要（2006—2020 年）》、2021 年发布的《中华人民共和国国民经济和社会发展第十四个五年规划和二〇三五年远景目标纲要》和"十四五"农业农村现代化、制造业高质量发展、科技创新等战略规划，把农业机械化作为重要任务方向和攻关重点。

（一）加快先进农业机械装备研发推广服务机制

作为农业现代化的重要标志,农业机械装备是提高农业劳动生产率和促进农业规模经营的重要手段。现阶段,全面机械化的农业操作在我国日益普及,但细分来看,我国的农业机械化水平呈现"整体明显提升、发展较不均衡"的状态。具体来说,耕作、种植、灌溉、施肥、收割等农业生产的主要环节,机械化程度相对较高,然而在产前和产后阶段,机械化程度则相对较低。为了进一步提升我国农业机械化的水平,我们应关注我国农业生产的实际需求,适应我国小农户、丘陵地等特殊农业情况,加强在智能装备、农产品初步加工设备、丘陵山地适用的小型机械等领域的研发力度,以技术创新驱动农机产业的质量提升和效益增长。在农机设备的推广应用上,我们可以鼓励探索农机合作等农业社会化服务的新模式,拓宽中小农业经营主体的农机使用渠道,通过创新合作机制帮助他们降低使用成本。农业现代化的推进需要提升农机设备研发和应用的水平,着力突破包括大马力柴油机等核心组件,高效播种、低损收获等关键技术,以及一些在特殊区域和特色作物农机设备制造中的薄弱环节。我们需要加快大型智能农机设备、丘陵山区适用的小型机械和园艺机械等先进农机的研发,以便更快地提升农业机械化的水平。

（二）加快农业大数据中心和智慧农业平台投入机制

充分利用互联网、大数据、云计算、区块链、人工智能等现代技术手段,提升粮食生产信息化水平。加快发展农机装备产业,开展适应山旱地作业的小型农机具、适宜灌区规模化作业的智能化机械的引进消化和集成创新,推进粮食作物机械化和规模化生产,提高生产效率和种粮效益。通过政府购买服务、以奖代补、先服务后补助等方式,制定管理标准,加强政府引导,搭建和利用各类综合性、专业性农业服务平台,把社会化服务作为重点扶持对象,提升粮食生产质量效益,解决未来谁来种粮的社会问题。

四、构建支撑农业绿色发展的科技创新体系

(一)建立绿色农业扶持机制

农业要实现高质量的可持续增长,科技创新是核心动力。因此,必须围绕农业供给侧结构性改革,加大以绿色农业为导向的科技研发投入,建立多元化的资金投入机制,吸引社会资本参与农业绿色科技创新,激励农业面源污染源头控制、农业节水灌溉、有机栽培、循环型农业等的技术研发,补齐农业现代化的短板。在政策上,完善并落实绿色农业激励制度,加快以绿色生态为导向的农业补贴制度改革,建立绿色农业科技精准扶持机制,引导农业生态创新。

(二)完善绿色技术创新机制

完善农业领域的绿色技术标准体系,构建技术成果转化和实践成果推广的平台,以进一步巩固绿色农业技术发展的制度基石。针对我国农业的绿色化发展需求,我们特别需要加速耕地健康保护、农作物肥料管理、秸秆处理等方面的技术研发。紧密关注全球农业科技的最新进展,稳健推动各类生物育种技术的产业化应用。积极推广有机肥料、环保农药,以减少农业污染,保护土壤肥力和

生态环境。推进农业现代化必须遵循新发展理念,摒弃过去的粗放式农业生产模式,在提升农业产量和效益的同时,坚持绿色、可持续的发展路径。实现这一目标,离不开绿色农业科技的支持。绿色农业科技涵盖了优良品种选育、绿色防控、农业废弃物处理和节水节肥节药技术等多个领域。

(三)构建绿色技术创新体系

加大财政支持力度,促进中小企业参与绿色技术的研究、开发和产业化。推动中小企业与绿色技术研发以及项目实施的深度合作。我们应加速培育环境治理和生态保护的市场主体,在一个公开、透明、规范的市场环境中,建立健全绿色技术产品与服务的市场交易体系。坚守统筹推进的原则,完善绿色技术创新创业链条。绿色技术的研发、应用与推广与粮食产业的发展应作为一个有机的整体进行。加快绿色技术创新链、资金链和产业链的深度融合。

五、完善农业科技创新和推广体制

(一)充分发挥市场与政府两方面作用

在市场方面,要让市场在资源配置中起决定性作用,通过体制机制创新,让企业成为农业科技创新的重要主体。要大力促进产学研合作,充分调动科技人员的积极性,加快更多农业科技成果的转化和应用。在政府方面,要更好发挥政府引导和支持作用,打造国家农业战略科技力量,配强农业科技研发专业队伍,加快国家重大科学设施、农业领域国家重点实验室、国家技术创新中心、海外科研中心等平台建设,形成国家和地方互动联建、政府和企业共享共建的协作机制,创新"揭榜挂帅""赛马争先"等新型科研组织方式,培育、支持一批农业科研杰出人才。同时,出台金融支持等扶持政策,鼓励引导涉农企业加大农业科研投资力度,推动形成稳定多元的农业创新投入机制。

(二)完善农技推广体系

加快健全政府农技推广机构、市场化农技服务力量、高校科研院所等共同参与的农技推广体系。与此同时,加快建设高素质农民队伍,让好的农业科技成果能出得来、下得去、用得上。

(三)完善高素质农民培育体系

创新农业科技人才培养方法,强化激励机制。要制订农业科技创新人才培养计划,实施农业顶尖人才工程,发挥农业科技"领头羊"效应。建立科学化、社会化、市场化、差别化的综合人才评价机制,实现人才评价的精准性。建立公平合理的奖惩机制,健全科研成果转化的分配制度,通过市场转化的科研成果,可给予股份、分红等奖励。扎实推进职业农民培育工程,提升新型农业经营主体质量,可充分调动职业院校、农村成教学校、电商平台、科技学院等的积极性,培养一大批懂技术、懂市场的高素质农民。加大对基础性、公益性研究的支持力度,完善农业科技领域基础研究稳定支持机制。在实施农业科技研发项目方案时,要舍得下力气、增投入,树立长期目标,给予稳定支持,宽容科研失败,鼓励科技创新思维。组织专家制定技术方案,指导农民和新型经营主体掌握关键技术,组织开展"百万农民科学用药培训行动"。

第三节　藏粮于民:加快构建新型农业经营体系和服务体系

一、完善农业补贴制度

现行农业补贴政策需要进一步提高补贴的指向性和精准性,核心则在于通过补贴真正提高农业生产经营主体的种粮积极性。

(一)提高补贴水平

尽管国家对农业进行了各种补贴,但农业生产资料的价格也在快速上涨,尤其是人工成本和土地租金的上升大大提高了农业生产的总成本。然而,与这一现实相对照的是,目前农业补贴的水平仍然很低,这种补贴对种植面积本就狭小的农户而言,缺乏足够的经济刺激和生产激励。因此,农业补贴政策调整的第一步,是要合理提高补贴的绝对水平。

(二)调整补贴对象

要通过补贴实现粮食的长期稳定生产,就必须实现精准补贴,让农业补贴"补对人",使补贴真正起到鼓励粮食生产的导向作用。因此,必须调整补贴对象,真真正正地实现对既定目标人群(粮食生产主体)的补助。要根据各地禀赋差异进行差异化的补贴。中国各区域的差异比较明显,并直接影响甚至决定了各个地区的粮食生产经营现状,因而也会间接影响农业补贴政策的实施效果,进而影响补贴政策所能实现的目标。因此,对于农业补贴的实行而言,也要针对各个地区的禀赋、所种植农作物的种类等的差异,进行差异化的补贴。

二、完善农业保险制度

(一)大力普及农业保险

提高各个地区尤其是以农业为主要产业的地区农业保险的保费补贴比例和补贴的绝对水平,提高政府对农业保险的支持力度和补贴力度;实行差异化的农业保险补贴政策,对粮食作物和经济作物实施差异化的农业保险补贴,对粮食种植大户和普通粮食种植户实施差异化的保险政策;将农业保险补贴适当地向为保障国家粮食安全作出重要贡献的粮食主产区倾斜;建立健全农业保险相关法律法规和政策体系,明确农业保险机构的权利和义务,使农业保险市场规范、有序发展;制订恰当的风险评估和管理计划,从事农业保险的相关机构可以充分利用数字时代的资源,通过大数据等现代科技手段,与粮食生产主体、农业科研机构等开展广泛深入合作,制订全面的风险评估和管理计划。

(二)拓宽保险产品和服务范围

要根据粮食生产主体的需求的变化,根据不同地区、不同种类农作物的生产特点,不断创新农业保险产品形式,提供灵活的、多样态的保险产品,以满足不同粮食生产主体对农业保险的差异化需求。可通过提升前期的投保过程、后期的赔付行为,以及风险评估、风险管理及其咨询、灾害预警等农业保险各个环节的服务质量,帮助粮食生产主体合理安排粮食生产经营活动,降低其务农风险;大力推广农业保险的互联网应用,通过移动端和在线平台提供便捷的保险购买、理赔等服务,提高保险的可获得性和可用性。同时,保险公司要加强与农业科技的结合,利用遥感、气象、土壤等技术手段,提供准确的天气预报、病虫害监测和农业管理建议,提高对农业风险的评估和监测水平;推进"保险+期货"试点。通过保险市场和期货市场的联动,确保粮食生产主体和农业保险公司双方的利益,实现二者之间的激励兼容。

(三)加强农业保险宣传和培训

政府和保险机构可以开展与农业保险相关的宣传和教育活动,提高农业生产经营主体对农业保险的认知和了解程度,改变部分农户认为"保险无用,只是白花钱"的传统观念;培训专业人才,农业保险的有效运作需要专业人才作为支撑,专业人才队伍可以更好地进行风险识别,能够针对性设计出符合农业生产经营主体实际需要的保险产品,提高农业保险的服务质量和服务效率;开展不同主体间的合作,农业保险不仅涉及相关保险机构和投保人(农业生产经营主体)两方主体,也涉及其他社会主体。农业保险机构可以与农业技术推广站、村"两委"等组织开展密切的合作,提高农民对农业保险的参与度和满意度。

三、推进农村金融改革

推进农村金融的进一步发展,核心在于提高农业生产经营主体的融资能力,关键在于提高其可抵押能力。在操作层面,可以探索土地经营权等的抵押,成立农业投资担保公司以及组织增信等方式,通过提高农业生产经营主体的抵押能力,提高其融资可得性。

（一）发展土地经营权抵押

从根本上讲，农村"内置性金融"的建立必须进一步激活土地资源以及附着于土地上的相关权利，尤其是其抵押性。在政策选择上，一方面，要持续推进土地制度的改革或变迁，从法律和制度层面赋予土地（经营权）以实实在在的可抵押性，消除土地可抵押性的制度性障碍；另一方面，需要不断发展和规范土地经营权流转交易市场。完善的土地交易市场能够使土地（经营权）充分流动，降低其作为抵押物的处置成本，从实践层面激活土地的融资能力。

（二）发展各类农业担保公司

根据各地区的实践，可以由政府下拨资金成立农业投资担保有限公司，为从事农业信贷的金融机构和作为资金需求方的农业经营主体担保，避免因缺乏合适的抵押品而阻碍各类农业经营主体尤其是分散经营的小农户的融资需求的现象。一方面，由政府对提供农业信贷的金融机构进行"担保"或补贴，可以降低农村金融机构的风险，鼓励其为"农"服务；另一方面，也能够缓解农业经营主体的资金紧张。

（三）发展组织增信制度

我国村庄是熟人社会，村民个体彼此熟识，熟人网络和声誉机制大大限制了借款人的违约行为，提高了村庄内部借贷合约的安全性，有效降低了个体的违约风险，从而能够得到金融机构的信任，因此，发展各类农民组织，可有效缓解各类农业经营主体所面临的资金约束问题。我们提出的建议，一是发展内置于乡村共同体之上的"内置金融"。由于村庄内不同个体的资金余缺程度不同,因而存在资金短缺方和资金剩余方两类主体。以村庄共同体为依托,将资金剩余方的资金集中起来,借贷给同村内的资金需求方,便实现了资金供给与需求间的均衡。二是组织村民组建"联保组织",以其作为个体农户向金融机构申请贷款的担保机构。其经济逻辑同样在于村民彼此熟识的特点降低了联保组织内某一借款人的违约风险,满足金融机构和借款人双方的激励相容条件,因而同样是可选择的增信模式。三是发展壮大农村集体经济组织,允许以集体产权为贷款抵押物。村集体经济组织享有农村土地的所有权,由其土地、房屋等固定资产作为抵押的行为与现有政策并不矛盾,而集体土地规模庞大,且相邻成片,金融机构处置所抵押土地的交易成本较低。

四、巩固和完善农村基本经营制度

(一)深化土地制度改革发展适度规模经营

适度规模经营是在一定的适合的环境和适合的社会经济条件下,各生产要素(土地、劳动力、资金、设备、经营管理、信息等)的最优组合和有效运行,取得最佳的经济效益。建议,一是加强宣传。加大对土地流转、规模经营重要意义的宣传,充分解释"三权分置"制度,打消农户在土地流转观念上的桎梏。在尊重农户的流转意愿基础上推动土地适度规模化经营。二是完善土地流转市场。着眼于满足农民需要,积极为农民土地流转提供信息服务与指导;适应信息化社会要求,完善土地流转信息收集、处理、存储及传递方式,提高信息化、电子化水平。建立由县级土地流转综合服务中心、乡镇土地流转服务中心和村级土地流转服务站组成的县、乡、村三级土地流转市场服务体系,实时发布土地流转信息,解决土地供需双方信息不对称的问题,提高土地流转的活力与效率。加快推进土地流转合同信息备案机制建设,积极参与土地流转台账信息平台建设,切实引导农村土地规范有序流转,高质量发展农业适度规模经营,更好支撑现代农业经营体系建设。三是规范土地流转合同。明确土地流转合同的内容,提高其合法性。入户宣传合同规范化的意义,提供免费的法律援助和指导。四是加强土地流转后续管理。对土地流转双方的资信状况、风险承受能力、项目规划可行性等信息进行及时备案和评估,尽可能地降低土地流转交易过程中双方利益受损的风险。

(二)完善新型农业经营体系

新型农业经营体系由现代农业发展的主力军,包括家庭农场、农民合作社、农业企业等组成,加快培育新型农业经营主体,可以提高农业生产的专业化、规模化和集约化水平,从而提高农业生产效率和产量。应适当放宽各类资质许可,为新型农业经营主体提供更多的发展机会。加强对新型农业经营主体的市场引导和帮扶,鼓励其申请商标注册、专利和各类生产许可证,提升其市场竞争力。建立健全农地流转和租赁市场,鼓励优良农地向新型农业经营主体集中。完善农地流转政策,简化农地流转手续,降低农地流转成本。鼓励和支持农民通过合同、参股、注资等方式参与农业企业和农民合作社的经营,实现农地资源的有效利用和收益共享。加大对新型农业经营主体的扶持力度,为新型农业经营主体提供必要的人才、金融、技术和政策支持。通过人才补贴、社保代缴等方式,帮助新型农业经营主体更好吸引人才。通过定点帮扶、财政补贴、低息贷款、税收优惠等方式,帮助新型农业经营主体获得更多资金支持。通过技术引导、技术培训等方式,提高新型农业经营主体技术水平和科研能力。通过优化政策环境,为新型农业经营主体提供良好的发展空间。

(三)健全便捷高效的农业社会化服务体系

农业社会化服务是通过把耕、种、防、收等部分或全部环节委托给社会化服务组织,推动不同服务主体各具优势、各有所长,实现小农户和现代农业有机衔接的基本途径和主要机制。一是鼓励和引导更多的社会资本进入生产环节的农业社会化服务领域。通过提供税收优惠、财政补贴、政策扶持等激励措施,引导社会资本投入农业社会化服务领域,发展农业服务业。充分培育和建设农业服务组织,发展多样化的农业服务,补充技术推广和技术落后的缺口、为老龄和妇女等农民提供高质量服务、增加技术人员作业时间以避免季节性的供求失衡问题、跨地区作业服务降低政府干预和经济发展形成的市场分割等益处。二是拓展服务领域范围,发展小农户急需的薄弱环节服务,如育秧插秧、精量播种、植保飞防、减损机收等,拓展林果种植、畜禽养殖、水产渔业等专业服务,特别是在丘陵山区培育本地服务主体和市场,解决小农户种地难题。为支持和鼓励农业社会化服务组织提供农业生产、销售、物流等全方位服务,利用互联网、物联网、大数据、人工智能等技术,建设农业信息服务平台,提供精准、实时的农业服务。在传统服务模式基础上,通过手机 App、微信公众号、在线直播等方式,将农业服务延伸到每一个农户。三是健全服务标准规范,通过合同约束、项目监督和规范指引提高服务专业化、规范化水平。通过发挥协会、联盟等行业组织作用,发掘推广实践中的服务标准规范,加强服务价格和流程、中介服务、质量评价、争议处理等标准制定和应用推广,构建体现服务特色的专业化服务标准体系。四是建立综合服务平台。以政府投资运营、引入市场主体等形式,以县域为单元整合服务资源、集聚服务要素,搭建集成服务供给载体,形成了线下资源整合、线上匹配交易相结合的服务平台建设路径。五是健全专业化、规模化服务组织体系。围绕构建农业新型生产关系,推广普及服务规模经营模式,规范村集体组织土地流转或全程托管行为,因地制宜推广居间服务形式。构建适度竞争、规范有序的服务市场,推动多元服务主体共同发展,拓展丰富立体式复合型现代农业经营体系。

第四节　藏粮于改:推进农业农村机制改革

一、完善粮食安全保障法制体系

以保障安全为基本原则,覆盖生产、收购、运输、加工、储备、销售、贸易、消费等全过程粮食产业链,进一步完善配套的行政法规、部门规章、地方立法,形成从中央到地方的粮食安全系统化立法体系。严格落实《中华人民共和国粮食安全保障法》划定安全红线,加快落实粮食安全党政同责制,明确各方在粮食安全风险管控相关环节中的权利、责任和义务,从基本法律角度守护粮食安全,从首源地位角度稳住乡村基础,加快实现粮食安全从政策治理向法治治理的根本转变。[①]

二、深化农业农村体制机制改革

完善农地产权制度,从"土地使用权再分配"转向"农业收益再分配"。通过"土地使用权"的较大幅度、较长时期、较为固定的流转,实现"农业收益再分配",保障"种粮者"有收益、有利润,进而保障种粮者的生产积极性;[②]深化农业支持保护制度改革,建立健全农业补贴制度。完善目标价格制度。一是根据市场供求、生产成本和农民收入设定合理价格,激发种粮积极性。二是建立动态调整机制,以适应市场和农业生产状况的变化。三是加强价格监测和预警,做到"动态优化"。四是建立市场信息系统,分析粮食市场情况,帮助农业生产主体作出及时决策,确保粮食稳定生产。完善农业保险制度。增加农业保险覆盖品种、补贴力度和理赔额度,大力普及农业保险,降低农业生产风险,保障农民收入。深化农业科技体制改革,推动农业科技创新。加强农业科研机构的自主创新能力,鼓励农业科研机构和企业联合进行科研开发,促进农业科技成果的转化和应用。持续完善农业科技推广服务体系,提高农业科技在农业生产中的应用程度。

三、完善粮食价格形成机制

建立和完善市场化的粮食价格形成机制,使粮食价格能够更好地反映市场供求关系,激励农民增加粮食生产。

---

① 梅旭荣、张琳、袁龙江等:《基于全产业链视角的粮食安全风险识别与管控策略》,《中国工程科学》2023 年第 4 期。

② 王宏广等:《中国粮食安全:战略与对策》,中信出版社 2020 年版,第 45 页。

（一）建立完善的目标价格制度

第一，设定合理的目标价格。目标价格制度有利于保障粮食长期稳定生产，发挥这一作用的前提是目标价格有效性，从而为种粮主体收入托底、稳定预期。因此，政府应根据市场供求情况的变化、粮食生产成本的变动，以及农民收入稳定等方面的考量，制定合理的目标价格。这样便可以通过确保粮食生产经营主体获得合理的、具有稳定预期的经济回报，激发其种粮积极性，鼓励其增加粮食生产。第二，建立动态调整机制。目标价格在一定时期内是相对固定的，然而，随着经济社会发展情况的变化，目标价格也要根据实际情况进行相应的调整，即应具有一定的灵活性，能够根据市场等外部环境的变化以及农业生产实际状况的变动进行适应性调整，从而避免价格波动对农业生产主体带来的不利影响。也只有建立目标价格的动态调整机制，目标价格才能持续不断地发挥促进粮食生产、保障粮食长期稳定生产的作用。第三，加强价格监测和预警机制。不断建立健全目标价格的监测体系，及时掌握市场价格的变动情况，在外部环境发生变化时提前预警，提高目标价格调整的时效性，做到目标价格制度的"动态优化"。第四，建立市场信息系统。政府可以建立一个相对完善的市场信息系统，通过这个系统及时收集和分析粮食市场的供需情况、粮食价格的变动趋势等信息，向粮食生产经营主体提供尽可能准确的市场预测。这有助于农业生产经营主体根据市场供求情况的变动，及时作出明智的决策，相应调整粮食作物的种植结构，在适应市场需求变化的同时确保粮食的稳定生产。

(二)优化目标价格补贴政策

第一,确保补贴到位。目标价格制度其实也是一种补贴,当农产品市场价格低于目标价格时,由政府出面以实现规定的目标价格收购相关的农产品,或将价格差价补贴给相应的农产品生产主体。要想让目标价格制度真正起到稳定粮食生产经营主体收益预期的作用,便需要政府及时、精准地向符合条件的农民发放目标价格补贴,保障农民的收入。第二,差异化补贴政策。尽管均是粮食作物,但不同的粮食作物也具有不同的特点。这些特点一定程度上形成了不同的供求结构,不同农作物市场价格的波动情况也存在差异。因此,要根据农产品的特点和地区差异,制定差异化的目标价格制度及其补贴政策,提高政策的精准性和有效性。第三,建立补贴资金的保障机制。政府有必要设立健全的资金保障机制,以此确保补贴资金的充足,避免由于资金不足而影响补贴的及时发放,从而影响农业生产经营主体的信心。

(三)加强市场监管和调控

第一,加强市场监管和反垄断措施。政府应加强对市场交易的监管,防止粮食市场上的价格操纵和垄断行为。目标价格制度的核心是使粮食交易价格相对稳定,以此平抑市场价格的剧烈波动。通过严格的市场监管和反垄断措施,能够从源头上稳定市场价格,维持市场的竞争性和公平性。如此一来,目标价格制度也就能够相对稳定,不至于在不同年份之间大幅波动,从而可以大大提高粮食生产经营主体的预期的稳定性,促进其农业投资行为,进而保障粮食的长期稳定生产。第二,加强市场信息收集和监管。市场交易是自由的,但市场上的信息也是复杂的、海量的,没有一定的决策判断力,就容易被市场上的虚假信息所迷惑,从而误导粮食生产经营主体的粮食生产行为。为此,政府有必要加强对市场信息的收集、整理和监管。这样,一方面能够使目标价格的制定更加科学合理;另一方面,能够通过大数据对市场主体的经营活动进行有效监管,防止大户垄断,维护市场秩序。

第五节 藏粮于备:加强储备和应急管理

一、加强粮食储备管理

一是合理设定粮食储备规模。粮食储备规模的设定是一个复杂的决策过程,涉及多种因素的综合考虑,包括预期的粮食需求、可能的粮食供应风险、储备粮食的成本等。一方面,需要保证在应对粮食供应突发情况时,储备粮食的数量足够;另一方面,过大的储备规模会导致储备成本过高。粮食储备规模的确定,理论上以"储备"与"年消费总量"的比例作为参考,实际上以适应全国非农业人口口粮及应对突发性事件所必需的粮食量确定。应将省级储备纳入全国整体计划,进一步减少中央储备粮的规模。二是科学管理粮食储备。粮食储备的管理不仅包括储备粮食的采购和储存,还包括储备粮食的使用和轮换。在粮食采购方面,应该优先选择质量高、价格合理的粮食;在粮食储存方面,应选择适合粮食长期储存的方法和设施,防止粮食因储存不当而损失;在粮食使用和轮换方面,应根据粮食的储存期限和市场供求情况,定期进行粮食的轮换和使用,防止储备粮食的浪费。三是整合利用国际粮食市场。建立健全统一的粮食贸易管理体系,协调粮食生产、国内流通和国际贸易的关系。理性选择进出口时间和数量,保障充分的粮食储备水平。建立以国际粮食期货价格为核心的粮食进出口价格预警、反应和调节机制。建立健全广覆盖、高灵敏的粮食预警系统,动态预测各粮食品种的供求趋势,设置阈值并及时发布预警,为进出口贸易提供依据。适度提高粮食市场化水平,整合和利用部分国际粮食市场。可以一定程度上减少必须维持的储备水平,降低粮食储备的政策成本,更好实现可持续的粮食安全。

二、建立粮食应急管理制度

完善粮食应急预案。粮食应急预案是应对粮食供应突发事件的指导文件,应包含粮食供应突发事件的识别和评估、应急响应的流程和措施、应急资源的调配和使用、应急后的恢复和整改等内容。在制定粮食应急预案时,应根据可能出现的各种粮食供应突发事件,制定出具体、可操作的应急措施。建立粮食应急物资储备。粮食应急物资储备是实施粮食应急预案的重要保障。除了储备粮食之外,还需要储备一些与粮食生产和供应相关的物资,如农业生产用品、运输设备、存储设备等。这些物资在粮食供应突发事件发生时,能够迅速投入使用,保证粮食供应的稳定。建立粮食应急指挥机构。粮食应急指挥机构是指导和协调粮食应急工作的组织。应急指挥机构应由政府相关部门的负责人组成,负责制定和实施粮食应急预案,协调各部门和单位的工作,监督粮食应急工作的实施。

三、优化储备和应急管理

提高粮食储备管理信息化水平。信息化技术的应用可以提高粮食储备管理的效率和准确性。建立粮食储备信息管理系统,实时监控粮食的储存量、储存条件等信息,及时发现和处理问题。通过数据分析,预测粮食的需求和供应,为粮食储备的决策提供科学依据。完善粮食应急指挥系统。利用信息化技术完善粮食应急指挥系统,提高应急指挥的效率和效果。通过粮食应急指挥系统,实时获取粮食供应突发事件的信息,快速启动应急预案,调配应急资源,实现粮食应急指挥的快速、高效、精准。

第六节　藏粮于贸:优化粮食进出口贸易

要使国际粮食市场真正"为我所用",为我国的粮食长期稳定供应作出贡献,就必须确保我国在国际粮食市场上的跨国粮食供应链不断裂,维持其稳定性。然而,国际粮食市场也存在一定的风险,从国际粮食市场进口粮食,必须在进口什么品种、从哪些国家进口等方面进行战略性决策部署,避免粮食供应链断裂风险。

一、促进粮食进口多元化

要积极开展与不同国家和地区的粮食贸易往来,不断拓展进口粮食的来源地和所进口粮食的种类,改变国际粮食供给过于依赖某个或某几个国家的现象,降低我国在国际粮食市场上可能面临的风险。同时,要不断加强与各个粮食出口国的合作往来。加大从"一带一路"共建国家进口粮食的力度和规模。目前,我国大豆主要从美国和巴西进口,俄罗斯、乌克兰和埃塞俄比亚等"一带一路"共建国家在我国的大豆进口中所占比重仍然较低,从这些国家进口粮食的潜力较大,需要深入挖掘。在"一带一路"共建国家中,要重点考虑将俄罗斯、中亚、东南亚、中东欧等国家或地区作为我国扩大进口粮食来源的主要区域。充分利用"一带一路"的东风,不断挖掘合作潜力,使双方建立长期稳定的粮食供应关系,降低国际粮食贸易中的交易成本。

二、适度降低粮食对外依存度

利用国际粮食市场有助于确保国内粮食的稳定供应,但只能将其作为一种补充,而不能过分依赖。从国家粮食的进出口格局来看,我国虽然是粮食的净进口国,但主粮对外依存度很小,今后应重点降低大豆、玉米等粮食的对外依存度。

(一)保障非主粮供给安全

我国粮饲结构不合理扭曲了资源配置效率,口粮以外的重要食物和重要农产品供给的对外依存度不断上升,不利于国家的粮食安全。建议在坚守18亿亩粮食播种面积底线、保护耕地环境的前提下,逐步降低我国大豆等非主粮的对外依存度,掌握粮食安全主动性。一是调整口粮和饲料粮的结构,在黄淮海、西北、西南地区等地加快推广新模式新技术,推广玉米大豆带状复合种植,逐步推动大豆玉米兼容发展,多措并施来增加播种面积,提高产量。二是建立对大豆的专项补贴制度,依据市场价格与目标价格高低来进行,当前者低于后者,中央可以通过多元化渠道为种粮农民提供生产补助;当前者高于后者时,应调动种粮农民种植的积极性,鼓励粮食生产。保障农民收益,提升农民种植非主粮的积极性。

(二)大力发展牧草产业

我国粮食安全问题主要表现在饲料粮国内供给不足,据统计,进口大豆主要用于压榨食用油和生产动物饲料,提升饲料粮的自给率可保障畜产品的充分供应和质量安全。当前,在国际上,只有"食物安全"的概念,还没有"粮食安全"的概念,因此,要贯彻落实大食物观的理念,在大食物观的指引下寻找解决粮食安全问题的根本之策,摒弃传统观念中单纯在粮食生产系统内部解决粮食安全问题的狭隘思路,以整个农业生产系统作为保障粮食安全的基础。既有研究表明,同样数量和质量的耕地,如果用来种草,则所生产的营养当量相当于种植粮食作物的 3 倍到 5 倍。[1] 原因在于,草食家畜吃草是对植物的全株利用,吃粮食则只是利用了粮食作物的"果实",粮食作物的其余部分(如秸秆等)则无法转化成食物和营养。因此,对于以草为食的草食类家畜而言,如果能够改变中国传统的饲喂模式,"还草于畜",必然会在很大程度上保障我国的食物安全。着力发展牧草产业,构建"粮+经+饲+草"的四元种植结构,能够有效保障包括粮食在内的整个食物系统的安全,具有重要意义。

三、加强对国际粮食市场风险防控的力度

(一)建立跨国粮食供应链的危机预警机制

国际粮食市场波动幅度远大于国内粮食市场,而对国际粮食

---

[1] 任继周:《我国传统农业结构不改变不行了——粮食九连增后的隐忧》,《草业学报》2013 年第 3 期。

市场的利用,必然会影响国内粮食的稳定供应。因此,政府要积极建立国际粮食贸易风险的监测和识别系统,准确识别世界粮食市场可能出现的风险因素,做好对风险因素的精准识别和定位;建立粮食贸易风险评估预报系统,准确评估风险的发生概率及其可能带来的风险;建立粮食贸易的预警系统,一旦国际粮食市场出现了可能会波及我国粮食贸易的突发情况,通过精确、及时的预警,将粮食贸易风险降至最低。

(二)完善国际粮食市场的监测体系

政府应加强对粮食市场的跟踪与监测能力,建立健全世界粮食价格监测和预警机制,及时跟进世界粮食市场的动态变化,通过及时的反应尽可能防范和化解世界粮食市场波动对我国国内粮食稳定供应可能产生的不利影响。

(三)加强对进口粮食质量的检查力度

通过在国际粮食市场上进口粮食的方式保障国家粮食安全,不仅要关注进口粮食的数量,更要关注其质量及安全性。因此,政府要加强对进口粮食的质量安全检查力度,不断完善粮食质量检测体系,加强对进口粮食中的农药残留、重金属等有害物质含量的检测力度,保障所进口粮食的质量安全。

(四)建立粮食市场价格的调控机制

政府应根据国内粮食市场的供需状况和国际粮食市场上粮食的价格走势,合理调整粮食进口政策,动态优化粮食进口数量,在保持国内粮食市场基本稳定的同时确保国内粮食的稳定供应。

四、加强国际合作和资源保护

（一）加强与粮食出口国的合作

政府应加强与主要粮食出口国的合作，尤其是加强与我国粮食进口主要来源国之间的紧密合作，推动粮食贸易的规范化和自由化，在双方之间建立长期稳定的贸易伙伴关系，不断降低粮食国际贸易的成本，以更低的成本保障粮食的稳定供应。

（二）推动粮食安全方面的国际合作

粮食安全不仅是一个国家的事，也是世界性的议题。中国应积极参与国际粮食安全活动，加强与其他国家的合作，尤其是要强化与粮食生产大国之间的合作，与世界各国一道，共同应对粮食安全的风险和挑战，共同推动国际粮食市场的稳定和可持续发展。

（三）培育本土国际化大粮商

鼓励国内粮食企业"走出去"，扶持重点企业构建粮食全产业链发展模式，培育具有国际竞争力、超大规模、"科产供销"一体的粮食龙头企业，增强在国际贸易市场中的话语权。

五、扩大对外粮食投资

农业对外投资是利用国外的土地等我国粮食生产过程中相对稀缺的自然资源，保障我国粮食稳定供应的可行途径之一。但是凡事都有其两面性，利用农业对外投资固然有好处，但也有一定的风险。因此，为了充分发挥农业对外投资在保障我国粮食安全中的积极作用,必须谨慎选择,在防范各类可能风险的同时,最大限度地发挥其积极作用。

(一)审慎选择农业目标投资国

农业对外投资所面临的第一个风险是潜在目标投资国(地区)的选择风险,主要表现为在有限的可供选择的目标投资国家(地区)可能因为国际关系等的变化而受到人为的限制和干预。一是要拓展目标投资国范围。以日本和韩国为代表的耕地投资国,已经占领了国际上政治环境相对稳定、种植条件相对优越的海外耕地资源,可供中国选择进行农业投资的备选国数量较少。要以政府为主体,加强对外交流,拓展农业对外投资的可能国家(地区)和投资领域,为保障粮食安全寻找资源基础。二是要审慎决策。必须在考虑潜在目标投资国的土地、水等自然资源禀赋的基础上,根据该国(地区)的国内政治稳定情况、经济发展情况以及民众对国外投资的态度等情况综合考虑,筛选出符合我国农业对外投资基本目标的国家(地区),避免因选择不慎引发的一系列风险,影响国内粮食的稳定供应。考虑到当前国际形势,可在"一带一路"共建国家中寻找新的合作伙伴,降低投资风险。

(二)拓宽对外投资的信息收集渠道

凡属投资,必然存在风险与收益间的权衡。而对可能会影响投资效果的相关信息的掌握程度决定了投资的成败。这里存在一个投资的信息风险问题,表现为对外投资信息的获取和发布渠道不完善,对目标投资国的相关产业政策、税收制度、当地的风土人情等信息不甚了解等方面。这些信息的缺失将会严重影响我国的农业对外投资效果。因此，政府部门要拓宽信息收集渠道，既可以通过外交途径了解其他国家的有关情况，更要通过与在该国投资的其他企业之间的交流了解更加"接地气"的信息，从官方和非官方两条途径全方位收集相关信息，为农业对外投资的有效性夯实信息基础，提高农业投资的成功率。

（三）加强与目标投资国伙伴关系

农业投资的基本特点之一是所投资金的回收周期长，资金回收周期长就意味着农业对外投资的风险相对也要更高，尤其是与国内农业投资相比，农业对外投资还面临国际政治等方面的影响。为了尽可能降低这种影响，中国可以积极与农业投资目标国建立长期稳定的合作伙伴关系，通过政府间的频繁互动和社会民众间的交流与合作等形式，增进彼此的了解，降低因双方沟通不畅引发的投资中断风险，使农业投资在较长的时期内稳步进行，既有助于收回农业投资，也能够在很大程度上增进两国的经贸往来，提高双方的收益。不仅如此，合作伙伴关系的建立还可以促进国与国之间农业技术的交流、农业信息的共享和农业经验的互补，提高两国人民的福利水平。

（四）推动海外农业可持续发展

当今社会，可持续发展已经成为世界各国人民的共识。因此，中国在农业对外投资的过程中也应当尽可能地推动目标投资国农业的可持续发展。这不仅对目标投资国有利，也对我国在目标国开展持续不断的农业投资提供了可能。要结合目标国的生产实际,采用资源节约型和环境友好型的农业技术,应用先进的农业管理模式,在实现投资目标国农业可持续发展的同时,保障我国粮食供给的长期稳定性。

参 考 文 献

1. 卜林、赵轶薇:《进口贸易对粮食安全的影响研究——基于财政支农与农业保险的调节效应分析》,《保险研究》2023 年第 3 期。

2. 蔡键、许淑娟、米运生:《农村金融市场发育对种粮大户形成的影响——文献回顾与理论梳理》,《中国农业大学学报》2019 年第 10 期。

3. 曹宝明、黄昊舒、赵霞:《中国粮食储备体系的演进逻辑、现实矛盾与优化路径》,《农业经济问题》2022 年第 11 期。

4. 曹泽辉、陈建成、张安良:《农村金融发展现状、问题与对策》,《宏观经济管理》2012 年第 5 期。

5. 陈丽娟:《玉米优异种质资源规模化发掘与创新利用》,《中国种业》2021 年第 12 期。

6. 陈鸣:《中国农业科技投入对农业全要素生产率的影响研究》,湖南农业大学 2017 年博士学位论文。

7. 陈苏:《土地租佃制度演变的历史考察——基于风险规避和博弈能力视角》,《江南大学学报(人文社会科学版)》2002 年第

4 期。

8. 陈卫洪、王莹:《数字化赋能新型农业经营体系构建研究——"智农通"的实践与启示》,《农业经济问题》2022 年第 9 期。

9. 陈新建、康晨:《农户粮食规模经营的政策支持:风险分担与资金约束缓解——基于农业保险、金融信贷与政府补贴的交互效应研究》,《江苏农业科学》2018 年第 13 期。

10. 陈一明、温涛、向栩:《数字金融能促进新型农业经营主体的乡村产业融合发展吗?——以湖南省实地调研为例》,《农村经济》2022 年第 9 期。

11. 程郁、叶兴庆、宁夏等:《中国实现种业科技自立自强面临的主要"卡点"与政策思路》,《中国农村经济》2022 年第 8 期。

12. 翟虎渠:《关于中国粮食安全战略的思考》,《农业经济问题》2011 年第 9 期。

13. 丁毅、刘颖、张琳等:《金融创新对粮食生产率的影响研究——基于微观家户数据的倾向得分匹配分析》,《价格理论与实践》2021 年第 6 期。

14. 董祚继:《探索一条符合中国实际的乡村振兴之路——浙江省农村全域土地综合整治的实践与前瞻》,《今日国土》2020 年第 12 期。

15. 杜政、亢霞:《我国粮食宏观调控政策变迁回顾与经验启示》,《粮食问题研究》2012 年第 3 期。

16. 杜志雄、高鸣、韩磊:《供给侧进口端变化对中国粮食安全的影响研究》,《中国农村经济》2021 年第 1 期。

17. 凡迎:《河南省农村金融发展对粮食产量的影响分析》,

《现代食品》2022 年第 8 期。

18. 方蕊、安毅、刘文超:《"保险+期货"试点可以提高农户种粮积极性吗?——基于农户参与意愿中介效应与政府补贴满意度调节效应的分析》,《中国农村经济》2019 年第 6 期。

19. 傅龙波、钟甫宁、徐志刚:《中国粮食进口的依赖性及其对粮食安全的影响》,《管理世界》2001 年第 3 期。

20. 高鸣、魏佳朔:《加快建设国家粮食安全产业带:发展定位与战略构想》,《中国农村经济》2021 年第 11 期。

21. 高杨、王寿彭、韩子名:《农业数字化与新型农业经营主体发展》,《中南财经政法大学学报》2023 年第 5 期。

22. 高云才:《2020 年实现化肥农药使用量零增长》,《人民日报》2015 年 3 月 18 日。

23. 公茂刚、李汉瑾:《中国农业补贴政策效果及优化》,《学术交流》2022 年第 3 期。

24. 韩朝华:《从务农收入视角看农业规模化经营的本意》,《经济学动态》2023 年第 3 期。

25. 韩俊:《始终牢记殷殷嘱托全力守护好"黑土粮仓"》,《中国科学院院刊》2021 年第 10 期。

26. 韩杨:《中国耕地保护利用政策演进、愿景目标与实现路径》,《管理世界》2022 年第 11 期。

27. 何秀荣:《高标准农田建设:提高粮食综合生产能力的重要举措》,《群言》2022 年第 7 期。

28. 洪银兴、王荣:《农地"三权分置"背景下的土地流转研究》,《管理世界》2019 年第 10 期。

29. 华坚、杨梦依:《乡村振兴背景下粮食主产区农业保险发展对粮食生产安全的影响》,《农林经济管理学报》2023 年第 5 期。

30. 黄季焜、王丹、胡继亮:《对实施农产品目标价格政策的思考——基于新疆棉花目标价格改革试点的分析》,《中国农村经济》2015 年第 5 期。

31. 黄季焜、王晓兵、智华勇等:《粮食直补和农资综合补贴对农业生产的影响》,《农业技术经济》2011 年第 1 期。

32. 黄季焜:《践行大食物观和创新政策支持体系》,《农业经济问题》2023 年第 5 期。

33. 黄少安、郭冬梅、吴江:《种粮直接补贴政策效应评估》,《中国农村经济》2019 年第 1 期。

34. 季焜、靳少泽:《未来谁来种地:基于我国农户劳动力就业代际差异视角》,《农业技术经济》2015 年第 1 期。

35. 贾晋:《我国粮食储备的合理规模、布局与宏观调控》,《重庆社会科学》2012 年第 2 期。

36. 江生忠、朱文冲:《农业保险有助于保障国家粮食安全吗?》,《保险研究》2021 年第 10 期。

37. 江宜航、刘瑾:《耕地现状调查:耕地质量缘何逐年下降》,《中国经济时报》2014 年 9 月 26 日。

38. 姜小鱼、陈秧分、王丽娟:《中国海外耕地投资的区位特征及其影响因素——基于 2000—2016 年土地矩阵网络数据》,《中国农业资源与区划》2018 年第 9 期。

39. 姜长云、王一杰:《新中国成立 70 年来我国推进粮食安全的成就、经验与思考》,《农业经济问题》2019 年第 10 期。

40. 蒋和平、蒋黎、王有年等:《国家粮食安全视角下我国种业发展的思路与政策建议》,《新疆师范大学学报(哲学社会科学版)》2021 年第 8 期。

41. 蒋和平、吴桢培:《湖南省汨罗市实施粮食补贴政策的效果评价——基于农户调查资料分析》,《农业经济问题》2009 年第 11 期。

42. 李孟刚、郑新立:《国家粮食安全保障体系研究》,社会科学文献出版社 2014 年版。

43. 李鹏:《中国粮食储备体制改革思考与建议》,《中国市场》2018 年第 31 期。

44. 李欣怡、赵翠萍:《粮食安全视角下种粮大户借贷问题及对策研究——基于河南省 27 个种粮大户的分析》,《地域研究与开发》2019 年第 5 期。

45. 李雪梅:《我国反餐饮浪费立法完善研究》,西北民族大学 2022 年硕士学位论文。

46. 刘峰、徐康宁、王美昌:《出口、对外投资与中国国家形象:来自拉丁美洲的证据》,《国际贸易问题》2019 年第 2 期。

47. 刘瑾:《加快发展农业社会化服务》,《经济日报》2023 年 9 月 26 日。

48. 刘录祥:《我国小麦种业科技研发现状与展望》,《中国农村科技》2023 年第 7 期。

49. 刘洋、颜华:《县域金融集聚、要素配置结构与粮食生产供给——来自中国县域的经验证据》,《财贸研究》2022 年第 9 期。

50. 卢新海、柯善淦:《基于海外耕地投资的中国粮食供给安全研究》,《中国人口·资源与环境》2017 年第 5 期。

51. 陆钰凤、贾杰斐、杨青:《目标价格补贴改革对农户大豆生产的影响——基于双重差分法的实证分析》,《农业技术经济》

2023 年第 8 期。

52. 罗慧:《中国粮食生产技术进步路径研究》,中国农业科学院 2021 年博士学位论文。

53. 罗向明、张伟、丁继锋:《收入调节、粮食安全与欠发达地区农业保险补贴安排》,《农业经济问题》2011 年第 1 期。

54. 毛学峰、刘靖、朱信凯:《中国粮食结构与粮食安全:基于粮食流通贸易的视角》,《管理世界》2015 年第 3 期。

55. 梅旭荣、张琳、袁龙江等:《基于全产业链视角的粮食安全风险识别与管控策略》,《中国工程科学》2023 年第 4 期。

56. 聂荣、闫宇光、王新兰:《政策性农业保险福利绩效研究——基于辽宁省微观数据的证据》,《农业技术经济》2013 年第 4 期。

57. 彭澎、周月书:《新世纪以来农村金融改革的政策轨迹、理论逻辑与实践效果——基于 2004—2022 年中央"一号文件"的文本分析》,《中国农村经济》2022 年第 9 期。

58. 钱加荣、赵芝俊:《现行模式下我国农业补贴政策的作用机制及其对粮食生产的影响》,《农业技术经济》2015 年第 10 期。

59. 钱煜昊、武舜臣:《新型农业经营主体发展模式的选择与优化——基于粮食安全和吸纳劳动力视角的经济学分析》,《农业现代化研究》2020 年第 6 期。

60. 秦涵淳、李继锋、楚小强等:《农业科研成果转化效率问题的探讨》,《农业科技管理》2017 年第 1 期。

61. 申艳辉:《秦汉时期仓储发展探析》,《天水师范学院学报》2016 年第 5 期。

62. 史清华、徐翠萍:《农家粮食储备:从自我防范到社会保障——来自长三角 15 村 20 年的实证》,《农业技术经济》2009 年第 1 期。

63. 宋玉玲:《农村金融对农户粮食作物生产的影响研究》,《南方农机》2019 年第 18 期。

64. 孙蓉、李亚茹:《农产品期货价格保险及其在国家粮食安全中的保障功效》,《农村经济》2016 年第 6 期。

65. 孙致陆:《贸易开放改善了粮食安全状况吗?》,《中国流通经济》2022 年第 3 期。

66. 谭砚文、岳瑞雪、李丛希:《中国粮食种植成本上涨的根源——基于宏观经济因素的实证分析》,《农业经济问题》2022 年第 8 期。

67. 田红宇、祝志勇:《农村财政金融支农投入与粮食单产的动态关系——基于 1952—2013 年的经验验证》,《三峡大学学报(人文社会科学版)》2017 年第 4 期。

68. 佟光霁、李伟峰:《新型农业经营主体生产效率比较研究——以 4 省玉米种植经营主体为例》,《东岳论丛》2022 年第 4 期。

69. 汪文正:《中央财政下达资金 100 亿元,支持春耕生产——"百亿补贴"送给种粮农民》,《人民日报(海外版)》2023 年 5 月 10 日。

70. 王芳、王静、刘雁南等:《"走出去"视角下中国农业对外直接投资与农产品进口关系》,《世界农业》2015 年第 12 期。

71. 王宏广等:《中国粮食安全:战略与对策》,中信出版社 2020 年版。

72. 王利荣:《目标价格补贴政策对棉农收入的影响研究——

基于"反事实"分析》,《上海大学学报(社会科学版)》2022 年第 11 期。

73. 王梦芝、丁洛阳、崔小燕:《中国目标价格政策对大豆产品价格的影响分析》,《价格月刊》2022 年第 12 期。

74. 王欧、杨进:《农业补贴对中国农户粮食生产的影响》,《中国农村经济》2014 年第 5 期。

75. 王新华、吴怡林:《当前国际形势下我国粮食贸易格局变化趋势及粮食进口风险防范研究》,《农业经济》2023 年第 1 期。

76. 王瑜:《"十二五"时期我国农业对外投资战略研究》,黑龙江大学 2012 年硕士学位论文。

77. 魏珣、孙康泰、刘宏波等:《"十三五"国家重点研发计划"七大农作物育种"重点专项管理经验与科技创新进展》,《中国农业科技导报》2021 年第 11 期。

78. 吴宾、朱宏斌、党晓虹:《试论中国古代的粮食安全观》,《兰州学刊》2006 年第 6 期。

79. 吴嘉莘、杨红娟:《乡村振兴背景下新型农业经营体系对农户生计的可持续影响研究——基于准自然实验数据》,《云南民族大学学报(哲学社会科学版)》2022 年第 3 期。

80. 吴启龙:《我国农业企业对外直接投资影响因素研究》,《安徽财经大学》2017 年第 6 期。

81. 武拉平:《我国粮食损失浪费现状与节粮减损潜力研究》,《农业经济问题》2022 年第 11 期。

82. 肖国安、王文涛:《粮食供求波动的轨迹、走势及其平抑措施》,《湖南科技大学学报(社会科学版)》2005 年第 3 期。

83. 肖攀、刘春晖、苏静:《粮食安全视角下农业保险财政补贴政策效果评估》，《统计与决策》2019 年第 23 期。

84. 徐涵等：《耕地问题调查》，《经济日报》2022 年 2 月 14 日。

85. 徐旭初、吴彬：《合作社是小农户和现代农业发展有机衔接的理想载体吗?》，《中国农村经济》2018 年第 11 期。

86. 徐振伟：《国际视野下的粮食安全与中国》，天津人民出版社 2022 年版。

87. 许宁等：《国内外粮食生产科技现状及发展趋势分析》，《中国农学通报》2022 年第 11 期。

88. 许庆、陆钰凤、张恒春：《农业支持保护补贴促进规模农户种粮了吗? ——基于全国农村固定观察点调查数据的分析》，《中国农村经济》2020 年第 4 期。

89. 许庆、杨青、章元：《农业补贴改革对粮食适度规模经营的影响》，《经济研究》2021 年第 8 期。

90. 杨海钦：《从十个"一号文件"看未来"三农"政策走向》，《农村经济》2008 年第 11 期。

91. 杨朔、郭春香、赵国平等：《种植业不同经营主体耕地生产效率研究——基于关中 24 个旱作农业高产县(区)的调查数据》，《干旱区资源与环境》2018 年第 12 期。

92. 杨阳：《关键环节破难题　储"稻"亦有道》，《中国农村科技》2021 年第 7 期。

93. 杨义武、林万龙：《农机具购置补贴、农机社会化服务与农民增收》，《农业技术经济》2021 年第 9 期。

94. 余志刚、宫思羽：《新发展格局下实现种业科技自立自强的瓶颈及其破解》，《中州学刊》2023 年第 2 期。

95. 苑基荣、裴广、韦冬泽：《非洲为粮食安全找出路》，《人民日报》2011 年 4 月 11 日。

96. 臧渺:《中日农业对外直接投资及其效应的比较分析》,辽宁大学 2019 年硕士学位论文。

97. 詹琳、杜志雄:《统筹食品链管理推动粮食减损降废的思考与建议》,《经济纵横》2021 年第 1 期。

98. 张德元、宫天辰:《"家庭农场"与"合作社"耦合中的粮食生产技术效率》,《华南农业大学学报(社会科学版)》2018 年第 4 期。

99. 张宏斌:《增强农金机构支农支小和抗风险能力》,《金融时报》2022 年 5 月 28 日。

100. 张建雷、席莹:《关系嵌入与合约治理——理解小农户与新型农业经营主体关系的一个视角》,《南京农业大学学报(社会科学版)》2019 年第 2 期。

101. 张伟、易沛、徐静等:《政策性农业保险对粮食产出的激励效应》,《保险研究》2019 年第 1 期。

102. 张欣、王卓林、王子泰:《农村金融对粮食安全的空间溢出效应实证检验》,《统计与决策》2020 年第 17 期。

103. 张艳:《新形势下我国农产品目标价格制度建设研究》,《价格月刊》2016 年第 9 期。

104. 张志新、李成、靳玥等:《农村金融排斥、农业技术进步与粮食供给安全》,《科研管理》2023 年第 2 期。

105. 赵瑞政:《我国农村金融服务创新研究》,山西财经大学 2022 年博士学位论文。

106. 郑栅洁:《国务院关于确保国家粮食安全工作情况的报告——2023 年 8 月 28 日在第十四届全国人民代表大会常务委员

会第五次会议上》,《中国产经》2023 年第 18 期。

107. 郑重:《对建国以来粮食生产的回顾》,《农业经济问题》1988 年第 2 期。

108. 钟甫宁:《中国粮食安全保障:理论与政策选择》,科学出版社 2021 年版。

109. 周坚、张伟、陈宇靖:《粮食主产区农业保险补贴效应评价与政策优化——基于粮食安全的视角》,《农村经济》2018 年第 8 期。

110. 周庆元:《构建新型农业经营体系的动力机制与协同路径》,《内蒙古社会科学》2020 年第 3 期。

111. 周杨、邵喜武:《改革开放 40 年中国粮食价格支持政策的演变及优化分析》,《华中农业大学学报(社会科学版)》2019 年第 4 期。

112. 朱继东:《新型农业生产经营主体生产效率比较研究——基于信阳市调研数据》,《中国农业资源与区划》2017 年第 2 期。

113. 朱泽:《国际农产品贸易自由化与我国农业政策的应对》,《战略与管理》1998 年第 1 期。

后　记

　　本书系共计 6 本。除总论外，从"地、技、义、利、人"五个维度展开深入研究，分别对应"藏粮于地""藏粮于技""政府责任""农民利益"以及"农耕文明"的目标与愿景。本研究以齐河县为代表的山东省县域实践为样板范例和研究对象，对县域整建制、大规模提升粮食单产，保障国家粮食安全的措施、方法、逻辑和机制进行了全面而系统的探讨。通过实证研究，得出了具有启发性的理论与政策层面的结论，期望能为进一步夯实国家粮食安全根基贡献力量，同时也作为山东省扛起农业大省政治责任、打造乡村振兴"齐鲁样板"的一项系统性理论成果。

　　本项研究于 2023 年年初正式启动。研究团队在德州市齐河县开展了长时间、大规模的实地调研，并多次召开研讨会和论证会，对观点进行提炼，对提纲进行整理与完善。研究和撰写工作主要由来自中国人民大学、北京师范大学、华东理工大学和中共山东省委党校（山东行政学院）的学者承担。在此过程中，研究得到了中共山东省委党校（山东行政学院）、山东省农业农村厅领导同志以及德州市、齐河县党政领导同志的鼎力支持，为调研工作提供了良好条件;农业专家、种粮农户以及粮食产业链上的各类市场主体给予了我们很大的帮助,为研究提供了丰富的资料和专业建议;人民出版社经济与管理编辑部主任郑海燕编审为本书系的出版付出了诸多心血,提供了大力支持。在此,我们一并表示衷心的感谢。

2024年5月,习近平总书记在山东考察期间,明确提出要求山东建设更高水平的"齐鲁粮仓"。本项研究及本书系的出版,正是贯彻落实习近平总书记重要指示精神的具体实践。在炎热酷暑下,我们深入村落、走访农户,与基层干部、科研人员、农户促膝交流、彻夜长谈,细致查阅各类文献资料、认真研读各级政策文件,正是在这些深入实践、融入实践的过程中,我们对之前学习过的理论知识、政策要求、指示精神有了切实、具体、触达心灵的理解与感悟。如今,在本书系出版之际,回顾2023年研究启动时的场景,我们更加深刻地体会到"把论文写在祖国大地上"的内涵与价值。

本书系献给为保障国家粮食安全不懈奋斗、默默奉献的劳动者们!

策划编辑：郑海燕

责任编辑：郑海燕　张　燕　张　蕾

封面设计：牛成成

责任校对：周晓东

图书在版编目（CIP）数据

全方位夯实中国粮食安全根基的政策体系研究 ／ 刘岳著 ．

北京 ： 人民出版社，2025. 6. -- ISBN 978 - 7 - 01 - 027257 - 3

Ⅰ. F326.11

中国国家版本馆 CIP 数据核字第 2025GW2878 号

全方位夯实中国粮食安全根基的政策体系研究

QUANFANGWEI HANGSHI ZHONGGUO LIANGSHI ANQUAN GENJI DE ZHENGCE TIXI YANJIU

刘　岳　著

人 民 出 版 社 出版发行

（100706　北京市东城区隆福寺街 99 号）

中煤（北京）印务有限公司印刷　新华书店经销

2025 年 6 月第 1 版　2025 年 6 月北京第 1 次印刷

开本：710 毫米×1000 毫米 1/16　印张：18.75

字数：230 千字

ISBN 978 - 7 - 01 - 027257 - 3　定价：96.00 元

邮购地址 100706　北京市东城区隆福寺街 99 号

人民东方图书销售中心　电话（010）65250042　65289539